透视日本

——从京都到二次元的文化巡礼

孙歌 韩昇 等

著

中国出版集团　现代出版社

图书在版编目（CIP）数据

透视日本：从京都到二次元的文化巡礼 / 孙歌等著 .
-- 北京：现代出版社，2023.3
ISBN 978-7-5143-9968-4

Ⅰ . ①透… Ⅱ. ①孙… Ⅲ. ①文化研究－日本
Ⅳ . ① G131.3

中国版本图书馆 CIP 数据核字 (2022) 第 175511 号

透视日本：从京都到二次元的文化巡礼

作　　者：孙　歌　韩　昇　等
特约编辑：赵　翠
责任编辑：姚冬霞　张　瑾
出版发行：现代出版社
通信地址：北京市安定门外安华里 504 号
邮政编码：100011
电　　话：010-64267325　64245264（兼传真）
印　　刷：三河市中晟雅豪印务有限公司

开　　本：710mm×1000mm　1/16
印　　张：18.5　　　　　　　字　　数：270 千
版　　次：2023 年 3 月第 1 版　印　　次：2023 年 3 月第 1 次印刷
书　　号：ISBN 978-7-5143-9968-4
定　　价：88.00 元

当我们看向日本的时候，看到的是什么

文　李菁

《三联生活周刊》曾分别策划了两期主题为《日本风物记》的期刊，围绕着"微、秘、素、哀"和"幽、静、物、异"八个审美意识角度去解读日本。这两期刊物受到读者的喜爱。

设计大师黑川雅之说过，日本人为了美而活着，"日本人拥有的，是整个身体对美的敏锐感觉，并以此作为生存的基本标准"。这样的日本，也许是在我们想象之外的。

对于日本，我们感到越是了解，越是不解——曾经我们以为传承着中国传统文化的日本，却处处体现着与我们的差异。日文中的汉字为什么与原本的汉字读音完全不同，甚至很多含义也早已不同？为什么日本人酷爱生食、冷食？为什么日本人钟情于太鼓、铃、三味线这种单调的清音，而不是华丽的和弦或宏伟的音乐……

我们去日本越来越方便，对曾经充满隔阂的日本也越来越熟悉。据日媒报道，2019年中国赴日本的游客总数占访日外国游客总人次的30%。我们被日本的自然环境、风土人情和便捷的购物场景所吸引——如此相通却又如此不同的日本文化，为何如此触动我们？本书并非意在让日本人教我们学文化，而是试图解答：当我们看向日本的时候，看到的是什么？

日本美术史家辻惟雄说："如果能够出现又了解日本又了解中国的学者，才有可能把这两个国家文化的联系说清。"我想，日本思想史学者孙歌老师也许是最接近的人了。孙歌老师为本书开始了《序章》，她以"精致的日本文化与暧昧的日本人"两个意象为题，尝试理解这个与我们一衣带水的民族，体味他们独有的感悟、困惑和思考，并进而尝试进入他们的历史，作为他者体验他们的挫折与重生。

作为现代日本的缩影，东京充分展示了一国首都的优越感。但是，想要观察日本文化中的一贯性，**京都**是个更合适的窗口。明治维新的一大改革，是抛弃了京都这个传统的政治中心。在京都的近代化过程中，如何一方面使一个已经迁走的故都保持繁盛与精美，另一方面还得吻合现代的需要，而不是一味地哀叹过去的好时光？复旦大学历史系教授、日本关西大学东西学术研究所外国研究员韩昇，将带领我们漫步京都，体味纯粹的日本。

回顾1964年的东京奥运会，那是战后日本人重塑世界形象和自信的关键时机，从这时开始，日本社会飞速发展，这也是我们理解当代日本的一个转折点。实际上，日本在1940年、1964年、2020年有过三次举办奥运会的机会，然而1940年因为战争原因停办，以及2020年在疫情之下的延期。早稻田大学博士、日本建筑学会正会员、现执教于中国美术学院的郦文曦老师，将围绕日本奥运会场馆**建筑**和几代设计师的创新与传承，串联起日本社会经济背景和城市发展变化，从而体现日本与日本文化的性格。

俳句是日本的一种古典文学形式，自奈良时期发展至今，仍然具有顽强的生命力和广泛的影响力。俳句中蕴藏的美学概念，体现了日本文学与文化独特的审美追求，也与其他民族的审美意识，特别是与中国文化有所相通。作家李长声长居日本，在他的讲述下，我们将体会到俳句的独特魅力。

日本是一个重视礼仪的国家，并且十分重视上下级关系，**茶道**的礼法也不例外。寻其根源，有人认为这是接受了中国儒教的长幼尊卑的思想。其实，这背后有更深层的思想渊源。北京大学日语系教授滕军老师研究中日茶道文化多年，让我们跟着滕老师一起，学习源于敬畏的日本茶道礼法。

日本讲究"禅茶一味"，茶道的很多规则，其实是**禅宗**思想的外化。禅宗文化对日本文学、茶道、饮食、寺院庭院渗透着诸多深远的影响，是日本人显性生活方式里内含的精神源头，甚至造就了日本"断舍离"的极简主义生活方式。中国人民大学哲学院教授张文良，将与我们一同探究禅宗是如何做到适应日本的宗教土壤继而本土化，在当代仍产生较大影响力并且进入西方思想界话语体系的。

除了禅学，**美术**也是被日本吸收和内化的领域之一。《日本美术史》作者、著名美术史家徐小虎形容："日本文化就像一个牡蛎，张开外壳接受海中各种外物侵入，再将来自大陆的那些沙砾转化成珍珠。"日本有历史记录以来的艺术形成和发展离不开中国艺术的传入和影响，但对于日本来说，其在外来美术的影响下千变万化，却又有永守不变的本质。徐小虎老师将通过对日本美术的多面性进行分析，探讨其中日本的美学特征，以及日本人"不歌颂永恒，只追求瞬间乍现的美感"的民族性格。

在**文学**方面，日本文坛涌现出一批文人以及不同文学流派，构建了别样的日本文学图景。日语文学研究者、翻译家，中国社会科学院外国文学研究所教授许金龙老师，将梳理和呈现日本近现代文学的发展脉络与特征，同时以大江健三郎的作品思想以及其独特成长史的分析，洞见日本新时代文学代表的内核。

在我们熟悉的日本**电影**之外，其实日本影视人不断突破平台局限性，在电影、电视和流媒体平台之间游刃有余，最终逐渐形成风格多样、尺度得体、平缓自省的新派日本影像。中国艺术研究院电影电视研究所主任编辑支菲娜，研究日本电影多年，她希望从影像包容度的变迁角度，触及日本电影和电视剧美学风格走向及其背后的政治、社会、人文、技术、国际化动因，并解析21世纪以来日本电影在华传播状况及其深层文化因素。

从传统文化走到现世人生，最后我们将进入一个虚拟世界——**二次元**。"二次元"由动画、漫画、游戏和小说组成，从20世纪50年代漫画师手冢治虫的崛起和日本打造"东方迪斯尼"开始，虚拟的"二次元"文化逐渐成为日本独特的文化符号之一。首都师范大学文学院讲师林品，也是很多人熟悉的"Cosplay达人"。通过回溯日本"二次元"的发展源流，林品将试图解答："二次元"文化为何会在现当代爆发那么强的生命力？日本提供了怎样的文化土壤和社会环境？又是怎样将"二次元"文化向外输出，成为国家文化的独特名片，并且融入世界性的话语体系？

序章及前两章围绕日本人的性格、京都以及东京与奥运会三个角度，对日本的现实世界进行观察与阐述；第三章至第八章，所讨论的俳句、茶道、禅宗、美术、小说、电影等，是将现实世界加以升华的文化符号；而最后一章，我们将进入一个完全虚拟的世界——二次元。

怀揣着对世界的美好期待，一端回溯古典美学，一端看顾现代生活。当我们感慨为什么日本能将这两极有机融合或者加以平衡，而我们却时常被传统与现代之间的割裂感所困扰时，或许能从中获得些微的启示。

整本书说出了一个"异"字：日本自古以来没有科举制，没有士大夫阶层。茶道的形式感如此强烈，强调的是平等的精神交流。禅宗简单得能进入世俗观念和大众生活，俳句充满幽默和市井精髓，很多文化符号在今天看来很有意思，是因为吻合了今天社会发展的特质。古典日本向现代日本嬗变，电影、音乐、二次元越来越被年轻人喜爱并被其深刻地影响。

文化生生不息，古今中日，风月同天。今天来巡礼日本文化，悦目更是赏心，可以帮助我们更深入地理解日本人和风物，也思考我们的当下。

目 录

透　　　　视　　　　日　　　　本

第一篇

现实世界

序　章 ☯

精致的日本文化，暧昧的日本人

文　孙歌

　　我的专业是日本政治思想史，不过我不是一开始就选择了这个专业。我在大学里读的是中文系，毕业之后分配到中国社会科学院文学研究所工作。1988年，我第一次获得了去日本进修的机会——当时并没有打算研究日本，而且我交流的对象是日本的中国学家。但是，在日本生活了将近一年之后，我开始对它产生了兴趣……

一　精致的日本，暧昧的日本人

日语里有一句话是形容中日关系的，叫作"离得最近，也离得最远"。日本和我们一衣带水，所以第一次去日本的朋友都会觉得，自己似乎出了国，又不像去欧美那样到了一个完全陌生的国度。去日本旅游的朋友都会觉得，这是一个很"可爱"的国家，非常有礼貌，很美丽、很清洁、很有秩序。

在这一切的背后，生活在日本社会里的那些普通人有什么样的行为逻辑，有什么样的感觉方式，有怎样的喜怒哀乐呢？对这一切，其实我们外国人了解得很少。

1988年，结束了在日本的进修之后，我决定由中国文学专业转去研究日本。从那之后，我经历了一个漫长的摸索过程，最终进入了日本政治思想史的领域。这个领域帮助我更广泛地理解日本文化的方方面面，我也渐渐意识到，在那些看似不难理解的表象背后，往往隐藏着陌生的逻辑，所以我来谈谈我所理解的日本文化的逻辑。

当然，这不是一个全面的整理，我仅仅从我的理解中提炼出若干个问题点，并且沿着这些点尽可能帮助读者了解日本文化的内在结构特征，透过日本人精致的形式感觉，接近他们的精神世界，体味他们独有的感悟、困惑和思考，理解日本民族在走向现代化过程当中的挫折与重生。

是美丽还是暧昧

先来说说大江健三郎在获得诺贝尔文学奖时所发表的致辞。这篇致辞有一个非常难翻译的标题，叫作"暧昧的日本的我"（あいまいな日本の私）。我们的翻译家把它翻译成"我在暧昧的日本"，这大概是最好的翻译方案。不过，原题有一个没有办法翻译的语感，就是"我"和"暧昧的日本"是同体的。

大江健三郎这篇获奖词的标题，并不是他的创造。这个句式是由另一位获得诺贝尔文学奖的日本作家发明的，就是川端康成。1968年作为第一个获奖的日本作家，川端康成登上了诺贝尔文学奖的领奖台。他发表的致辞，题为"美丽的日本的我"。毫无疑问，传达的信息也是"我和日本同体"。

当大江健三郎使用"暧昧的日本的我"的时候，很显然有两个用意：第一个用意是作为1994年获得诺贝尔文学奖的后辈文学家，向1968年获奖的前辈致敬；而第二个用意是他希望和这位令人尊敬的文学家唱反调。

日本现代文学中有一个很有影响力的流派，叫作"新感觉派"。川端康成是新感觉派文学运动的发起人和代表作家之一。这个流派有一个基本的创作思想，认为人类所有的问题，早在古代已经由先哲们全部提出来了，我们再也提不出新的问题了。我们能够做的仅仅是创造新的感觉形式。所以这个文学运动很注重给精致的感觉造型。当川端康成在斯德哥尔摩发表他的获奖演说时，这个演说也具有新感觉派的文学特征，传达的是一些非常精致的感觉，而且只能用日语去理解。

川端康成在致辞一开始就引用了两首和歌，和歌是一种只能用日语去体会和感觉的独特艺术形式。它所传达的美感，假如翻译成其他文字，会受到很大折损。

当川端康成致辞完毕之后，我相信在斯德哥尔摩的会场里，西方的听众恐怕没有谁能够进入他所表述的世界，但他仍然是成功的。为什么呢？因为川端康成的创作和他的致辞，非常符合西方世界对于东方世界的美学想象。在这个美学想象里，存在的只有形式，没有意义，当然也没有思想。

1994年，当大江健三郎作为第二位诺贝尔文学奖的日本获奖者站上领奖台的时候，他表达了这样一个想法：我很尊重我的这位前辈，但是我不愿意和他用同样的方式，在同样的方向上来表述"我的日本"。大江健三郎是这样评价"川端康成的日本"的，他说川端康成所描绘的日本美学世界是拒绝解释的，所以是"暧昧"的。

确实，川端康成文学为了呈现一个空灵的日本，而摧毁了意义。用大江健三郎的话来说：你要想去理解它，没有别的办法，只能放弃理解，想办法让自

川端康成获诺贝尔文学奖

己进入这样一个世界。正是由于川端康成文学的这样一种性质，大江健三郎下了一个定义，说这种拒绝解释的日本是暧昧的。

"暧昧"翻译成英语是Vague，意思是含混的、模糊的、不明确的，因而无法诉诸语言。可是大江健三郎认为，仅仅用川端康成的方式向西方人传达一个他们所期待的、没有意义的、空灵的、美丽的日本，是远远不够的。因为日本的历史是沉重的，曾经充满了暴力、血腥，充满了非正义。作为在战后成长起来的一代人，大江健三郎明确表示没有办法和前辈川端康成一样，躲开这一段历史。

那么，这是一段什么样的历史呢？

被撕裂的日本

大江健三郎所说的这段历史，是日本的近代化历史。在日本近代化的过程当中，一直存在着一个深刻的自我矛盾。一方面，日本以模仿西方的方式，实现了自己的近代化。也就是说通过对外扩张、对外殖民和掠夺迅速完成向现代国家的转型。另一方面，日本并不是西方国家，它处在亚洲，有自己独特的传统文化。日本的亚洲属性本来应该促使它和亚洲的邻国友好相处，但事实上由于它模仿西方的努力，使得它"脱了亚，又入不了欧"，变成了亚细亚的"孤儿"。

在获奖词里大江健三郎有这样一个表述：暧昧的进程，把日本逼上了亚洲侵略者的绝境。日本文化虽然面向西欧敞开了怀抱，但一直保留着妨碍西欧理解自己的隐秘部分。与此同时，日本在亚洲，不仅仅在政治上，在社会和文化方面也一直是孤立的。大江健三郎认为，必须向西方世界，更重要的是必须向人类，传达日本在近代化过程当中所遭遇到的这种深刻的内在矛盾。

因此，他说他所要表达的"暧昧的日本"，是一个被撕裂的日本。大江健三郎认为可以用另外一个英语单词"Ambiguous"来表示。和川端康成的暧昧的"Vague"不同，"Ambiguous"包含了丰富的含义。虽然也是含糊的，但是它的含糊包含了意义，多种相互矛盾的要素的不协调和捉摸不定，构成了暧昧的内涵。所以可以说，大江健三郎的文学，呈现了一个在歧路上徘徊的日本，并且因此使它获得了意义。

通过川端康成和大江健三郎这两位诺贝尔文学奖获奖者的创作活动，和他们各自的获奖致辞，我们看到了两个日本：一个日本因为拒绝了他人的理解，传达出一个神秘而空灵的世界；另一个日本，是期待被准确理解而传达出挣扎着的、混沌的日本。

可是相比之下，比较容易被接受的似乎是川端康成的日本，在中国人的阅读体验里好像也是这样，反正不需要理解，接受起来似乎就容易多了。不过这样的日本对我们而言是遥远的、肤浅的。在某种意义上也可以说，迄今为止，我们中国人对日本的理解，特别是对于日本文化的理解，更多倾向于川端康成这一极。

而大江健三郎提示的那个不协调的、捉摸不定的、多义的日本，对我们来说在理解上存在着很多困难。但是，大江健三郎明确地传递了一个信息，他希望世界理解日本。对我们而言，这也就意味着我们需要克服理解上的困难，尽可能准确地进入日本的精神世界。

二 为什么日本人喜欢"物哀""幽玄"之美

我们都知道日本是个美丽的国度，它有非常丰沛的雨水资源，也有非常丰富的植被品种，所以一年四季日本都充满了非常美丽的景色。去日本旅游的中国人，大概会首选3月樱花季。日本人也很欣赏每年一次的樱花节，在樱花盛开的时候，日本人会聚集在樱花树下，一边赏花，一边聊天，一边喝酒吃东西。

那么在鉴赏樱花的时候，日本人的心情和我们有什么不同吗？其实是有微妙的不同。我们赏樱的时候，多数是欣赏樱花盛开的瞬间。我们喜欢满树的繁花，但是当樱花花瓣散落的时候，大概中国人的感觉是"樱花已经开完了"。但对于日本人来说，樱花花瓣的飘落，也是一道非常重要的景观。日语里专门赋予这个镜头一个特殊的词，叫作"花吹雪（はなふぶき）"。满天的樱花花瓣像冬天的雪花一样地飘落，这也是一道很重要的景观。

樱花和其他的花朵不同，它在开放的时候并不是参差有致先后开放，在同一个地区的樱花会在同一个时间盛开。而且樱花开放的时间很短，赏花期只有10天左右。同时盛开又同时飘落，这使得樱花获得了和其他种类的花卉不同的观赏性格——这是短暂的、绚丽的生命绽放，和优雅的、恬

花吹雪（图片来源：视觉中国）

淡的生命逝去。

在日本人的传统审美观念当中，有一个对中国人来说有点不好理解的词汇，叫作"物之哀"。从字面上看，就是某一种有形体的物质的悲哀，但实际上这个语汇传达的是日本人对于生命的瞬间感觉。樱花在某种意义上，象征了日本人的这种瞬间的生命感。所有的生命在广袤无垠的大自然中，都不过是白驹过隙的一个瞬间而已。因此，这种对于瞬间的体味和感受，伴随着淡淡的哀愁，而这种哀愁是美丽的。

与这样一种物之哀的审美感相关联的，是另外一种审美的感觉，叫作"幽玄"。这是一个很难用语言来传达的美感，"幽玄"是在半明半暗当中，去体会光线推移所带来的细致美感。对于日本人来说，幽玄的最佳表现场所，通常是有些幽暗的寺庙、传统的家屋、长满青苔的院子角落……一抹阳光淡淡照射在角落里。

毫无疑问，这样的瞬间也是转瞬即逝的。于是，我们大概可以在表象的层面走进日本人审美观的一个很重要部分——日本人对于"瞬间的美感"有极高的敏感度和体会能力。

美丽自然中的危机

日本列岛的自然环境虽然有优美的风景和富于变化的四季，但从另一方面来看，这也是一个充满了灾难的岛屿。日本处于地震带上，存在着大大小小的休眠火山。在这样的情况下，我们就比较容易理解日本人为什么把"物之哀"、把半明半暗的"幽玄"作为审美的基调了——在美丽的环境里，其实充满了各种危机，以变化的形式呈现在日本人的日常生活里，变化本身就变成了持续下来的基调。所以日本人在每个瞬间都会去力图体验那些新的刺激，同时在他们的感情世界里留下非常细致的纹理。

他们敏感于生命的短暂，并且由此升华为精致的美学情调。《源氏物语》描写紫姬病笃时，紫式部借荻草上的露珠比喻人生无常，咏叹生命就像朝露一样，尽管幻化出太阳的色彩，但很快就会消失。

可以与樱花相提并论的还有另外一道风景，就是富士山。富士山至今仍然是休眠火山，还没有成为死火山。有一种说法，一旦富士山爆发，那么整个东部日本就将遭遇毁灭之灾。所幸的是，富士山一直到现在都没有显示明显的爆发迹象。所以它作为日本的另一道风景，也象征着日本人的情感世界。

每年2月，富士山周围的民宿会推出一道旅游项目，叫作"胭脂富士"。2月正是积雪最多的时候。富士山东侧的民宿，可以在早上一段很有限的时间看到刚刚升起的朝阳，将富士山的积雪染成胭脂的颜色。我曾经欣赏过"胭脂富士"，确实很美。我联想到，我们中国人有时会去爬泰山，头一天晚上登上泰山守候一夜，等待第二天的日出——这两种欣赏方式有什么样的差异呢？

简要说，中日两个社会对自然的态度是相当不同的。对于中国人来说，"自然"和"天理"共同组成了人间社会的道德秩序。因此我们一方面和日本人一样，也会欣赏大自然的优美，把它理解为自己之外的环境因素；另一方面，自然也进入我们的社会生活，变成人间秩序的一个载体，体现为道德的正确性。

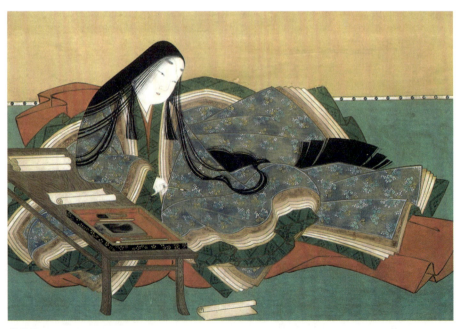

紫式部

举一个简单的例子，前几年有一位女士不断匿名向贫困地区捐款，每一次汇款都会写下这样一个名字，叫"顺其自然"。显然这个"自然"并不是大自然的"自然"，而是这位女士心中正确的道德观。

而在日本人对自然的态度里，不包含这样的道德内容。日本的自然只是作为情感投射的外界环境，同时也具有人类所不可抵抗的某种强制性。但是无论是作为欣赏的对象，还是作为不得不忍受的对象，日本人审美意识中的自然，不承担伦理的内容和政治的内容，当然也与社会秩序无关。

精神风土

日本伦理学家和辻哲郎在20世纪30年代出版了《风土》一书。"风土"是个很有意思的概念，把我们通常对立起来的"人和自然"这对范畴组合在一起，成为"精神风土"这样一个既具有客观性又具有主观性的范畴。透过"风土"的视角，和辻哲郎想要观察人类在不同的区域、不同的自然状态里，怎样形成

葛饰北斋笔下的富士山（《富岳三十六景之山下白雨》）

了不同的文化性格。

和辻哲郎认为日本文化属于季风性格，富于变化，不断接受新刺激，而且不断对新的刺激进行反应。所以日本文化很活泼、很敏感，但也很容易疲倦。疲倦之后，它不是依靠休养生息，而是依靠新的刺激来转换情绪。在这样不断变化的过程中，日本人就形成了一种独特的性格——在忍耐、顺从中，包含了激烈的战斗性。由于激烈地反抗与忍耐顺从相表里，所以在强烈的激情之后，常常会立刻出现安静的、死心断念的状态。

和辻哲郎有这样一个描述：反抗和战斗越是猛烈，就越是值得赞叹。但是这种状态不可以执着，干净利落的断念，才使得猛烈的反抗和战斗值得赞美。也就是说，反抗突然一下转为忍耐顺从，换言之，当机立断的态度、恬淡忘怀的态度，才被日本人视为美德。日本人不认为忍耐和顺从是美德，他们最欣赏的是突然转换的过程中那种当机立断的态度，和做出决断之后那种恬淡的态度。

应该说这是和辻哲郎对日本人自然观念的进一步发挥，不过对我们来说有一个很有兴趣的问题，也是和辻哲郎没有点明的问题——这一点十分重要——这种反抗突然转换为忍从的决断态度，和在转换中表现出来的淡然忘怀的精神状态，正是樱花飘落的时候，日本人感受到的美，它通向了日本式的禅机。

三 为什么日本人不肯"讲道理"

　　和辻哲郎认为，日本的"风土"造成了一种特定的伦理感觉，使得日本人对于情感世界中各种对立的要素，在起承转合时的转化瞬间具有高度敏感。转化瞬间的完成度，可以成为一个独立的道德单元。举个例子，日本江户末期武士西乡隆盛（1828—1877）在西南战争失败后受了伤，本来他可以全身而退，但他选择了剖腹自杀。他最后的选择是很重要的，如果他全身而退，恐怕后来的日本人不会把他视为民族英雄。

　　其实在日本民间，这种潜在的对于瞬间完成度的道德感觉，是以各种方式存在的。举一个我亲身经历的例子，20世纪90年代初期我在东京做过一段时间研究，我住的那幢公寓紧邻着东京最大的墓地，多摩陵园。

　　有一天我的房东老妈妈跟我聊天，说她年轻的时候就住在这儿，那时时不时就会有人在陵园里自杀，她们常常去看热闹，最好看的是情侣自杀。她说那个时候，自杀的人们会把自己收拾得非常漂亮，所以虽然看到的是情侣之死，但是都觉得很美。然后老妈妈慨叹了一下说："现在的人真是不行，就算自杀也死得乱七八糟的。"

　　在这样的伦理土壤里，产生了日本的审美意识，和歌、俳句、茶道、花道……这些我们比较熟悉的艺术形式，都有一个共同特征，就是追求瞬间而不追求永恒。当然这些艺术形式并非都不能跨越日本国界，比如俳句不像和歌那么依赖日语，可以透过传

西乡隆盛

达瞬间的意象而获得世界性；茶道也通过瞬间的充实来体味禅意。这些都是我们可以通过自己的想象去接近的意境。

"理"与"道"

但有一点，对于中国人来说是有理解上的困难的，就是和对于瞬间性的追求相表里，日本人不喜欢"穷理"。日常生活中，如果你是一个经常"辩理"的人，那么周围大概不会有太多的朋友——日本人不喜欢在日常生活中讲道理。可以说"理"涉及了永恒，在日本人的日常当中，它不占据重要的位置。

中国电影《秋菊打官司》中，秋菊有一句台词："我为什么要打官司？因为我要一个说法。"我相信中国老百姓对于"要一个说法"这样一个朴素的表达，是完全没有理解困难的。而且我们在日常生活当中，经常会以各种形式要求有一个说法。但是这样的事情放到日本去，日本人是不太适应的。

穷理，带有某种生硬的外来属性，跟日本人的日常感觉之间有某种微妙的疏离。从学理上讲，日本儒学虽然在表面上接受了中国儒学的影响，但是它完成了一个转换，把中国儒学中原理性的成分架空，使日本儒学中的核心概念人格化。

具体说，中国的传统思想中的"天、理、道"这些概念，虽然作为文字保留在日本儒学中，但是含义却趋向空洞化。"道"这个概念，在日本被赋予了强烈的人格，体现为具体的"圣人之道"。这和中国儒学当中"道"的概念已经相去甚远了，因为它不再是一个抽象的道理。

我们都知道日本有神道，神道没有教义，看上去很空洞，但是并不抽象，因为它是一个高度人格化的信仰。当然这个问题非常复杂，没有办法在这里深入讨论，我只想提示一点问题，就是日本人不喜欢穷理，这和他们对于瞬间感觉的珍惜是有关的。

江户时代的日本国学，代表了日本精神风土当中这种拒绝穷理的姿态，它对抗中国思想体系的原理性，强调了人心的纯粹性，提供了另一种伦理标准，就是"诚"。

当中国人"要一个说法"的时候，要的当然并不仅仅是个"说法"，我们要的是"道理"或者说"天理"。但是不喜欢穷理的日本人，并不是不要一个正确的标准，只是他们的标准强调的不是正确性，而是情感的真诚。对日本人来说，有一个非常重要的伦理标准，就是"诚"。这个词的发音还可以由另外两个汉字来体现，一个是"真"，一个是"实"。从这三个汉字来看，我们大致可以理解"诚"的含义了。

不过它和中国人要的道理有一个

福泽谕吉

很大的区别，"诚"里面包含了情感，而且情感必须是真的。明治时期的启蒙思想家福泽谕吉在他的代表作《文明论概略》中提出了一个很有意思的看法：人应该把智放在比德更重要的位置上的。他的理由是，人有了智才有能力理解德性的内涵，他的德性才是真的，否则就是伪善。福泽谕吉所说的"智"包含了好几个层面的含义，从信息，到知识，到处理知识的能力，我们大致可以把它看成是智慧。人的智慧中是包含了情感的，而情感的真实性对日本人来说非常重要。

情感的真实性

什么叫作情感的真实性？

明治时期，日本曾经出现过一个"自然主义文学"流派。自然主义文学追求一种没有任何外在干预的、与生俱来的状态，他们的理论主张是作家写作小说的时候，劝善惩恶不是重要的目标，关键是不要回避生活中的各种形态。不能只写生活中美的、善的、纯粹的东西，还要写各种丑恶，和各种官能感觉。为什么会这样说呢？因为那个时期的日本人强调人们与生俱来的自然状态，都

夏目漱石

是必须得到尊重的。

当然，自然主义文学很快就受到了挑战，夏目漱石（1867—1916）、森鸥外（1862—1922）等一系列日本现代文学代表作家都对这样的文学主张提出了批评，他们试图建立具有精神伦理性格的文学流派。但是这种自然主义的审美观并不是简单凭空冒出来的，它背后确实和"真、实、诚"的范畴是密切相关的。

不肯穷理，并不一定是个社会缺陷，只不过有可能意味着这个社会对于正义和人道的追求，很难以原理的形态进行。当大江健三郎表述"暧昧的日本"时，我想他大概担忧的正是这样的一个问题。但是作为一位优秀的作家，大江健三郎并不试图给日本社会注入某些原理，因为他知道那种努力有可能是徒劳的。所以在获奖词当中，他引用英裔美国诗人奥登（Wystan Hugh Auden，1907—1973）的一段话。他说，奥登为小说家下了这样的定义："在正直的人群中正直，在污浊中污浊，如果可能，须以羸弱之身，在钝痛中承受，人类所有的苦难。"

大江健三郎重新定义了"暧昧"，这是一种混沌而仁慈的人道情感。它并不是一种原理，但是这种情感却有可能支撑起日本的明天。

四　日本人如何"读空气"

日本人有"不肯穷理"的特点，多数日本人都不喜欢讲大道理，但是他们追求社会生活当中的"真"和"诚"，追求情感之间的交流。

"读空气"的日本人

20世纪90年代前后，日本社会开始流行一个说法叫作"KY"，它是两个单词的缩写——"不会读空气（空気が読めない）"。空气是看不见摸不着的，可是离开了空气谁都活不了。但是空气怎么可以"读"呢？对于中国人来说，在我们的人际关系里，"读空气"相当于"察言观色"，只不过"察言观色"是带有贬义的，而"读空气"在日语里带有某种褒义。

"空气"指日本人社交圈中的特定氛围，只可意会不可言传，人们靠感知去体会它、维护它。每个社交圈子都不一样，自然氛围也不一样。但是有一点是一致的，就是日本人都会努力维护好自己所在小圈子的特定氛围。他们维护的方式一般是相互配合、不唱反调。

当然，哪个社会里的人都有自己的社交圈子，而且都会珍惜自己所在圈子里的集体氛围。不过恐怕其他社会都不像日本这样，用"空气"来比喻小圈子里的氛围。空气虽然看不见摸不着，但是它是人活下去的必需的要素之一。所以日本人也许就用这样一种方式，确定了社交圈子里的氛围对他们的意义——他们必须要像维护空气一样，维护社交圈子里的氛围。

日本电视剧《凪的新生活》有一阵在中国很火。"凪"是个日语汉字，中文里没有。它的日语发音是［na gi］，意思是风平浪静的海面——主人公凪的性格也很像她的名字。

这部电视剧是一个很长的故事，讲述的是凪如何从战战兢兢"读空气"的状态当中逐渐解脱出来，培养出自己主体性的过程。这部电视剧里有几个情节，可以帮助我们理解什么叫作"读空气"。

先从凪说起。凪出生在北海道的农村，是一个单亲妈妈的独生女，从小务农的妈妈希望女儿将来能到东京去找一份体面的工作，让自己脸上有光。凪拼命要满足妈妈的愿望，后来也确实在东京找到了一份公司白领的工作。凪供职的是一个经营空气净化器的公司。在这儿，她当然也有了自己的小圈子，只不过由于出身卑微，而且似乎也没有很强的能力，所以在小圈子里，是属于最需要"读空气"、最需要看别人的脸色的角色。

有一天她带了饭，但是周围的人说要一起去外面聚餐，她就只好藏起饭盒，和大家一起去吃饭；同时还要表明在外面吃饭对她来说是特别高兴的事。其实生活非常节约的凪是很舍不得花钱在外面吃饭的人，更何况她已经带了饭。

从这样一个细节里，我们看出"读空气"的一个最基本的要求是，别人干什么你也要干什么，而且你要表示很愿意和大家一起去做这件事。但凪所在的小圈子，氛围不是很好，这个圈子带有明显的霸凌因素，几个主导的白领都明显在欺负凪。后来她们干脆设下陷阱，把所有的工作推给凪，自己出去享乐。

另外一个细节是凪对于家庭的态度。她有妈妈，还有一个男朋友。男朋友是她的同事，可能是一个主管，位置比她高。凪一方面要满足妈妈的心愿，定期往家里汇款，不断给妈妈传递自己在外边混得很风光的信息；另一方面，也要满足男朋友的心愿，比如，男朋友很希望自己的女朋友有一头漂亮的垂直长发，凪天生是鬈发，为了让男朋友满意，她每天要早起一个小时，悄悄把头发一根一根烫直，然后直发垂肩去上班。

这样的生活持续到一定程度之后，凪终于忍受不了了。她觉得这种"读空气"实在太累了，男朋友在人前无意识流露出对她的蔑视，也伤害了她的自尊心。于是她辞职了。辞职之后，因为不再有收入，所以没办法住在原来的公寓里，只好到比较偏远的地方去找便宜的公寓。于是她找到了一处马上要拆迁的小公寓，里面住着一群社会边缘人，凪在他们中间渐渐成长起来，形成了独立的人格。

这个小公寓是一个很快就被拆掉的临时住所。凪在这里虽然受到了各种关怀，但这是社会边缘地带，不是一个确定的社会集团，因此凪不需要在里边"读空气"。这个面临拆迁的小公寓，是这部电视剧里最意味深长的一个空间。它不仅处于社会边缘，而且面临马上就要解体的不稳定性。

所以在这样的空间里，不可能形成一个长时间的、持久的、稳定的社会圈子。凪正是在这样一个松散的空间里，获得了主体形成的动力。在电视剧结尾的时候，她带着在这里获得的主体性，重新进入了社会。

"读空气"背后的权力结构

《凪的新生活》向我们传递了日本人对于"读空气"的反省。当然，它也说明"读空气"的习惯在日本社会仍然还有市场。其实时至今日，KY这个词已经过时了，这个词的准确含义是"不会读空气"。当年流行的时候，如果谁被指称为KY，他就会感到有一点被孤立的味道。我问过我的日本学生，如果你被人称作KY你觉得怎么样？他立刻很夸张地说，那太可怕了，那就意味着不会有人理我了。这句话，说出了一个核心的问题，就是日本人不喜欢独往独来，而一旦进入了某些固定的圈子，在一般的情况下不会轻易离开。

这种生活方式当然也未必是我们想象得那么可怕，《凪的新生活》传递了"读空气"这种社会氛围的极端状态。在极端情况下伴随了霸凌，但是在一般的社会生活里，其实"读空气"可能是一种艺术。前几年我在日本街头偶尔听到日本人的对话飘到我的耳朵里，那是两个商店的店员，在路边的小店里一边上货一边聊天，其中一个人对另一个人说："那个人的空气读法实在是太厉害了。"这种称赞方式，听上去很像在夸奖一幅高妙的艺术作品。

"读空气"的习惯，也直接影响了日语的表达方式。日语的修辞非常含蓄，通常日本人在进行语言表达的时候会尽量磨平棱角，非常注意不给对方造成伤害。所以对外国人来说，有时难免觉得过于含糊。

文学评论家加藤周一（1919—2008）举过这样一个例子，他在法国留学时，

竹内好

最欣赏法国人进行激烈争论，但是不伤和气。比如说，法国人会这样辩论："太不像话了，你一派胡言。"加藤说，要把这句话准确翻译成日语，大概应该这样说："您说的完全正确，您说的一点儿没错，不过……"这是很传神的一个表述。

当然凪所面对的问题，并不是加藤周一所说的修辞层面的问题，她面对的是日本社会的基本结构问题。之所以会出现这样的电视剧，是因为日本人意识到"读空气"并不是一种简单的社交习惯，它背后隐藏着的是权力结构的问题。

日本思想家竹内好（1910—1977）早在1958年就专门讨论过这个问题，那个时候还没有"读空气"的说法，更没有KY这个词。但是非常有趣的是，竹内好在一篇文章里就谈到了"气体"的问题，他认为日本的天皇制不是固体，而是像空气一样环绕着日本人的气体。

竹内好有这样一段话：把握天皇制的困难之处，在于权力并不以权力的形式呈现。假如权力赤裸裸地以自身的形态呈现，那么可以与它直接对决；但是很难抵抗那种如同空气一样，无形而又无处不在的东西。所以天皇制不是一个价值体系，而是一个复合型的体系；与其说是体系，毋宁说是一种使各种价值相互抹杀的装置。

如果竹内好能够活到今天，我相信他看了《凪的新生活》会感到欣慰。因为这部电视剧明确地传递出年轻一代日本人继承了老一代思想家的批判精神，他们正在顽强地抵抗那种像空气一样无处不在的天皇制。

五　日本天皇象征着什么

日本的天皇制问题比较复杂，讨论的跨度也有点大。所谓的"天皇制"，指的是以天皇为顶点的政治体制。当代的日本天皇完全没有政治决策权，这是日本战败之后确立的"象征天皇制"。不过从历史上看，自从江户幕府成立之后，历代天皇其实就大权旁落了。天皇最重要的功能，是象征政治操作的正当性。

日本国体像一个金字塔，顶点是天皇一人，金字塔的各个层面都以距离天皇的远近来决定自身的权威等级。同时大金字塔内部存在着无数个小金字塔，结构是相同的，都是自上而下的等级关系。日本社会就是这样被组织起来的。天皇制不仅仅是一个国家的治理体制，它渗透到了社会的方方面面，是整个社会每个人都参与其中的运作方式。一旦形成了某个范围的金字塔，就会让所有成员服从于支配和被支配的关系，而且很难摆脱。

因为日本人不喜欢辩理，所以通常这些支配关系只可意会、不可言传，"读空气"可以说是它的现代版本。竹内好特别强调，把握天皇制最困难之处，在于权力并不以权力的形式呈现。也就是说，通常天皇制应被视为一种政治制度，如果这样它就是"固体"而不是"气体"了。但问题是天皇制在日本的体现，主要不在政治制度，而体现在社会生活中，体现为个体对于强势的依附性。强势对于弱势的诱导和压力，通常是通过小圈子的情感交流体现的。所以竹内好断言，天皇制是一种"装置"，功能是消解掉各种价值。

有朋友问过我：日本的天皇制是不是和英国一样也属于君主立宪体制？这个问题其实很难回答。表面上看确实很像，但有一个麻烦在于，英国社会是不需要"读空气"的。在"读空气"的日本，社会的运作并不全都体现为制度，因为制度管不了"空气"。此节我们换个角度，谈谈日本人的公私观，从这个视角出发来理解日本社会伦理秩序的基本特点。

"赤穗四十六勇士"

日本社会的伦理结构是个空间范畴，日本人结成了一定的群体后，他们在空间范围内部来界定等级秩序。每个人所属的空间毕竟有限，自己空间里的公事，走出空间面对更大范围，就变成私事了。只不过对于日本的传统社会来说，最大的空间范围也不可能离开日本列岛。因此，最高的等级秩序的顶点，就是天皇，天皇之上，不再有更高的权威。

有一个很有名的故事"赤穗四十六勇士"，发生在江户时代的中期。按照当时的礼仪，每到新年，江户幕府都要给在京都的朝廷送贺礼，朝廷也会派使臣到江户去回礼。在一送一回的过程中，需要一整套烦琐的礼仪，特别是江户幕府，每年轮换不同的藩来负责接待朝廷的使臣，由这个藩负责所有费用和礼物。

为了完成这套烦琐的礼仪，就需要对接待者事先进行训练。幕府有一个礼仪官叫吉良义央（1641—1702），1701年，他奉命对负责接待朝廷使臣的赤穗藩（今兵库县）主浅野长矩（1667—1701）进行培训。那时幕府之下有很多藩，每个藩的最高的权力者叫作藩主。

因为浅野准备的贺礼不够充分，吉良表现出很无礼的态度。浅野是武士，他怀恨在心，在朝廷使臣还没有到时，他忍耐不住就找机会刺伤了吉良义央。礼仪官被刺伤，负责接待的藩主又犯了事，给幕府添了很大的麻烦。幕府对这样不识大体的举动非常恼怒，于是责令浅野剖腹自杀，但对浅野无理的礼仪官吉良却被宣布无罪。

浅野在赤穗藩养了很多武士作为家臣，当家主浅野自杀之后，这些武士就变成了浪人，无家可归了。其中有四十六名武士决定为主人复仇，他们整整准备了一年，在第二年新年前后一个飘着雪花的晚上，这四十六名武士摸进了江户城，找到吉良的宅邸，把他杀了，取走首级，供奉在浅野长矩的墓前。这就是著名的"赤穗四十六勇士"的故事。

这件事在江户城引起了轩然大波，朝野上下掀起了大讨论。当时的儒学家

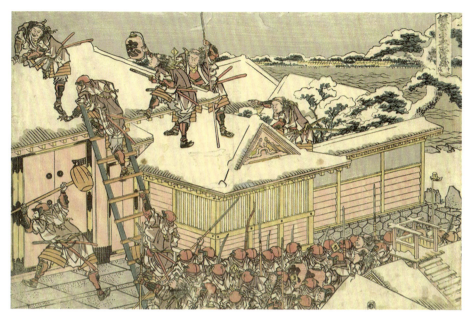

葛饰北斋所绘"赤穗四十六勇士"的故事

基本上都认为，"赤穗四十六勇士"的做法虽然属于以下犯上、不合法，但他们用这样的方式为自己的主家复仇，体现了儒家的忠义观，应该被视为义举，赦免他们。有很多江户民众也支持这个看法。

但当时有一位儒学家叫荻生徂徕（1666—1728），认为如果赦免了赤穗的武士，那么幕府的秩序将无法维持。虽然武士们的忠义精神很让人佩服，但这毕竟属于他们和家主之间的私人道德，不能取代公共秩序。可是，武士们的忠义精神本身又是值得肯定的，所以荻生徂徕认为必须找到一个两全之策，既能尊重武士们的忠义，又能保全幕府的秩序。

最后，幕府采纳了他的意见，宣布武士犯了死罪，但不由幕府执行死刑。为了保全武士的荣誉，让这四十六名武士一同剖腹自杀。

"公"与"私"的转化

对这个事件，不同的学者有不同的分析。政治思想史家丸山真男（1914—1996）认为，"徂徕学"做了一个非常重要的转换，就是区分了道德与政治，因此打破了朱子学"修身、齐家、治国、平天下"的链条，划分出了公和私的界限。这是一种很有影响力的说法。

还有另外一种意见，日本思想史学者认为武士并不是为了践行私人道德而复仇的，因为在藩主的领地里，藩就是"公"，只不过是在幕府那里藩成了"私"而已。所以武士们最后的结局，说明公、私领域在空间上的扩展，使得两种空间之间发生了矛盾。在发生矛盾的时候，更高的那一层具有权威。

当然，幕府的公、私身份也是双重的，因为相对于朝廷而言，幕府内部事务也属于私事。不过到了京都的朝廷，天皇之上，就没有更高的价值了。所以天皇代表了绝对的"公"。

日本传统艺术形式，比如歌舞伎等，一直到现在仍然有一个保留剧目《忠臣藏》，就是表演这个故事。《忠臣藏》演绎出很多版本，但不管哪个版本，都是表达武士对主人的忠诚。

忠义的价值观，在日本伦理世界里占有重要位置，和我们前面讲到的"诚"一样，也具有强烈的情感特征。而且忠义观不是抽象的，不是可以无限扩展的，它有空间界限，这与日本人公私观的空间特性直接相关。可以说一直到1945年日本战败为止，对于普通日本人而言，他们能够想象的公共领域的最大边界，就是以天皇为代表的日本国。在这个空间范围内，他们把对天皇的忠诚看成最高的公共情感。这就为1945年之后，日本社会重建带来了非常大的困难。

战后日本的一两代思想家，都面对一个非常迫切的问题，就是如何让日本社会面对世界开放。很多思想家都谈到了这个问题：江户末期，日本在现实中就开国了，因为美国军舰敲开了日本的国门，不得不让外国的人和事物都进入国内；但是在精神领域里，日本人一直到战败，也还没有完成开国的过程。

六　日本如何才能"永不再战"

当战后日本社会努力重建的时候，思想界面临着如何在精神上"开国"的严峻课题，当然，这也是每一个有良知的日本人所追求的目标。

"他人"与"其他人"

政治思想史家丸山真男，对于战后不久的日本社会有这样一个很有意思的描述：日本人不认为自己属于人类的一分子，所以他们的疑问是，我的邻居不是某某某吗？他怎么变成人类了呢？——对于当时的日本人来说，"人类"是在日本人之外的。

他们会产生这样的一种感觉其实是很自然的，日语里有两个截然不同的词汇：一个是"他人"，一个是"其他人"。对我们中国人来说，这两个词的意思也不太一样。"他人"通常强调的是与自己无关的人；"其他人"说的是虽然不是自己，也不一定是跟自己一致的人，但是他和我有关系，这样的人叫其他人。日语的语感也是差不多的。但是有一个差异，就是对于中国人来说，"他人"和"其他人"可以很容易地发生相互转换，但是对于日本人来说，这个转换不太容易发生。所以战后那一代日本人还是把"人类"看成日本之外的"他人"。

前文我们论及一个问题，日本人对于"公"的想象，或者说对于公共领域的想象，是以天皇为顶点的，这样的一种感觉方式确实妨碍了他们建立世界感觉。战后的思想家针对这样一种感觉方式和认知方式，不懈地展开了对于天皇制的批判。

与思想家的批判性工作有所不同，文学家和艺术家试图以情感的方式来完成同样的任务。在大江健三郎获奖演说的后半部分，他集中讨论了一个问题：

怎样在日本社会建立具有人类普遍性的人道情感？大江健三郎认为，战后日本具有普遍性的人道情感，应该扎根在和平理念之中。

他的表述包含了一段非常沉痛的历史，那就是在日本战败之际，美国在广岛和长崎投下了原子弹。日本是世界上唯一一个受到了核武器直接伤害的国家。日本的右翼一直谋求以此为借口，煽动民族情绪，复活军国主义。每年到了8月，广岛和长崎的市长通常会在当年原子弹爆炸的那一天，发表和平演说，呼吁日本和世界维护和平。在这前后，他们也往往会收到来自日本右翼的恐吓信，威胁说他们背叛了日本民族的情感，辱没了日本民族的尊严。

对于日本的进步人士来说，广岛、长崎之痛和亚洲邻国被侵略的人民的伤痛，如何才能真正相通？这是一个非常复杂的问题，很难用人道情感来直接打通。但是广岛和长崎的切肤之痛，却使得日本社会真切感受到了战争的可怕，这也为战后的和平运动提供了真实的基础。

战后和平运动

从20世纪50年代开始，日本社会就一直持续推进和平运动，这个运动开放了自我和他人的边界意识，帮助日本人慢慢地摆脱"部落共同体"的那种狭隘的自我感觉。

和平运动有很多形态，比如，1960年爆发的安保运动，是大规模的群众示威，反对《日美安保条约》把日本绑在美国的战车上。20世纪60年代后期，越南战争爆发的时候，日本曾经有一个市民组织，专门负责救援那些从越南战场上逃跑的美国士兵，把他们在日本保护起来，而且请他们讲述自己的亲身经历，在日本社会进行反战宣传。

还有一个很有影响力的社会运动，就是"九条之会"。在年轻一代日本人的协助和拥戴之下，大江健三郎等九位著名的知识分子，组织了一个"九条之会"，宗旨是维护日本宪法的第九条。我们知道，日本宪法之所以被称为"和平宪法"，是因为它的第九条明文规定，日本不能拥有军队，不能再一次发动战争。

"九条之会"成立至今，理念不断向日本社会扩展，获得了越来越多的人支持。尽管九位老先生中有几位已经离世，但是"九条之会"的精神却已经深入人心，被下一代知识分子和社会活动家所继承。

冲绳的国际主义情怀

说起日本的和平运动，其实有一个更重要的地方是不能不提的，就是冲绳。明治维新之后，冲绳成为日本的一个县，它的苦难也从此开始。

1945年接近日本战败的时候，美军攻上了冲绳，在激烈战斗之后，日本军队投降，美军占领了冲绳。从登上冲绳岛的时候开始，美军就没有打算撤离。所以他们做的第一件事是把冲绳人赶到一定区域，然后在他们看中的地方，划出大片禁止通行的地方，在那里建设军事基地。接下来，美国接管了冲绳的施政权，冲绳被划归到美国的行政管理之下，与日本本土分割开来。一直到1972年为止，本土的冲绳人要想回家探亲，是需要办护照和签证的。

这种情况一直持续到了1972年，冲绳的施政权被交还给了日本。但是冲绳人并没有因此获得任何解放感和归属感，相反，冲绳变成了一块饱受日本政府歧视的特殊区域。

在施政权交给日本之后，日本政府开始有计划地逐步把本土的美军基地移到了冲绳。现在美军在日本的基地大部分集中在冲绳。冲绳原本以海洋经济为主，渔业很发达，但是由于美军基地的占领，大部分地区没有办法继续捕鱼。而冲绳列岛没有发展出其他的经济形态，所以到了今天，冲绳人可以为生的最主要的手段是基地经济。

美军基地，破坏了冲绳的自然和社会生态，给冲绳人的心灵造成了巨大的创伤。所以，赶走美军基地一直是冲绳人的共同愿望。冲绳人的抗争非常不容易，因为他们是两方面作战：一方面，他们面对傲慢的美国军队，不断进行和平抗争；另一方面，他们又面对和美国站在一起的日本政府，同时要对日本政府提出抗议。

但最让人佩服的是，在这种孤立无援的斗争当中，冲绳人表现出非常广阔的国际主义情怀。越战时，冲绳是美军输送兵力的大本营，当时冲绳人民包围美军基地，进行和平抗争。他们的口号是，只要我们能牵制住美军一天，越南战场上的越南兄弟，就多一天的喘息时间。

前些年冲绳民众讨论要不要赶走美军基地，那时就有社会活动家提出这样一种见解，说我们当然应该赶走美军基地，但是赶走之后，他们并不会撤回到美国本土，而会在太平洋的其他岛屿上再找一个合适的地方，重建基地。因为他们需要这样一个地理位置来称霸全球。但是其他岛屿的民众没有我们这样的对抗美军基地的经验，所以如果我们留住美军基地，并且不断对它加以牵制的话，也许这是对世界和平的最大贡献。

这些见解真的非常让人感动，因为背后透露出一种真正意义上的国际主义情怀。在这里我要介绍一位冲绳的思想家，他是一位诗人，叫川满信一。在日本得到冲绳施政权之后，川满以宪法的形式创作了一部作品，叫《琉球共和社会宪法草案》。在这里他提出了对于社会共同体的一个理想方案，他认为只要有国家就一定会有暴力，只要有国家的机构就一定会有警察、有军队；那么我们有没有可能建立一个自由的、由老百姓自己来做主的共和社会呢？这当然是一个乌托邦的想象。但问题是这样的乌托邦想象，产生在苦难深重的冲绳列岛上。

大江健三郎写过一本小书叫作《冲绳札记》，提出的问题是本土的和平运动，如何向冲绳学习？实际上现在本土的日本人和冲绳的有识之士，正在建立越来越密切的连带关系，这样的连带关系有助于他们向世界开放，也有助于保卫日本的和平理念，使得日本成为永远不再战的国家。

面对新冠肺炎疫情，中日社会表现出了令人感动的友爱情怀。友爱帮我们跨越国界，但是只有理解才能让我们产生连带。让我们努力体会日本人的苦恼与奋斗，我相信以此为媒介，我们将会重新面对我们自身。

【参考书目】

1.［日］大江健三郎：《我在暧昧的日本》，王中忱、庄焰等译，南海出版公司，2005年。

2.［日］和辻哲郎：《风土》，陈力卫译，商务印书馆，2006年。

3. ［日］竹内好：《近代的超克》，孙歌编，李冬木、赵京华、孙歌译，生活·读书·新知三联书店，2016年。

4. ［日］加藤周一：《羊之歌：我的回想》，翁家慧译，北京出版社，2019年。

5. ［日］川满信一、仲里效等：《琉球共和社会宪法的潜能：群岛·亚洲·越境的思想》，庄娜译，生活·读书·新知三联书店，2019年。

第一章

京都：穿梭于古典与现代之间

文 韩昇

不管时代如何变迁，不管古今战乱如何频仍，人们都把京都视为无上瑰宝，全心全意呵护它，不让它受到权力傲慢和武力跋扈的伤害。而它的保存也无时无刻不熏陶着世人，提升世人的文化境界和修养。

一　京都：古今与中西

　　提到日本，人们首先想到的就是东京和京都。这两座城市分别成为日本现代化和历史传统文化的代表，特色如此鲜明，是日本其他任何一座城市都无法取代的。东京西装革履车水马龙，集中着日本的国家机构、金融、证券和产业总部，教育研究、时尚游戏，深深地烙印在世人的心中。京都就是木栏深巷，柳绿樱红，老街随处是百年老店，和服、艺伎，花团锦簇，石板传来阵阵的木屐声，仿佛走进遥远的古代。京都人讲话，像流莺婉转，那份轻柔和京都的城市风情融为一体。

　　京都是一个独立的盆地，东西和北面的青山苍翠欲滴，将它拥入怀中。南面山势较低，不像是屏障，东南连接旧京奈良。西南顺着淀川直抵大阪，通向大海。盆地的东西两侧各有一条自北向南的河流，东面是从北山流出来的贺茂川和高野川，穿出弯弯曲曲的山涧，进入盆地的时候汇合成鸭川，流过整个东面，在盆地南面转向西南。西面流淌的桂川河流，也发源于北山的叠嶂深谷，沿着盆地西侧长流而下，在南端和鸭川汇合成更加宽阔的淀川，继续南下，流经大阪，进入大海。四面青山，两条绿水，把京都盆地一重又一重精心地包裹起来。

　　山上生长的翠竹、青杉和枫叶，夏天浓荫蔽日，秋季红叶烂漫。山下河水碧绿，冲击河床上的礁石，溅起白色的水花，河岸是一排排樱花，每到春的时刻一起盛开。倒垂的荫枝像一条条彩带，淡淡的红色倒映在碧绿的水面上。整座城市就像鲜花筐里的风景画，看得叫人心醉。

　　架在河上的渡桥，岁月深沉的木栏杆，三三两两走来身着锦缎和服的少女，收紧的裙摆，船形的木屐走起来，身子扭动，像柳条、像垂樱，轻声细语分不

古代京都街头

清是在观赏美景，还是在景色中的点睛之笔。

古代的京都并不大，原来被称作"山城国"，位于平城京，亦即今天的奈良西北面。公元794年，桓武天皇决定在此建都，揭开了大规模开发的一页。此后一直到明治维新的1868年，京都一直是日本的首都。明治维新以后，日本首都迁往东京，建立京都府，保持特殊的地位。1889年成立京都市，致力于地方的复兴。

进入20世纪以后，京都的辖区不断扩大，1931年京都市附近的26个町村，如伏见等地被划入京都市内，行政面积扩大了4.8倍。"二战"以后，京都市的行政面积继续扩大，分别在1948年、1949年、1950年、1957年、1959年和2005年，日本多次将周边的地区划归京都府。目前京都府总面积达到4612.71平方公里，拥有260多万人口，而京都市区面积也达到了827.9平方公里，大约140多万人口，以原来的宫城御所为中心，分布着许许多多老街小巷，构成繁华的中心城区。

京都的味道不在现代化的大街，而在一条条细长逼仄的巷子里，京都深深的小巷，两旁被日式木屋的木板围墙紧紧夹着。房子大多是两层，二楼窗外挂

京都的巷子（图片来源：视觉中国）

着一整排用细条藤竹草木编成的帘子，用于采光通风、遮挡日晒和外间的透视，二楼垂下的草帘和一层的木栏衔接，就像是一堵高墙，使得本来就狭窄的巷子更显得逼促而神秘。发黑的木栏写满了岁月的痕迹，若隐若现的草帘散发出淡淡的香味和细细的话语声，让人感到亲切，油然萌生漫步其中的念头。

二 古代日本迁都为何选择平安京

采撷与移植盛唐文明

京都的大街小巷和日本其他城市大不相同——长而直、不弯曲、少起伏。因为它不是自然形成，而是人工规划出来的。

日本古代最重要的两座都城：一座是位于奈良的平城京，另一座是平安京，也就是今日的京都市。这两座都城的共同特点，是道路宽敞、整齐、横竖分明，就像棋盘一样。将坐北朝南、略显长方形的城市，切割成一块块小方格。这种布局，中国人最为熟悉。繁花似锦的长安，牡丹盛开的洛阳，都是如此。这四

《吉备大臣入唐绘卷》全长24.521米，作于12世纪，描绘了奈良时代的吉备真备来到大唐的各种奇闻。此处画面描绘了吉备真备的遣唐使船到达大唐，岸上是前来迎接的大唐使者与士兵

座古都的城市布局，各类建筑物的分布，各个坊区的功能竟然大同小异。原来这并非巧合，而是平城京和平安京都模仿长安和洛阳的设计规划。

日本的历史记载，最初不是日本人写的，而是出自中国人之手，原因并不复杂。一来日本国家尚未形成；二来没有文字可供书写。最早的日本风土人情，记录在中国西晋史家陈寿的《三国志》里，那时候的日本部落林立，相互攻伐，人们粗布束身，渔捞为生，女王亦人亦神，用鬼道治理部落国家，根本谈不上定都立国。

到了相当于中国南朝时代，日本形成中心国家，根据地就在今天奈良一带，但时常迁徙。随着隋唐王朝横空出世，北伐突厥，东征高丽，建构以中国为中心的国际体系，日本才逐渐意识到一个新时代的开始，并且同自身的命运紧紧相连。

经过7世纪的激烈碰撞，日本切身认识到唐朝文明的盛大和辉煌，望尘莫及。于是下定决心全面学习，奋力追随，采撷其精华移植于日本。

进入8世纪，国家的发展到了必须有一座固定都城的阶段，日本便开始建设

平城京，以当时世界最大的都城长安为模板，在奈良盆地上规划设计，模仿得有模有样，俨然成形。

迁都背后的政坛风云

公元710年，元明天皇（日本第四十三代的天皇，奈良时代的首位天皇，女帝）正式迁都于此，直到公元784年，74年间，一直以此为都城。平城京最后几年在位的是桓武天皇，和前几任天皇来历不同。这要追溯到更早的672年，天智天皇驾崩，传位给儿子大友皇子，引起朝中握有实权的叔叔大海人皇子的强烈不满。

日本古代皇位的继承，既有父子继承，也有兄终弟及，甚至有夫妇继承的多种情况，并非一定。

天智天皇（日本第三十八代天皇，天武天皇的哥哥）在位的时候，立大海人皇子为东宫，天智天皇驾崩时却传给了儿子，必然造成最高权位的争斗。这年夏天，大海人皇子起兵，经过将近两个月的行军作战，最终推翻了大友皇子，登上皇位，称为天武天皇（天武天皇，名为大海人，是日本第四十代天皇），这场内乱称作壬申之乱。

此后到770年，将近100年的时间里，日本的天皇都出自天武天皇一脉。

权力垄断了，矛盾也就激化了。

8世纪中叶的日本政坛云谲波诡，一轮又一轮的政治斗争，把出自天武天皇谱系的嫡子、嫡孙消耗一空。身居皇位的称德天皇是独生女帝，没有儿子，只好在皇族内部寻找和天武天皇有血脉关系，而且可以信任的皇子作为继承人，最后选中了光仁天皇。

光仁天皇（日本第四十九代天皇）是天智天皇胤孙，因为迎娶天武天皇的侄女——井上内亲王为王妃，生下他户亲王，也就算是继承了天武天皇的血统，将来登基能够承桃胤嗣。可是光仁天皇继位两年后，就罢黜了皇后井上内亲王，连同他户亲王，一并幽禁致死。天武天皇这一脉就断绝了。

光仁天皇在位11年后，让位给长子桓武天皇。从血脉关系来说，桓武天皇

（日本第五十代天皇）是第一位同天武天皇没有血脉关系的天皇，他还有百济（朝鲜半岛国家）移民的血统。他的母亲出自百济武宁王后代，在日本皇族中身份低下，要不是宫廷内斗，使得皇子被罢黜，他几乎没有继承皇位的可能。这些因素对于桓武朝政治都产生了影响。

平城京是天武天皇后人建立的都城，旧贵族势力盘根错节，各派之间纷争不断，桓武天皇要摆脱其影响，并且强化自己的势力。他上台后不久，就毅然决定营造新的都城，离开平城京。他首先选定的地方是长冈京，位于今天的京都市西南，紧挨着大阪，气候宜人。这里是来自亚洲大陆移民秦氏集团开发的地方（秦氏为日本古代的氏族，与东汉氏、西文氏相埒，颇具影响力，自称秦始皇的后代，《新撰姓氏录》说是三世孙孝武王）。相传秦始皇在中国推行暴政，老百姓纷纷出逃，北方沿边的百姓在卫满（燕国人卫满，姬姓卫氏，卫国宗室后裔）的带领下，逃到朝鲜半岛，建立了自己的国家，史称卫氏朝鲜。

以后这些人进一步向南迁徙开拓，其中一部分人跨过朝鲜海峡，进入日本。来自中国大陆的移民数量庞大，远远不止秦氏集团这一支。后面来的，还有规模更大的东汉氏集团，以及西文氏集团，人员构成相当复杂，有的来自中国，还有的来自朝鲜半岛，他们把中国的文化和技术传入日本。例如，水稻耕种、桑蚕技术、冶金铸造、汉字书籍等。

日本的统治者认识到自己同中国社会发展水平的悬殊，所以对大陆移民采取容纳吸收的政策，让他们集中居住，建立自己的集团组织，致力于地方开发。这个做法有利于移民传入的文化和技术长期保持，并且逐渐向日本社会传播，推动社会进步。

为何最终是平安京

桓武天皇的生母就出自百济王族的后裔，所以他和大陆移民集团关系非常密切，其后宫嫔妃的出身，也可以印证这一点。这些人员除了日本传统的皇族姻亲对象，也就是出自皇族本身和贵族藤原家族。此外，有很多位来自大陆移民集团的宫人，其中出自百济王氏的有4位，东汉氏、阪上氏的有两位，可知他同各大移民集团都有紧密的关系。所以他选择的迁都新址，都同大陆移民集团相关。

例如，长冈京迁都，得到了秦氏集团的援助，但是长冈京仅有20平方公里，不是建设大都城的理想之地，桓武天皇似乎也没有全力去营造，10年过去，仍然没有建成。

最后，桓武天皇决定再次迁都，规划建设平安京。10年两次迁都，说明当初选择长冈京的时候，勘察和准备都不够成熟。仓促作出决定的原因出于政治考虑，桓武天皇急于摆脱天武天皇一系和旧贵族的影响，建构自己的权力基础。这个时期的政坛暗潮汹涌，甚至发生政争、谋杀的事件。

桓武天皇的心腹大臣藤原种继明察天皇的心思，提议迁都，于是被委任为长冈京造宫使，负起总责。藤原种继的母亲秦朝元来自中国大陆移民的秦氏集团，桓武天皇通过自己的嫔妃加上藤原种继的关系，获得了颇具实力的移民集团的支持。在权威显赫的贵族藤原种继负责下，长冈京的建设应该可以寄予厚望。

但是就在藤原种继积极推进京城建设的第二年，一个月高天黑的夜晚，他被人暗箭射杀，桓武天皇下令彻查，逮捕了十几个嫌疑人，涉及大半是佐伯氏、橘氏，乃至藤原氏等贵族成员，将他们处以斩刑。进一步的追查，牵涉到桓武天皇的同母弟弟、皇太子早良亲王。

5天后，他遭到幽禁。早良亲王和藤原种继不和，但是他是否涉案却没有证据。早良亲王忧愤不已，绝食抗议，竟然饿死在狱中。他的死给长冈京留下了挥之不去的浓重阴影，出人意料。

3年后，桓武天皇的夫人藤原旅子去世，年仅30岁。在桓武天皇众多嫔妃中，藤原旅子十分重要，她的父亲藤原百川，是被暗杀的藤原种继的叔父，正是因为得到他的全力支持，桓武天皇才能摆脱生母身份低下的不利条件，登上皇位。所以他可以称为是桓武天皇的政治恩人。而且桓武天皇和藤原旅子生下的皇子大伴亲王，日后登基成为淳和天皇。所以藤原旅子之死，对桓武天皇刺激很大，悲伤的事情接二连三地发生。

第二年，桓武天皇的生母高野新笠死去，她是否因为亲生儿子早良亲王冤死而哀伤过度呢？我们不得而知，但这对桓武天皇肯定是一大精神打击。

再过一年，31岁的皇后藤原乙牟漏也死了，她的儿子安殿亲王，在早良亲王死后被立为皇太子，因此被视为早良亲王案件的得益人，甚至是加害者。身边的亲人接连死去，桓武天皇不能不感到恐惧，难道不是早良亲王的冤魂在作祟吗？为何世道如此？而且新立的太子身体孱弱，看他病恹恹的样子，桓武天皇仿佛见到了早良亲王的幽灵。

在母后去世的那一刻，桓武天皇已经隐约感觉到早良亲王在作祟，所以他下令在埋葬早良亲王遗骸的淡路岛配备一户守灵人，加强戒备，防止祸祟。紧接着他再次下令大赦，恢复早良亲王的亲王称号，实际上为他平反，然而宫内的灾祸并没有因此停止。所以桓武天皇请来神官问卜。果然是早良亲王作祟。于是桓武天皇破例追尊早良亲王为崇道天皇，试图安抚怨灵，消弭祸祟。

日本古代史上，皇子死后追尊为天皇的不乏其例，但是都有一个共同之处，那就是他们的孩子后来成为天皇。早良亲王没有子嗣，所以追尊他无疑是破例，只能认为是桓武天皇厚赠以消灾的举动。

桓武天皇的这些动作，并没有消除接二连三的灾祸。看来长冈京风水不利，他的内心煎熬着。这时候深得信赖的大臣和气清麻吕（奈良时代末期至平安时代初期的高级官僚，平安京的修建者），悄悄向桓武天皇上奏，说长冈京已经建造10年了，尚未完成，开支巨大，建议另择良地、营建新京。桓武天皇立刻同意，并且假托游猎，亲自相地。他登上今日京都东山区的将军冢，眺望山水环抱的葛野地区，不由得赞美道："山川秀丽，四方辐辏，有水运交通之便，真乃上佳胜地。"新都的地址就这样选定了。

这片土地比长冈京乃至平城京都要辽阔。因此桓武天皇决定在这里建设前所未有的大都城，全面规划，建成之后，称作平安京。日本的都城至此牢牢地确立下来，一直到明治维新迁往东京为止，平安京成为历时千年的古都。

在京都人的心目中，只有这里才是日本永恒的首都。当年明治天皇决定迁往东京的时候，京都人闻讯起来阻拦，恳请天皇不要离开京都。无可奈何的天皇只能安慰京都市民，声称外出巡视。到了东京就住了下来，这才完成了政治中心的转移。但是京都人至今都认为天皇仍在巡视中，迟早会回来的。

三 寺院为何成为京都的典型文化符号

"棋盘式"的都城格局

京都的城市规划起点很高，日本从8世纪初积极推动全面学习唐朝制度文化以来，进入了律令制时代，从那个时候算起，将近100多年，对唐朝文化的选择到了相当的高度。所以新规划的都城，希望采撷唐朝所有都城的优点。于是京都的设计以天皇所在的御所为中心，分为东西两半，东面模仿洛阳，西面模仿长安，可谓雄心勃勃，想把长安和洛阳融为一体，构想非常浪漫，但是实际建设起来就完全走样了。

第一，京都的地势。西南面是沼泽低地，桂川时常泛滥，长冈京建设曾经吃了不少水患的苦头。即使到今天，治水和建设的水平不知道要高出古代多少倍，也依然没有办法彻底消除、完全防止大雨时节桂川的水涝。所以京都西面的地产没有东面贵。

第二，京都盆地的面积没有长安或者洛阳宽广，人口也不够，难以建成巨大的都市。

京都的建设得到了大陆移民的大力支持。首先开建的是皇宫的大内里，这个地方原来是秦氏集团头领秦河胜（圣德太子的宠臣，负责建设广隆寺）的宅邸，也就是秦氏把自己的地产提供给了桓武天皇，帮助他营造工程。而且秦氏还把集团祭祀的庙宇广隆寺搬迁到别的地方，让出土地，以迎合都城的规划。

最早建设的还有从宫城南门朱雀门到外城门罗城门这条南北大道。

宫城南面第一条东西向大路为二条大路，向南依次规划建设了三条、四条。直到九条大路，整座城市就像棋盘一样，由笔直的南北向和东西向的大路交错切割成一个大方块，里面有小巷，分割成小区，这是模仿长安的模块规划。京都则采取町为基本单位，一般为40丈的正方形，每块相等，而且内部道路的宽度也一样。

在城市规划中，采用模块设计，是非常先进的设计思想，首先见于隋唐长安城的设计。中国古代建筑，大院有高高的院墙，街坊也用墙区隔，设有里坊牌门。京都也是如此，所以木栏夹着长巷，行走在其中，特别有味道。一般的游客关注京都四处的景点，而真正懂得京都的人会流连于窄窄的巷子里，去寻找其特有的风情。

794年，桓武天皇正式迁都于平安京，此后京都的建设可谓是东西两重天，节节升高的东面不断繁荣起来，沿着东山之路，寺院纷纷建立，景观秀美。从东山到三条、四条这片区域街衢相连，跨过贯穿东面的鸭川连为一片，带动商业兴盛、车水马龙。西面则萧条，南面几乎荒废，甚至连罗城门倒塌都无人问津。

日本京都清水寺（**图片来源：**视觉中国）

御所南面到四条，延展到东面南禅寺这一片区，成为京都的高端区域，这种现状由来已久，是历史演进的结果。东面繁荣的重要因素在于京都东高西低的地势，湿气往低处走，所以在阴冷湿热的京都盆地，相对干燥的东面，成为贵族首选之地。

与之相生的是寺院的建设，后来扮演着京都文化传承者的角色。

自从佛教由中国传入日本后，遣唐使团绝大部分人员是留学僧。唐朝繁荣的佛教全都传入日本。奈良的平城京时代，影响巨大的佛教传播首推鉴真和尚的到来，他入驻东大寺这座规模空前的国家寺院，向日本上皇、皇太后、天皇，以及众多皇子、贵族传授戒律，剃度出家，推动日本佛教达到了前所未有的繁荣。奈良兴建了许多寺院，唐朝建筑风格蔚为大观，其技巧手法也发展成熟。迁都京都的平安京之后，佛教教团也迁了过来。大伽蓝在京都四面拔地而起，密集分布。

京都的两种寺院传统

京都为什么迅速成为佛教寺院之城？是因为在古代日本天皇家族内部有两种情况：

一是天皇当久了，厌倦权力争斗和宫廷繁文缛节，或者在权力斗争中感到无奈。不少天皇中途出家，当起悠然自得的太上皇来。

另一种是皇子出家，除了继承皇位的太子，其他的皇子大多出家，所以京都精美的寺院，许多原来属于这类私人寺院，后来才转变为禅林。退位的天皇，搬出宫廷御所，往往在东面选择圣地，给自己建造奢华精致的住所，念佛、诵经，漫步于庭院之中，陶醉于世外桃源。因此这样的建筑既有皇宫的庄严气势，又必须满足生活的需要和审美的情趣，还要同庭院浑然融合。这些要求，使得离宫别墅建筑在相当程度上脱离唐朝庄严的皇家风格，创造出更加讲究轻巧的艺术造型，适应日本的风土人情、自然气候和生活习惯，逐渐形成日本的特色。

曼殊院建于1656年，是天台宗的皇家寺院，属于五座皇家寺院之一。春季盛开梅花和春花，秋天则红叶满山，是京都观赏红叶的著名寺院之一。曼殊院整体精巧、紧致、怡人，寺院内的大书院、小书院、茶室、八窗轩、无窗席、曼殊院棚以及书院式蓬莱枯山水庭建筑十分有名，构成日本著名的书院式建筑风格。

其中南端的"手水钵"非常著名。从小书院看到由巨大的青石做成的石桥，是曼殊院庭园精彩的部分之一。另外，小书院前面有一个中岛，又被称为"龟岛"，其中有造型独特的观赏岛。寺院采取枯山水造型，以白沙象征喷泉，巧妙地引入了洛北的名胜，优雅高贵，被定为国家级名胜。寺院还收藏着1200件寺宝，其中的《古今和歌集》堪称孤本。

在唐朝建筑风格笼罩下的建筑，早已随着岁月的流逝和武士时代的战火消失了，在京都几乎找不到影子。现在留下的基本是武士时代的建筑，更多体现出日本中世以来的建筑艺术。

室町时代修建的金阁和银阁，就代表着这个时期的艺术风格。

金阁寺建于1379年，原来是足利义满（室町幕府第三任征夷大将军，幼名春王）将军的山庄，后来改为禅寺。"金阁寺"一名来源于足利义满修禅的舍利殿，外面用金箔装饰，所以民间称它为金阁殿，寺院也被称作金阁寺。

金阁殿临水而筑，取山水之境，是室町时代前期北山文化的代表建筑。其后金阁寺建筑毁损严重，最美妙的金阁殿也在1950年被学生纵火烧毁。现在见到的是1955年复原重建之物，殿外金箔在1987年重贴，1994年，金阁寺被评为世界文化遗产。

金阁寺是三层的楼阁，第一层为法水院，第二层为潮音洞，供奉着观音。第三层是正方形的佛堂，供奉着三尊弥陀佛。金阁寺的建筑和园林构造相融合。一

足利义满

金阁寺始于室町幕府的第三代将军足利义满,原是皇室别院,在足利义满死后遵照其遗嘱,将别院改为寺院,足利义满法号鹿院,所以命名为鹿苑寺。金阁寺实际上只是一个别称,因其舍利殿周身以金箔筑之,名金阁,所以金阁寺的叫法在民间广为流传(图片来源:视觉中国)

银阁寺正式名称为慈照寺，事实上它并不是银制的。它是1492年为幕府将军义政建的休闲别墅。由于连年内战，实在没有足够的资金完成原建设计划，只好用黑色木头建造（图片来源：视觉中国）

旁的镜湖池水光清冽，身影华丽的金阁殿倒映池中，成为京都的代表性景观。

银阁是也是世界文化遗产，原来是足利义满将军在1489年按照金阁寺的式样修建的山庄，室内的银阁和东求堂都是国宝。

银阁是二层楼阁，底层的空心殿是模仿西芳寺舍利殿的建筑。二层是潮音阁，里面供奉观音。银阁的外墙上并没有银箔，而是涂上了白漆。银阁、东求堂和锦钟池构成了庭园，象征平稳波浪的白沙铺在园中。园中有向月台和银沙丘两座沙丘。当月亮升上月伺山时，沙丘可以反射月光，照亮庭园。

在有限的空间，用白沙岩石构建庭院。白沙上面留下细心耙成的印记。坐在木楼长廊观赏，白沙就像万道波涛，岩石如海中的孤岛，青苔则告诉人们时间的沧桑变化，一切都需要用观赏宁静的心去体悟，从而达到禅的境界。这就是日本另一种庭院风格——枯山水。这时候景色已经是意境的表达，人与景、心与物融为一体，达到忘我，这就是枯山水庭院的真谛。

四　现代化进程下的京都如何涅槃重生

新旧交替中的文化根基

明治维新是日本近代化的开端，揭开这一页的标志性改变，是首都从京都迁往东京。历时千年，有着深厚历史和文化积淀、代表着日本的美和精神的古都，失去了政治的加持。对于深爱日本传统之美的人士，京都是永远的回味和向往。

获得诺贝尔文学奖的日本作家川端康成在获奖席上的致辞，深情讲述的是《我在美丽的日本》，他用一生创作小说，例如《古都》等作品，一直在描写京都，发掘深植于人性中的古典之美。京都是否因为迁都而从此一落千丈呢？100多年过去了，我们再来看这段经历，回答是否定的。京都可以在规模、人口、工业产值等方面缩小，但是它的文化影响力未见衰退，拥有日本最多的世界文化遗产，蜚声世界。在许多国家人们的心中，京都也成为日本传统之美的象征。

京都不败，在于它擅于扬长避短，充分吸收深厚文化积淀的养分，进行自我提升和发展。一个国家、一个时代，长久地留在人们心中的是什么呢？问问世人，有多少人知道大唐帝国的产值？罗马帝国军队的强盛？这一类问题，恐怕1/10000、1/1000000的人都未必答得出来。但是一提到唐诗、宋词、文艺复兴、牛顿和爱因斯坦，则妇孺皆知。这些是什么呢？是文化、是艺术、是科学、是造福于人类的创造。因此，一个时代的丰碑永远只有文化。京都就是在这个方面做足了功夫。

学术之都

在日本迈向现代化初始，京都就创建了京都大学，一直雄踞于日本学术文化的桂冠之上，和东京大学并称"双璧"。曾经作为日本文化的繁华之都，京都今日以学问之都闻名于世，和东京并列为学术和艺术的两大中心地。

京都有数十所重要的大学，作为国立综合大学的代表，有京都大学；私立大学则有同志社大学、立命馆大学；艺术和工业美术大学，有京都市立艺术大学、京都造型艺术大学等；宗教大学，有大谷大学、龙谷大学、佛教大学等；医科和产业大学，有京都府立医科大学、京都药科大学、京都工艺纤维大学、京都产业大学等，门类齐全。

至于专业学校更是种类繁多，涉及传统的花道、茶道，和现代的商业设计、电子计算机程序设计等各行各业。这么多的大学创办起来，展现了京都深厚的文化底蕴。而且它具有悠久的办学历史传统。

在京都所有大学中，我特别注意到一所大学，那就是京都种智院大学，最初是从唐朝留学回来的僧人空海在828年创办的，距今大约1200年，是日本最古老的平民学校。后来，在1949年作为新体制大学再次启程。这所以佛教为中心的单科大学，实施教育和研究革新，兼收并蓄。进入20世纪，京都种智院大学适应现代化的社会演变，开设了福利教育课程，把传统的宗教关怀，同现代人文和社会福祉结合起来，实现传统大学向现代大学的转变和提升。

日本大学精神：批判或理解

京都的文化精神，还在大学的教育过程中间体现出来。号称"日本大学双璧"的东京大学和京都大学，它们有什么不同呢？就人文学科来说，这两所大学所秉承的精神还是很不一样的。

东京大学的人文学科最早是由德国来的学者创建的。所以整个人文的学习深受欧洲人文主义思想的影响。在研究的方法上面，东京大学非常强调对文献的批判，他们怀疑传世文献记载的客观真实性，因此强调对文献进行严格的审视，去伪存真。经过缜密的考订，才能把史实建立在一个更加可靠的记录之上。

东京大学的学术训练，非常强调批判性的精神，在科学的探究上面，怀疑往往是我们探索的起始驱动，这种学术精神和京都大学很不一样。

作为现代学术，所有的学者都必须具备怀疑精神，这是毫无疑问的。但是京都大学的人文学科更强调的是理解千年的文化传承。到了今天，随着时代的变迁，现代人往往用现代的文化、现代的社会机制、现代的社会制度，去理解古代，而这种理解存在着很大的偏差。京都大学的人文教育更加注重在怀疑批判的基础上，走进古代的时空之中，还原到古代的环境，去理解它。某一种思想，某一种观点，它是如何产生的？这种思想和观点，对后面的人具有什么样的影响等，这一系列问题，要去除现代人的傲慢，贴近古人，理解古人的心境。京都大学的人文学科秉持这种学术精神，产生了许多杰出的研究成果。在日本，

东京大学（图片来源：视觉中国）

东京大学和京都大学是获得诺贝尔科学奖最多的大学，同时也是日本人文学科最深厚的大学。他们研究的理路不太一样，但是都取得了巨大的成就。京都作为"理解"学风的学府，在日本独树一帜。

基于传统和现代的结合，京都走出了一条文化兴市的道路。在以往的传统美的精神故乡，增加了现代学术之都的美誉。京都的文化影响力还在提升。

五 京都的旅游为何充满了"高级感"

京都如何打造高质量旅游业

在京都的现代化建设中间，并不缺乏现代产业。但是来到京都千千万万的人中间，有多少人是为了生意、为了商业而来的呢？人数少之又少。京都市的人口只有140多万，但是每年从世界各地来到京都的游客有两三千万人之多，来京都的人都是奔着旅游而来的，旅游就成了京都产业中一个重要的支柱。

有很多城市，文化在旅游中衰败下去。为什么呢？没有把旅游做好的城市，大多是怀着一种暴富的心理，把游客当作一次性的过客，不能提供优质的旅游产品，卖的是千篇一律的假货，没有展现出当地的特色。所以这样的旅游城市，旅游带来的往往并不是城市地位的提升。

在现代化转型中，京都是怎么做的呢？大量的游客来到京都，充斥着京都的大街小巷。人们到京都来看什么，第一是看它的美景，第二是看传统的文化，第三是来购买它的传统工艺品。所以京都的旅游要对这三方面有很大的推动。

第一个是传统文化的保存。传统文化通常是在喜庆节日中保存下来的。比如说每年春天来临、梅花盛开的时候，京都的北野天满宫就举办梅花节，缘起于日本的学问之神菅原道真（日本平安时代中期公卿，学者。日本古代四大怨灵之一。生于世代学者之家，参议菅原是善第三子。长于汉诗，被日本人尊为学问之神）去世的2月25号。每当梅花盛开，北野天满宫作为学问的神社，为祭祀菅原道真而举办梅花节。

梅花在唐初传入日本，和歌名人菅原道真酷爱红梅，把自己的书斋命名为

"红梅殿"，所以后人称他为"梅神"。通过对菅原道真的纪念，人们在重温文化，在美中提升自己的文化品位。

在春天有一系列文化的活动，比如说春舞，这是日本一种传统的艺术形式，它的庆典时间，在每年的4月1日至30日。表演的时间有整整一个月，舞姬、艺伎，在各处的会场表演，跳都舞、京舞、北野舞等，用歌舞来庆祝春天的喜庆，尤其是都舞的历史最为悠久，因为有这样一个春舞的活动，就让这种艺术形式保存了下来。

日本传统文化的保存中，有很多古代优良的传统也保存下来。孔子最早提倡的教育是六艺（指六种技能：礼、乐、射、御、书、数），六艺教育包含骑马和射箭。在京都的节庆活动中，有一个活动叫作流镝马，是骑在马上射箭。这个活动最早出现于镰仓时代，是用于祈求天下太平、五谷丰登的祭神活动。人们穿着古代的衣甲，在奔驰的马背上高呼着，对准箭靶发射箭矢，以此来占卜早稻、中稻、晚稻收成的好坏。像这种农耕与骑射为一体的活动，因为旅游而保存了下来，每到节日期间，有很多游客前来观赏。

在流镝马神事之后，迎来的是葵祭，它是京都的"三大祭"之一（葵祭、祇园祭、时代祭）。其历史最为悠久，起源于6世纪，原是贺茂祭，但因为举行仪式的时候，会在牛马或者贵族所乘坐的车子，以及信奉者的衣服上以葵叶装饰，渐渐地就称作葵祭了。

葵祭举办的时候，由500多名身穿古代贵族服饰的人，组成全长700米的游行队伍，牵着马和牛车，抬着神轿，从京都御所出发，经过下鸭神社，奔向上贺茂神社，它确实是重视古风的最好方式。

京都还有一个重要的节庆活动，是祇园祭。它起源于869年，那一年京都发生瘟疫，人们从祇园社抬出神舆，立起来自日本各地的66支矛，送到神泉苑，祈愿消除灾病，由此形成繁盛的节日。

节日从7月初到7月末，其间14至16日的"宵山"和17日的"山巡行"为其高潮。在祇园节时，人们在豪华装饰的彩车上用笛子、锣鼓和大鼓演奏着祇园音乐，从街上通过，每年有100多万人前去观看。川端康成的小说《古都》，就描写了祇园祭这个场景。

捕捉"匠人"手工精神

京都的一些节庆活动，又通过旅游传到世界，成为和京都密不可分的重要内容。旅游还带动了京都传统手工业的发展，其中非常著名的是西阵织。大约在五六世纪，来自大陆移民集团的秦氏一族在山城国，也就是今天的京都太秦定居下来，他们把养蚕缫丝技术传入日本。桓武天皇建造平安京之前，京都的纺织业已经起步了，随着平安京的迁都，日本的朝廷建立起了负责宫廷织务的织布司，纺织业得到了很大的发展。

平安时代后期，这种官营制造业的做法逐渐衰退。工匠们就在织布司东边的大舍人町聚集定居，脱离了宫廷的管理，开始自由作业，制造出"大舍人之绫""大公之绢"等纺织品。此外他们还钻研从中国宋朝传来的绫织技术，开发出独特的唐绫，作为和神社、寺院的装潢相配的典雅制品，受到人们的珍爱。时代越往后，西阵织的名声越大，在室町幕府时代的后期，得到了丰臣秀吉等人的保护。

以后，工匠又自主地引进中国明朝的纺织技术，生产出优秀的绸缎，进一步推动了西阵织的发展。西阵织今天已经成为日本丝绸业的代表，也成为京都的象征性产品进入现代社会。

京都的丝织业者抓住了时代转变的机遇，向法国派遣人才，引进了提花织物（纺织物以经线、纬线交错组成的凹凸花纹）的技术，实现了现代化的转变。到了大正、昭和年代，也就是到了20世纪初，他们在推动高档丝绸的大众化消费的同时，大力发展传统的手制工艺，创造出更为文雅的图案和设计，确立了日本代表性高档绸缎的地位。

旅游还推动京都的餐饮业和造酒业的蓬勃发展。京都原来作为首都，大批官僚贵族生活在这里，他们消费大量的酒。京都南面的伏见，是京都造酒的基地，这里生产着菊正宗等数十种京都代表性的美酒。伏见酒的产量，从古到今都相当大。古人为了把酒运出去，专门在伏见开凿了一条运河，水运的成本最

祇园祭最具看点的莫过于山鉾巡行，即花车游行。有的花车还载有盛装的儿童、人偶以及表演传统乐器的艺人，33座花车中已有29座被国家认定为民俗文化遗产，堪称"移动美术馆"（图片来源：视觉中国）

低，京都制造的美酒就通过这条运河运到日本各地。

造酒业是日本传统的手工业，在现代转型中，实现了飞跃。今天，京都的清酒仍然以优良的品质和巨大的产量享誉日本。

在京都的旅游中，人们离不开每天的餐饮。京都的餐饮代表，大家比较熟知的有怀石料理。相传古时候，京都寺院的神僧，因为吃得简单清淡，还没到下一餐饭的时候，肚子就饿了，僧人只好把温暖的石块抱在怀中，用来驱除饥饿感，因此留下怀石的名称。

当然，怀石的名称还有多种说法，其秉承的是简单清淡、追求食材原味的精神。怀石料理和僧人结合在一起，就要体现出禅意来。对于餐具以及餐具的摆放，都非常讲究，处处体现出禅意。

旅游作为龙头产业，推动着古老文化融入现代产业之中，从而获得新生。优质的旅游产品，美丽和善的旅游环境，也在提升人们的品位、品格和城市的形象。京都的魅力能够保存下来，关键在于国民对于文化和艺术的崇敬和真爱。

西阵织的高级织锦，从古典的和服到日常的领带、钱包，从京都的旧街巷到巴黎迪奥专卖店，都可以看到西阵织的身影（图片来源：视觉中国）

不管时代如何变迁，不管古今战乱如何频仍，人们都把京都视为无上瑰宝，全心全意呵护它，不让它受到权力傲慢和武力跋扈的伤害。而它的保存也无时无刻不熏陶着世人，提升世人的文化境界和修养。

【参考书目】

1.［日］冈田武彦：《简素：日本文化的根本》，钱明译，社会科学文献出版社，2016年。

2.［日］盐野米松：《留住手艺》，英珂译，广西师范大学出版社，2012年。

3.韩昇：《正仓院》，生活·读书·新知三联书店，2020年。

4.［日］秋山光和：《日本绘画史》，常任侠、袁音译，人民美术出版社，1978年。

5.［日］水野克比古：《京都樱花散步》，光村推古书院，2012年。

第二章

建筑：延续与批判——日本建筑百年

文 郦文曦

在经历了接受—融合—觉醒—批判—发展的过程之后，日本在百年间实现了建筑观念的转向，就是从对技术与形式的崇拜，逐渐走向对自然和日常的关心；从对于传统形式与空间的符号化的转译，逐渐过渡到对自然、都市与建造本体的关注，从对于纪念性形式的关注转向对于弱建筑的追求，不再追求所谓的"造型力"。

一　从丹下健三到隈研吾，跨越半个世纪的建筑如何对话

2020年，突如其来的新冠肺炎疫情让东京奥运会延迟举办。回想1940年，东京奥运会是因战争被取消的。1964年，在战后经济复苏的大背景下，日本得以再次申请到奥运会的主办权。如何在战后向世界展示日本文化成为当时日本最关心的问题。由日本建筑家丹下健三设计的国立代代木竞技场作为1964年东京奥运会的主场馆，就是在这一大背景下开始设计与建造的。

丹下健三与国立代代木竞技场

伴随着战后日本经济腾飞，出现了一批建筑家，其中具有代表性的就是这位设计了国立代代木竞技场的丹下健三（1913—2005），他也被称为战后日本第一代建筑家，影响了之后黑川纪章、槙文彦、矶崎新等一代日本建筑巨匠。

位于日本东京的代代木竞技场占地91公顷，由大小两个体育馆及办公与辅助设施组成。用于游泳与跳水比赛，结上冰又可以进行滑冰比赛，现在主要是冰上曲棍球与篮球的赛场。场馆设计在总平面布局上借鉴了传统的巴形（ともえ）纹样，它形似逗号，也被解释成水的漩涡，正是因为它的这种象征意味，在平安时代之后常被用作屋面盖瓦的纹样，表达人们对于建筑物免于火灾的美好愿望。

从功能的角度去看，代代木竞技场最初的建筑平面设计是圆形的。圆形是一种不具有方向性的形态，因此给人的空间感受就是从任何一个方向都可以进入建筑，但是当时希望建筑有明确的出入口，那么为了让观众能够找到这个出入口，于是把圆形分解，在大圆即主场馆侧面形成两撇，在别馆侧面形成一撇，于是建

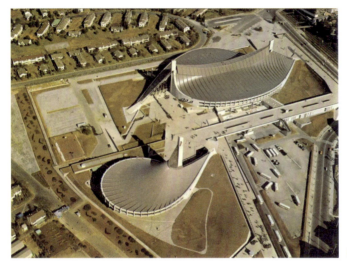

国立代代木竞技场鸟瞰图

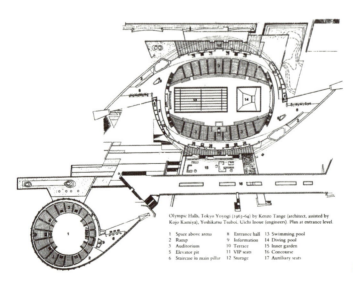

Olympic Halls, Tokyo Yoyogi (1963–64) by Kenzo Tange (architect, assisted by
Kojo Kamiya), Yoshikatsu Tsuboi, Uichi Inoue (engineers). Plan at entrance level.

1   Space above arena
2   Ramp
3   Auditorium
4   Terrace
5   Elevator pit
6   Staircase in main pillar
8   Entrance hall
9   Information
10 Terrace
11 VIP seats
12 Storage
13 Swimming pool
14 Diving pool
15 Inner garden
16 Concourse
17 Auxiliary seats

国立代代木竞技场平面图

两个巴形

巴形瓦

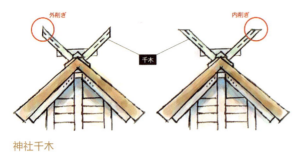

外削ぎ　　　　　　内削ぎ

千木

神社千木

筑就像是掀开了帘子，有了接纳人流的出入口。

从结构和材料上看，竞技场使用了悬索结构，钢筋混凝土主体作为支撑性要素，顶部的形式让人联想到日本神社的千木，千木是神社建筑屋顶两端立体斜向十字交叉的那两根木条，是赋予神社最明显象征的符号。

据《丹下健三》一书的描述，大竞技场屋盖也让人想到唐招提寺金堂，小竞技场让人想到法隆寺梦殿。两者都是日本古建筑的代表，其中唐招提寺是中国唐代鉴真和尚亲手兴建的盛唐建筑风格寺院。

代代木竞技场的建筑两端的悬臂桅杆（cantilever mast）上布置有钢悬索，远看整个金属曲面屋面像是翻滚的波涛，有一种旋转的速度感。从空间营造上

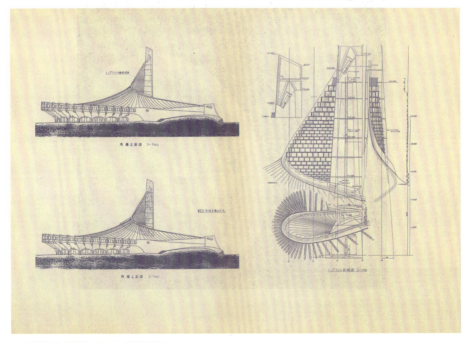

国立代代木竞技场立面与详图设计

国立代代木竞技场　天光

国立代代木竞技场　海浪意向与千木的联想

国立代代木竞技场屋檐下空间

看，天光从屋顶洒下，柔和而唯美，带有一种神性，曲面屋顶所包裹的大空间有种上古时期日本竖穴式建筑内部的感觉。空间的氛围是崇高而庄重的。八年前的深秋，我第一次来到代代木竞技场，空旷的广场里，风显得异常苍劲，当走近这个庞然大物，靠近它那巨大有力的底座的时候，钢索屋面优美的轮廓出现在我面前，我被它温和的力量感所震撼。之后我来到日本读博，又多次去看代代木竞技场，这个建筑给我的创作很多启发。

丹下健三的建筑设计脱离了传统的结构与造型方式，是在当时技术进步的前提下创造的产物。

隈研吾与新国立竞技场

2020年2月，我到距离代代木竞技场2.4公里外的新国立竞技场，由于疫情的原因，主场馆外围被围挡起来了，外围街道显出萧瑟之感。近看这座建筑，他的吊顶木格栅让人联想到传统建筑中的垂木（约同于中国古建筑中的椽子），但是因为它们不承担结构作用，所以要比椽子更加轻薄。

整个建筑所营造的氛围和半个世纪前的国立代代木竞技场完全不同：为了融合进明治神宫外苑的树林，场馆使用了"木与绿的体育场"作为设计理念，建筑广泛使用本地天然木材，并尽可能压低建筑高度来减弱其存在感，整座体育场的高度由最初设计的75米被压低至47米，建筑与街道的关系非常和谐。

作为世界上较大的木结构建筑之一，建筑外墙结构使用了日本47个道府都县提供的天然杉木，屋顶的支撑结构亦由日本本土的落叶松搭建。体育场呈椭圆形，它让市民重新关注明治神宫外苑的历史与自然空间，在建筑稠密的东京为人们留出一块休憩地。

当年新国立竞技场的国际竞图有一段曲折，伊拉克裔女建筑师扎哈的方案在2012年被选中，但是因为建筑形体与神宫外苑的历史性的空间冲突过大外加造价过高而被日本建筑界和民众所放弃，2015年重新竞图的时候除了隈研吾的A方案，也就是现在建成的方案以外，还有伊东丰雄的B方案入围，评委以及大众投票结果最终选择了隈研吾的以木结构、低建筑高度的方案作为中标方案。

隈研吾（1954— ）作为日本当代建筑师，他认为建筑应该与自然连接，不应该刻意追求象征性、视觉需要，以及对私欲的满足。未来的建筑空间会呈现出被打碎的"粒子状态"。他使用一度被废弃的木材、砖瓦，把他们分散拼贴在建筑表面，正是这种反造型观念的具体体现。

除了新国立竞技场（2019），他做得比较好的作品还有位于东京繁华的表参道尽头的根津美术馆，建筑入口掩映在一片竹林背后，人需要经过长长的走道进入内部，进门之后一转折，抬眼间就能看到室外幽静的庭园，建筑在整个环境中显得非常谦和。

两代奥运场馆为我们留下了丹下健三与隈研吾这两代日本建筑家跨越半个世纪的对话。两代场馆的距离步行仅十几分钟，前者拥有强有力的、优美而明确的形象，后者在城市中并不显眼，木材与种植让它消失在场所中，显然两代场馆设计的理念差异非常大。

那么，是什么原因导致的这种差异？日本建筑在明治维新后的百年里经历了哪些探索与挫折？东方传统的阴翳美学如何与西方现代主义的机器美学相碰撞与融合？当前活跃在世界上的日本建筑家，是如何通过建筑设计改变世界的？

我将结合在早稻田大学的研究，对日本建筑的考察，个人的建筑实践这三块，同大家聊一聊日本建筑在明治维新后的一个半世纪里发生的故事。

二 融合：西洋建筑思想与技术传入日本及其本土化

说到日本现代建筑，我们首先会把时间拉回到 19 世纪中叶，也就是江户末期、明治初期这个节点。1853 年美国"黑船来航"，叩开了日本的国门，之后的 1867 年，幕府把政权交还给天皇，新的明治政府开始了一系列的改革，也就是我们经常听到的明治维新。自此，日本开启了议会制君主立宪的时代。和隋唐时期，日本派遣大量遣隋使、遣唐使来到中国一样，这时的日本又派遣大量青年前往欧美国家学习如何运营银行、铁路、公路等现代化国家的技能。一时间，穿西装、吃西餐、建造西式楼房成为新风尚。

在建筑方面，明治维新之后的日本呈现出一种怎样的状态呢？通过对于"洋风建筑"和"近代和风建筑"这两大类型的介绍，大家可以穿越回日本明治时期，看看那个时候的建筑和城市风貌。

洋风建筑

首先就是"洋风建筑"，它指的是明治时期日本出现的模仿西方建筑样式的房子。最先出现洋风建筑的地区大多是当时开放通商的港口，如长崎、神户、横滨等，那里的"异人馆"是日本本土较早的洋风建筑。所谓"异人馆"，就是异乡人的房子，也就是当时欧美等外国人的住宅和商馆。这些"异人馆"的外侧通常都有半开放的廊道，廊道外围是拱圈和柱列，是比较典型的西方建筑风格。

同时，它们的内部空间也符合西方人的生活习惯，有沙发、椅子、书桌、落地窗和窗帘等。现在位于长崎的林格住宅就是比较典型的木造洋风建筑，或者叫作"殖民地样式"的建筑。

这些"异人馆"一方面让日本人看到了完全不同的房子；另一方面，在建造这些洋风建筑的时候，当地的工匠也学习到了西方的建筑技术，此时就产生了第二大类的洋风建筑，也就是日本传统的匠人在面对"洋风"的同时，根据自己的理解建造出的具有"和洋折中"特点的建筑。它们把西方样式与日本传统建筑的典型样式拼贴在一起，成为极具时代特点的一类建筑。

例如1872年清水喜助的第一国立银行，这栋楼底下的两层是洋风建筑，有一系列的柱列和拱圈，但是在这个两层楼上，长出了日本的传统建筑——天守阁。去过日本的人都会对天守阁留下深刻印象，它站在城墙之上，屋顶层层叠叠，且有不同的样式，面向不同的方向。这是日本中世纪之后开始出现的军事建筑，用作城楼上的瞭望台。我们现在可能已经见不到这样强行折中的建筑，不过在当时，它是东京文明开化的象征。

另一个"和洋折中"的代表是1876年立石清重的开智学校本馆，整座建筑最具特色之处，是在入口正中央处嵌入了一个高高的八角形塔屋和一个具有唐破风风格的玄关，唐破风是日本传统建筑中常见的正门屋顶装饰性构件，是两侧凹陷，中央凸出成弓形类似遮雨棚的建筑，在中国类似于卷棚或者抱厦。在开智学校本馆的唐破风上面除了嵌有祥云和青龙的雕刻，还挂有"开智学校"的匾额，匾额左右两旁各由一件造型精致的小天使拥护，尽显和洋合璧的精神。

和洋折中的建筑主要着力刻画的有两个方面：一是屋顶、二是玄关。也就是说，这些建筑通常会在洋风建筑的基础上，添加一个日本传统的屋顶，或者做一个带有唐破风的玄关。传统屋顶这个母题，其实在之后的日本建筑中反复出现，还产生了"帝冠式"这一专门的称呼。

洋风建筑的第三类，就更"专业化"了，为什么这么说呢？因为它们出自建筑师之手，在日本，建筑师和传统工匠有什么区别呢？借用藤森照信的话来说，工匠既负责设计，也负责建造；而建筑师只负责设计。事实上，Architecture一词在日本最初被翻译为"造家"，并应用于日本明治十九年（1886年）所创立的"造家学会"，也就是我所在日本建筑学会的前身。后来建筑史学家伊东忠太（1867—1954）在1894年提出应翻译为"建筑"，于是"建筑师"才真正出现在日本近代史上。

　　说到建筑师，首先介绍一下"日本现代建筑之父"的建筑师乔塞亚·孔德（1852—1920）。孔德是一位英国建筑师，1877年，他来到日本，那年他25岁，受聘于日本工部大学造家学科，也就是现在的东京大学工学部建筑系的前身，在这里，他培养出了日本第一批不同于传统工匠的、真正意义上的现代建筑师，包括片山东熊、辰野金吾、妻木赖黄等，在日本现代建筑师的谱系中，这些人的名字，又连接着前川国男、丹下健三、伊东丰雄、妹岛和世、石上纯也等。由此日本不再仅仅依靠"大工栋梁"来"造家"，建筑学进入日本高等教育范畴。

　　孔德本人非常重要的一个作品是1883年的鹿鸣馆。所谓"鹿鸣"，取自《诗经》，"呦呦鹿鸣，食野之苹。我有嘉宾，鼓瑟吹笙"，嘉宾来了，我要好好招待他，可以看出，这是一个接待外国国宾的宴会场所。二层的洋式建筑彰显着日本当时的亲欧美外交政策，这一时期的外交也被叫作鹿鸣馆外交。到了明治后期，鹿鸣馆外交宣告失败，这栋洋楼也在1940年被拆毁。除孔德之外，先后来到日本的很多外籍建筑师都对日本的建筑产生着重要影响，包括弗兰克·赖特、柯布西耶这些巨匠，留待下文讨论。

　　孔德的学生辰野金吾、片山东雄，他们设计建筑也继承了老师的风格，以拱券、柱式、山花等元素，来表达西方古典主义建筑的特色。例如，辰野金吾的一个重要作品，是现在东京新干线的车站——东京站。以后去东京的朋友，可以看看这栋钢筋混凝土结构的洋风建筑，体验一下它的文艺复兴风格。当时，日本建筑师正在囫囵吞枣地模仿着西方建筑。

　　不管是刚才提到的通商港口的外国人住宅、商馆，抑或是宫殿、银行、学校，这一时期的洋风建筑大多还是实践于与支配阶层有关的领域，大多数的民众住宅没有发生剧烈的变化，但是或多或少地受到了洋风的影响。例如，椅子，最先是在学校和政府办公场所普及的，后来也慢慢渗透到民众的生活，习惯于在榻榻米上起居的日本人也都纷纷开始转变了生活方式。由坐礼转为立礼，直至寝食分离和代际分离（"二战"以后）等。这导致室内家具设计与空间布局的大改变，从而影响到其后的住宅设计。

和风建筑

洋风建筑与和风建筑孰先孰后，整体上看，其实是洋风建筑为先的。只有听见了不一样的声音，人们才能慢慢意识到自己的存在。明治维新之后的20年左右，日本逐渐有了传统开始丢失的危机感，1897年出台的《古社寺保存法》正是这一危机感之下的产物。当然，明治维新之后的和风建筑必然不等同于传统建筑，它是诞生在近代社会却指向传统的，所以完整地说，这个和风建筑是近代和风建筑。

近代和风建筑简单地分，可以分为两类。一类是保持着传统建筑外观的情况下，内部设施更加适应现代生活，比如设有椅子、书桌、照明设备、卫生设备等。藤井厚二的听竹居是一个很典型的例子。

现在，人们看到听竹居，半透明的推拉门，内墙上端的长木条、榻榻米、茶室壁龛、棚架等，你一定非常确定它是日式建筑。但仔细看看，它的天花板上有吊灯或者顶灯，壁龛底部地面高度抬升至34厘米，侧面窗户边上是沙发和桌椅，这些都是为了适应现代生活方式而出现的。

近代和风建筑的第二类在外观接近传统建筑的情况下，借鉴了西方的结构方式。比如，有妻木赖黄和武田五一的"日本劝业银行"，冈田信一郎的"歌舞伎座"等。

总体来说，这一阶段日本还没有真正迎来现代主义建筑，为了显示出与西方列强对等的姿态，此时的日本拼命模仿，其实带来的是样式建筑的盛行。这些样式很可能带有偶然的成分，无法真正形成特定的流派。日本现代建筑的成熟，还要等着新生代日本建筑师的到来。

三 冲击：现代建筑在日本的萌芽

日本在明治维新之后开始全盘接受西方文化，在19世纪末到20世纪初建造了许多折中式的建筑，日本的建筑教育也开始走向近代化。说到影响世界的现代主义运动，它反叛了之前的各类历史主义复兴，伴随着新材料和结构技术的推广，它提出了建筑形式的革命，它试图协调工业化、社会与自然的关系，它构想了大众住宅的原型和整座城市的规划（如赖特的广亩城市、柯布西耶的光辉城市）。在建筑上，现代主义的特征呈现出反对装饰的，崇尚功能与形式相呼应的这样一种观念。

在现代主义的风潮中，建筑师有着各自鲜明的甚至截然相对的观念，但是这丝毫不影响现代主义的传播与最终走向"国际式"。现代主义建筑师在日本的活动主要分为实践和评论两块。与日本有很深的渊源的建筑师包括：赖特（美国，有机建筑）、柯布西耶（瑞士，拉绍德封）、格罗皮乌斯（德国，包豪斯创办人）、密斯（德国）、陶特（德国，活跃于魏玛时期）。

日本对于赖特的影响

美国建筑师弗兰克·劳埃德·赖特（Frank Lloyd Wright）逝世已经60多年了，但是他的作品依然在被广泛参观与研究。他所倡导的有机的建筑（organic architecture）理念和柯布西耶所倡导的"住宅是居住的机器"的机器美学针锋相对，与阿道夫·路斯（Adolf Loos）宣称的"装饰就是罪恶"的洁癖相比，赖特也不拒绝装饰。赖特认为，整体装饰对建筑的意义就如同树木或植物的开花对其结构的意义一样，"是物的本身的，而不是在其上"。装饰在其本质上是感性的，源于"结构的特征被揭示和增强"。

于是，在他的建筑中，自然和人工物的关系不是相互对峙的，而是融合的，例如，著名的"落水山庄（流水别墅）"，基地位于宾夕法尼亚州南部贝尔·朗的一片森林里，建筑由岩石墙壁来支撑悬挑的钢筋混凝土平台。赖特说服委托人，把建筑架在瀑布之上，他希望主人与瀑布相伴，让它成为主人生活中的一部分。在房间中，你甚至可能听到瀑布的潺潺水声，房间中心的壁炉地板下就是山里的巨石，整个建筑像是从山崖和溪水中长出来的有机体。

这种与自然相互融合的建筑理念，正是受到日本文化的影响。赖特49岁那年第一次来到日本，其后多次往返于日本与北美。1919—1922年，赖特在日本生活了4年之久，当时他被委托设计帝国饭店，除了长时间在制图室工作外，他几乎每天穿行在东京的大街上，有时候周末会去别的城市旅游，他完全进入了日本人的生活里。赖特甚至会穿和服。"日本的住宅"让他着迷，他被日本建筑与庭园的和谐关系所感动，相比北美的西方沙漠，赖特称日本为东方花园。

帝国饭店就是这样一个把花园、水系、凉廊等要素连成一体的建筑，空间布局成为不同形式的花园间的相互渗透。外立面的石材采用日本当地特有的大谷石装饰而成，它表面有粗糙的孔洞，有一种时间的痕迹留在上面。建筑师在结合了玛雅文化等古老文明的基础上设计的带有个人风格的形式语言，它是一种装饰，但是和之前提到的折中主义的装饰不一样，它们与建筑本体极为和谐，体现出一种精巧的带有历史印记的空间感。

另外，饭店的大厅和西方在启蒙运动之后所追求的"更多光明"的感觉也不一样，而是反映了日本的"阴翳美学"，日本人谷崎润一郎觉得"光明与黑暗在互为背景中相应而生。如果没有阴影，将没有美"。赖特本人也强调说"阴影本身具有光明的要素"。

在这种阴翳美学的引导下，赖特在大面积的阴影中构造建筑与自然的关系，用晦暗的透过和纸散发出的黄色灯光来暗示空间的构成，透过窗户看到的是室外明媚的风景，人藏在阴影中，在静谧中体会自然的美。因为城市发展的需要，东京帝国饭店于1967年开始拆除，1968年拆毁。其前厅和水池被保留在名古屋的博物园明治村里面。

赖特的另一个建筑——自由学园明日馆（1921）是他在东京唯一的作品，位于副都心池袋，舒展的建筑平面围合了前面的大草坪，空间沿着水平方向展开，两翼长廊串联中间的大厅，建筑和庭园的大草坪形成一种开阔的对望关系，延续了赖特草原风住宅的横向水平的、匍匐的线条感。建筑内部的灯具、桌椅也延续了他个人独特的木结构设计语汇。现在，日本年轻人流行在那里举办婚礼，大家如果去参观的话，可以在那里吃午饭，尝尝颇具特色的曲奇。

柯布西耶：国立西洋美术馆

不同于赖特从日本文化中获得建筑创作的灵感，并转化为自己的设计观念，柯布西耶对于日本的影响可以说是把西方现代主义的美学完整地带到了东京。

柯布西耶对于现代建筑产生过深远的影响，这位出生于瑞士钟表小镇拉绍德封的建筑师，继承了小镇独有的工匠传统。24岁时，他一路向东，穷游5个月，来到东欧、巴尔干、土耳其、希腊和意大利等地，留下了大量速写和随笔。

其后，柯布西耶一直混迹在巴黎，最初他想成为一名画家，他和奥占芳创立了"纯粹主义"画派，出版《超越立体主义》一书，与当时盛行的立体主义画派相对抗。后来，他逐渐从绘画中找到对于形式与空间的独到认知。在长期的绘画探索中，在对于静物的抽象解构里，他发现了几何、秩序、深度、透明等对于空间十分重要的特质。

完成于1959的日本国立西洋美术馆是他晚年的代表作，主要用于展示旅居巴黎的富有收藏家松方幸次郎购得的雕塑与绘画作品，建筑延续了他始于25年前的研究，一种称为"无限生长的美术馆"（Musée à croissance illimitée）的原型放置在基地上。这种"无限生长"的概念来源于柯布西耶对与鹦鹉螺和斐波纳奇弧线的研究，从图形上看起来就是一种可以不断向外螺旋长大的空间构成形式，当时的构想就是随着建筑物中展品的增多，功能变得复杂，需要的面积也会增多，那么建筑可以在现在的基础上，在外立面增加体量去适应这种面积的增大，所以我们看到的国立西洋美术馆是一种未完成的状态，主入口处的立面上有一个巨大的开洞和平台，就是为了后期"生长"的需要，不过遗憾的是这个想法只是停留在概念层面，到目前为止还没有生长的迹象。

建筑一层被部分架空，室内外的关系是柔和过度的，坡道和三角形的天窗被组织在三层通高的大厅里，漫步在坡道上可以感受到来自不同高度的光线，感受到人影在画作之间的流动。观展流线是螺旋展开的，在看画的同时实现对于建筑的漫游式的体验。这种空间感受在此前的日本建筑中很少出现，这也是柯布西耶新建筑五点的延续。

他的三位日本学生前川国男、坂仓准三、吉阪隆正组成了日本建筑家谱系中的"柯布西耶派"并成为现代主义在日本的传播者。柯布西耶对于日本建筑的影响一直延续至今，引导了包括安藤忠雄、妹岛和世在内的建筑巨匠。

陶特与格罗皮乌斯关于桂离宫的论述

现代主义在日本生根发芽的同时，日本建筑界也寄希望于获得现代主义建筑师的肯定，并且以此建立与世界建筑史的关系。1933年，布鲁诺·陶特离开德国来到日本，5月4日造访桂离宫，他惊叹于桂离宫的美，留下了大量手稿。他把日本文化分为"将军风格"和"天皇风格"，认为桂离宫和伊势神宫是天皇美学的具体化，是真实的。

桂离宫是一座位于京都桂川西岸边上的别墅，桂川西岸自古就以赏月胜地闻名，留下了无数的歌颂桂之月的和歌，也是我们熟知的日本名著《源氏物语》中桂殿的原型，桂离宫距离市中心的京都御所大概7公里，大家如果去京都的话，可以从京都车站开车或者打车，大概十几分钟就可以到达。

作为一处江户时期（大体上建于1620—1624）的皇家离宫，桂离宫的御殿建筑群（古书院、中书院、新御殿、乐器间）偏置于水岸西侧，四大茶室：春（笑意轩）、夏（赏花亭）、秋（月波楼）、冬（松琴亭）四个茶室分散在南侧的水岸岛屿间，建筑布局自由疏朗，从单体建筑看，出檐深远，随着障子门的开合我们可以在缘侧空间里面感受到水面、植物与建筑相互融合，室内没有繁复的装饰，极为质朴，表达出了千利休和敬清寂的茶道美学，这种质朴的线条感与西方现代主义所追求的几何性、抽象性不谋而合。

赖特、格罗皮乌斯、柯布西耶等建筑巨匠的先后到访，使桂离宫的神话得到了广泛的传播。1960年，格罗皮乌斯和丹下健三合著的英文著作《桂离宫：日本建筑的传统与创新》一经出版就引发了学界的关注。与此同时，伊东忠太关于"法隆寺柱子的收分（微凸线）和帕特农神庙相关"的理论进一步建构了西方与东方建筑的关联。

日本建筑之美吸引着欧美建筑师，同时现代主义建筑又冲击着日本陈旧的观念，在东西方建筑家的相互作用下，日本建筑美学得以被发现，现代主义建筑开始在日本生根发芽。此后日本大地上开始出现了完全不同于19世纪末的建筑风潮。由此，日本建筑师开始登上世界建筑的舞台。

四　觉醒：日本建筑家登上世界建筑舞台

20世纪20年代，现代主义运动形成全球影响力并进入日本建筑领域。与此同时，关于日本本土建筑未来如何发展，建筑设计如何诠释日本特征等问题在日本国内持续发酵。

关于"日本性"（日本的なもと）的论争

1. 是"哥特"还是"文艺复兴"

早在1914年前后，当孔德把折中主义带到日本的时候，建筑界就发起过关于"将来的日本建筑"的大讨论，当时主张在"哥特式"与"文艺复兴式"之间选择。哥特式建筑主要指12—15世纪以法国为中心兴起的建筑风格，基本结构是束柱、尖拱和肋架拱顶。这种骨架结构使得建筑摆脱了厚重的墙壁，实现更多的采光。整个空间是向上发展的，建筑形体高耸瘦削，典型的哥特式建筑比如法国亚眠主教座堂，以及遭遇大火的巴黎圣母院。

文艺复兴建筑是在公元14世纪的意大利兴起，伴随着文艺复兴运动而诞生的建筑风格。它讲究秩序和比例，建筑设计拥有严谨的立面和平面构图以及从古典建筑中继承下来的柱式系统。例如，位于意大利维琴察市的圆厅别墅（帕拉迪奥，1552）。

这次争论，最后选择了文艺复兴式作为日本建筑发展的样式。不过不论是文艺复兴还是哥特式，都源于西方的建筑传统。

2. 折中—欧化—独创—进化

在1924年前后，日本似乎终于想起来"本民族的建筑传统"这件事情，于是日本建筑学会就"日本建筑何去何从"再次展开讨论，其中可以自圆其说的观点有四个。

三桥四郎（1867—1915）提出"折中论"，认为应该把西洋建筑和东洋建筑的优点结合到一起，形成新的建筑样式，这样的观点被认为是态度暧昧的。

长野宇平提出"欧化论"，认为日本建筑不如欧美建筑，应该全盘西化，这样的观点被认为妄自菲薄，长他人志气灭自己威风。

关野贞提出"独创论"，主张抛弃既往的日本建筑和欧美建筑，从而建立一种新的建筑样式，这样的观点被认为是不切实际的空谈。

伊东忠太提出了"建筑进化论"，认为世界建筑是不断进化的，现在的欧洲建筑是由古代木结构建筑进化而来的，日本的木结构建筑也会在将来进化成一种独特的样式，并且这种样式是和欧美不一样的，这种观点被认为是在骚然之世里去思考遥远的未来，是一种学究式的迂腐言论。

除此之外还有佐野利器的"混凝土论"，认为日本建筑的未来属于抗震耐火的混凝土，那么事实上现代主义的推行很大程度就是依赖成熟的钢筋混凝土建筑技术的。在那次大争论中，谁也说服不了谁。不过其后就再没有发生这样的大论争，对于"日本性"的探索开始通过大量的竞图和建筑实践来呈现。

3."帝冠式"建筑的产生

"二战"前，也就是20世纪30年代，日本军国主义思想抬头，出现了帝冠样式的建筑，它往往在现代建筑上面加一个日本式的大屋顶，这种混搭式的建筑是在日本民族主义势力抬头的背景下，为对抗现代主义"方盒子"建筑而产生的。

帝冠式最早见于1920年下田菊太郎的"帝国议事堂"提案。此外，东京帝室博物馆、名古屋市役所、爱知县厅等地也推动了"帝冠式"的流行。当时建筑界也产生了反对的声音，日本建筑史元老伊东忠太明确反对下田菊太郎的"帝国议事堂"提案，提出这是一种"畸形的仿造物"，"穿着平安朝的束带，头戴着绢帽"的，"有辱国格"的东西，把他贬得一文不值。不过从伊东忠太自己之后设计的筑地本愿寺（1934）来看，还是没有跳脱符号拼贴的折中主义，无非是把日式大屋顶替换成了古印度样式的大穹顶。

我们以1931年的"东京帝室博物馆（现为东京国立博物馆）"竞图为例来谈谈"帝冠式"的争论，当时的竞图要求明确提出"以东洋趣味或是日本样式"

来做，第一名渡边仁的设计自然是满足的。第二名前川国男的设计挑战了竞图的要求，他把建筑做成现代主义的方盒子，故意落败，希望把这次竞图塑造成一次公共事件，进而提出对于"帝冠式"的批判。

其中，堀口舍己的反叛显得意味深长，他并没有参加竞图，而是在早前，在1920年成立了分离派建筑会，主张与这类样式主义进行"分离"，其后转向研究茶室与数寄屋，希望把对于现代主义的理解运用在茶室研究上，他的作品被归为表现主义，是欧洲分离派的日本分支，但是细看下来是在对现代主义的继承基础之上，以空间的方式在诠释日本的美学，这种建筑操作不同于简单的符号拼贴，而是在深入研究日本传统建筑空间的基础上尝试与现代主义相融合，因此堀口舍己被矶崎新称为"日本近代第一位带有思想的建筑家"。

4."绳纹"与"弥生"之争

在1955到1956年之间，战后的日本脱离了对于此前帝冠式这种简单符号化的建筑样式的讨论，开始从文化的起源追问日本性，于是产生了关于"绳纹"与"弥生"的争论。

绳纹（前11000—前300）是日本史前社会以狩猎作为主要生活方式的文化，主要以竖穴式住宅为代表，它充满了关于力量和自由的表现，在下层社会的平民阶层中保留下来。

弥生文化则是以水田农耕为中心的（前400—400）文化，在这里人与自然直接结合起来，主要以高床式建筑为代表，弥生文化对于自然的表现是抽象、洗练和自我压缩的，例如，体现和敬清寂的数寄屋就被认为是弥生时期的审美延续。

建筑家丹下健三提出，日本文化创造原则的起源可以追溯到绳文样式和弥生样式的对抗，绳文样式表现了人民的意志，而弥生样式则是一种属于统治阶层的体系。另外，他还认为我们之前所提到的桂离宫是这两套系谱的交会点。

突破

在经历了一系列的争论与探索之后，首先出现突破的是市政厅和市民中心这一类能够表达民主政治的建筑，他们摆脱了民族符号，在空间构成上显得非常开阔：往往底层开放用作市民活动区，做一些展览聚会活动，中层作为公务员办公场所，顶层用来开会。在形式上以预制的混凝土结构来表达日本传统的木建筑中的"组件装配"的模式，然后重点刻画节点，例如，香川县厅舍（1958，丹下健三），建筑师把混凝土梁突出在建筑外表面，次梁做得非常狭长，以此去回应古建筑中的梁柱关系，带有精练的弥生风格。

"二战"后期，广岛遭受核爆，战后的1951年，丹下健三以重建广岛为目的的"广岛计划"和"广岛和平中心"在国际现代建筑协会（CIAM）受到高度评价，这也意味着日本建筑界开始走向世界。广岛和平中心的视觉景观有着很强的轴线性：从陈列馆底层架空的柱列开始，望向同一直线上的广场、慰灵碑直至原爆穹顶，带有强烈的精神性，空间氛围更多的是宁静而非悲恸。

新陈代谢运动

战后的日本经济飞速增长，在日本性的觉醒与西方现代主义涌入的双重影响下，出现了第一个有国际影响力的建筑运动，那就是新陈代谢派。受丹下健三影响，在1959年，黑川纪章、菊竹清训、桢文彦等人提出了"新陈代谢"的主张，关注与社会变化和人口增长相符合的有机都市与建筑计划，随后在1960年的"世界设计大会"上提出，这也成为日本第一个面向世界的建筑运动。同时，它也是世界上最后一个现代主义运动。

新陈代谢这个词语来源于生物学，代谢派认为人类社会可以视为从原子到大星云宇宙的这样一个生成发展的过程，之所以使用"新陈代谢"这样一个生物学语汇，是因为他们觉得思考设计或是技术本质上是人类生命力向外延伸的结果，因此对于历史的更迭，不能理所应当地接受，而是应该积极促使其发生。

我们知道，现代主义倡导的是一种机器美学，柯布西耶认为住宅是居住的机器。他认为建筑设计要向工业看齐，让建筑物像工业流水线上的机器一样被成批地生产出来。"新陈代谢派"试图超越现代主义的这种功能主义的"机器"观，强调应借助于生物学或通过模拟生物的生长和变化来设计建筑和城市。

代谢派的主要作品有菊竹清训塔状都市（1958），海上都市（1958），sky house（1958，超越了丹下健三和柯布西耶的底层架空），东京计划1960（丹下健三），大阪世博会（1970，超人的尺度）等，这些方案的基本特点是主张城市要向天空、向海上发展，在时间的推移中可以生长。

比如东京计划1960，当时东京人口已经达到1000万，丹下健三团队认为，东京当时的放射状的、中心性的城市格局会随着人口增长而出现无法避免的混乱，于是提出了一个现在看来也颇有想象力的东京计划1960方案，这是一个像脊椎一样可以增殖的线状的都市设计。从东京的丸之内地区（也就是日本皇居和东京站区域，是日本的都市中心）开始，跨越东京湾上空，到达千叶县木更津一带，是个斜跨整个东京地区的巨型城市建筑。

丹下健三把都市中心规划在限制较少的东京湾上空，被他称为"都市轴"的三层快速的立体交通可以进行物资运送，"都市轴"的内侧是公共设施，轴的外侧垂直伸展出来的像树叶一样的建筑是住宅综合体，内部有道路、单轨电车、广场和学校，同时这种双坡斜面大屋顶也让人想到了日本的传统建筑，在心理上有种亲切感。这是一种"寻求新的城市空间秩序"的方法，"这种秩序反映了未来社会开放的组织结构和自发的移动性，不过这个宏大的计划并没有实现。

再介绍一个当时被实现的新陈代谢派的代表作：黑川纪章设计的中银胶囊塔（1972），它的意义在于把这种"可以代谢的建筑"这个概念清晰地表达出来了，当时设定的使用者是在都市奔波的商务人士，建筑师想为他们做一个极小限度的家，构成建筑的每个胶囊都是一个小小的白色房间，这140多个胶囊以不同的朝向和进退关系堆叠在一起，每个10平方米的胶囊都是一个带有完整的起居功能的自给自足的小房间，包含了一个圆形窗户、内部固定的床和厕所，还配备了电视、收音机和闹钟，配件坏了可以替换。胶囊的生产采用预制装配式的方法，也就是每一个部件都在滋贺县的一家工厂里生产，之后由卡车运输到工地上，通过吊车吊装，现场固定在混凝土核心轴上。

遗憾的是，它虽然被建造起来了，但是建筑物最终没有能够实现新陈代谢，陈旧的胶囊始终没有被替换，并且建筑还因为欠缺维护，导致漏水等一系列问题。事实上现在这个建筑已经十分破旧，但是因为它对于那个时代的意义非同一般，因此目前还是被保留着。

截至20世纪60年代中期，经过长达一个世纪的探索，基于结构的戏剧性表达和对于现代技术的自信使用，与众不同的日本建筑诞生了。

五　群像：影响世界的日本建筑家

经过半个多世纪的有序传承和与西方建筑文化的深入交流，日本建筑界发展出了不同的流派，他们各具特点，由此，日本也诞生了一批世界级的建筑师。

安藤忠雄：几何、住吉的长屋、光之教会、对柯布西耶的继承

安藤忠雄（1941—　），在他执业的20世纪70年代是日本战后经济腾飞的年代，相比于日本建筑师普遍具有很好的教育背景，安藤忠雄是个"没文化的人"，他没有念过大学，喜欢打架，在成为建筑师前，曾当过一年半的职业拳击手，按他自己的话说就是：毕竟靠打架就可以赚钱，真是再好不过的差事了。

之后，安藤忠雄开始自学建筑，起初，他受到柯布西耶和赖特等现代主义建筑大师的影响。在22岁那年夏天，他决定为自己策划一次建筑旅行，虽然没有读大学，但是到了毕业时间了，因此他觉得也该有一次旅行了。在那次日本国内的旅行中，他被丹下健三设计的广岛和平纪念馆的肃穆的空间所感动。

随后，在24岁那年，他踏上了全球建筑旅行，从横滨出发，坐船来到位于俄罗斯远东的港口纳霍德卡，然后经由西伯利亚铁路从寒冷的伯力（哈巴罗夫斯克）来到莫斯科，之后又来到欧洲，参访了无数的西方建筑。根据他的描述，当时他拜访了位于罗马的万神庙，他痴迷于万神庙的天光之美，但是却因为当时知识储备不足而没能读懂。之后，安藤忠雄又多次来到意大利看这个古罗马时期的经典建筑，去深读它的球状空间背后的设计逻辑，最终他意识到，建筑真正的价值在于联系起聚集在此的人心，去刻画出感动。

其后，他途经非洲开普敦、印度之后，回到日本。这次旅行，他在全球转了一大圈，历时七个月，在白山黑水之间，在极昼极夜的交替中，感受着满天

星辰给自己内心的震撼。不得不说，旅行是对孤独人生的模拟。那么，造一栋房子就是在建造一种人生，一个好的建筑师，他的理论和阅历是对等发展、相互塑造的。

就这样，安藤忠雄在没有经过正统训练的情况下成为建筑师，开始独立执业。他对欧几里得几何学有强烈的执着，在建筑中频繁使用抽象的几何形与场地发生关系，比如在1976年完成位于大阪府的住吉的长屋，这是一个两层的小住宅，它在占地仅34平方米狭长的基地中，使用了长方形的混凝土墙把基地围起来，对外没有开一个窗户，但是把基地中间1/3的空间留作庭园，采光完全依赖内部的庭院。

在狭小的空间里，建筑师创造出与天空对话的静谧氛围。这种空间气氛就像万神庙一般，带有内省性，同时又传达出一种幽玄的日本特征。

在1987年大阪的光之教会项目中，安藤忠雄在墙上开了十字形的长条窗，来回应神性的符号，在幽暗的空间中让光线照亮十字架，当地面十字光斑与周围的黑暗产生强烈对比的时候，我们或许可以感受到空间是超越宗教来诠释信仰的。安藤忠雄的作品虽然形式上完全是现代主义的，但是空间氛围里有日本传统数寄风的特征，比如平静、纯洁、明晰的情感等。

安藤忠雄已经80岁了，我和他的上一次见面是2020年1月，他来早稻田大学交流。他还是那么精力充沛的样子，纵身跃上高约1米的讲台，开始谈他的建筑。谈到45年前住吉的长屋的时候，他非常激动，说那是给一个有精神追求的人打造的房子。

和安藤忠雄同岁的建筑师伊东丰雄（1941—　）的设计观念则与安藤忠雄的不一样，甚至是背道而驰，相互抵抗的。安藤在建筑里追求的是一种永恒性与确定性。而伊东丰雄的建筑中强调一种不确定性，甚至是临时性。他认为从阪神大地震（1995）到9·11（2001）事件，在这些大灾难面前，人们倾其所有试图建构的家园、权力与资本的象征，在一瞬间崩塌。当永久性与纪念碑性（象征意义与视觉需要）遭到无情嘲讽的时候，人们便开始转向对于临时性、浮游的、瞬间性美学的关注。

伊东丰雄认为身处东京这样一个消费主义化身的城市里，尤其在泡沫经济时代，城市更新非常快，地价很高，而房价不高，所以人们热衷于把建成不过几十年的建筑物拆掉，人的生活方式也变得很不一样，他们逐渐失去了对场所的归属和记忆，城市变得片段化，原有建筑变得迅速不合时宜，它们变得无法灵活适应现代城市的这种电子化。

如果接受这种临时性的观念，在做建筑的时候反而没有压力说是建筑以后一定要怎么样。他曾说，我最受不了的就是建筑要立在那里上百年，我只关心我的建筑在建成后20年里面在起什么作用。因此，他所倡导的浮游（floating）美学认为，面对消费的海洋，我们只有一个办法，那就是沉浸其中，不停游弋，直到在对岸有所发现。这是不是有点水草的感觉？

在这种观念的驱动下，伊东丰雄的设计中就有了一种流动的、轻盈的，甚至是不固定的美。横滨风之塔，就是这样一个能在一天中呈现不同样貌的建筑物。首先，建筑师这个需要改造的混凝土塔的表面包上镜面材料，使得它可以反映出城市的景色，其后，又在它外面包裹了一层冲孔铝板做的圆柱体，在这个圆柱体上装有各种灯，于是它在夜晚就会呈现出缤纷而暧昧的色彩，和城市的光怪陆离相呼应。然而，白天看过去，这个圆柱体就是一个非常轻薄的白色桶。这件甚至称不上建筑物的构筑物通过控制灯光来与周围的嘈杂环境对话，并且随着时间发生急速变化，体现了他关于浮游的美学。

在仙台媒体中心的设计里，伊东丰雄继续他的关于浮游的建筑理念。整个建筑最吸引人的是七片楼板结合了被称为"管"的结构体系，这13根歪歪扭扭的管子贯穿楼板，像是海草漂浮在水里。

包括光线、空气、声音、信息等各种媒介在建筑中流动，主立面是印花玻璃，外面的人可以看穿整个房子，空间是连续的整体，完全没有传统房间的隔墙。你可以看见里面的人在聊天、休息、查阅资料等。

这种设计也是对于柯布西耶的"多米诺系统"（Domino System）的一种反思，所谓的"多米诺系统"，是用钢筋混凝土柱梁承重去取代承重墙，并且用楼梯去沟通上下层，如果这样做，建筑师就可以随意划分室内空间，也就是我们盖房子常说的框架结构。

伊东丰雄的设计显然不满足于"多米诺体系"的自由度，他设计的仙台媒体中心采用的是无梁楼板，他把楼板尽可能做得很薄，建筑的层高也是随机的。立柱里面是各种楼梯、电梯甚至还有房间，他完全把柱子消解了。

建筑师尝试去超越"现代主义""柯布西耶"和"多米诺系统"，他提出了"解体梁柱概念"的挑战，这使得仙台媒体中心对世界建筑界造成了冲击。

伊东丰雄的创作中强调的更新与变化和新陈代谢派有关。早年，他就在菊竹清训事务所工作过，而菊竹清训正是之前提到的新陈代谢派的发起人之一。而伊东丰雄的创作又影响到另一位当代非常重要的建筑师——妹岛和世。

妹岛和世

在从伊东丰雄事务所独立出来之后，妹岛和世成立了自己的事务所，和西泽立卫共同进行实践，相比于他的导师伊东丰雄，妹岛和世走得就更远了，她也被矶崎新称为建筑史上的切断点。

比如广受好评的金泽21世纪美术馆（2004），建筑像是一个巨大玻璃圆盘上放了一堆大小不等的白色方盒子，人们分辨不出哪里是入口，事实上可以从四面八方进入建筑。普通的美术馆都会有一个明确的参观路线，指引你首先看什么，然后再看什么，从一个主题到下一个主题，以显示布展的逻辑和连续性。

但是金泽21世纪美术馆是没有固定的参观流线的，甚至分不清哪里是办公室，哪里是展厅，所有信息都被打散混合在一起，造成一种碎片化的空间体验，建筑的柱子异常纤细，让人感觉不到他在承受重量，墙体表面是波纹状的反射材质，人影和风景都是扭曲的，置身其中，给人一种摇摇欲坠、恍恍惚惚的幻觉。关于材质，妹岛和世曾经说："玻璃与其说是透明的，不如说是半透明的。"她尝试使用磨砂的、印刷的、偏光的玻璃，塑造一个模糊或是扭曲的视觉景观。

另一个于2016完成的作品，是位于东京都的北斋美术馆，它是为了纪念著名浮世绘画家葛饰北斋而修建的，美术馆所在的墨田区就是画家的出生地，画家90年的生涯里，搬家次数也多达90多次，不过几乎都在墨田区内度过，并留下了众多优秀的作品。我们所熟知的动感十足的《神奈川冲浪里》，红色的富士山风景《凯风快晴》，都是画家70岁创作高峰时期的作品。在这组"名所绘"（著名景点图）中，或远或近的都会出现富士山。

建筑乍一看也像是一座开裂的大山，不过不同于山的厚重感，建筑表面覆盖了带漫反射属性的铝板，映衬出周围的街道、高架桥和公园，显得非常轻盈。建筑依然没有明确的出入口，也没有因为四面的场地环境不同而做变化，它的四个面用的都是同种铝板材质，只是在中间做了狭小的裂缝作为入口，可以说它面对人群和都市的态度依然非常暧昧，没有接纳也没有拒绝。走进建筑底部，像是走在透明的缝中。因此如果以巨石的意向去解读，是不准确的，虽然建筑有着硬朗的斜线，但是它非常轻，消解了"巨石"的厚重与压抑感，靠近它时我们甚至感受不到它的存在。

建筑设计让我摆脱了对具体意向的执着，专注于空间体验本身。

如果说伊东丰雄的建筑里面还有对于海草的隐喻，那么妹岛和世的建筑就是完全脱离象征的，超平的。她的建筑看起来简洁、透明，甚至是轻柔的无重力感的。当初，妹岛和世的硕士论文研究的是柯布西耶建筑中的曲线，她执着于建筑中柔美而暧昧的女性特质，这种特质也只有在日本这种暧昧的文化土壤里才可能生长出来。

以上这三位建筑家都与以柯布西耶为代表的现代主义有着密切关系，他们或是延续了现代主义的观念，或是批判了它的观念，或是试图抛弃这种争论。其他优秀建筑师比如说：坂茂的纸建筑能够在地震多发的日本快速建造房子，石上纯也的自由建筑，藤本壮介的新几何学建筑等。这一大批当代的日本建筑家的创作呈现出多元的风貌，他们的作品总体上呈现出对于个体内心的关注、对于都市的复杂性与矛盾性的反映和对于日本文化的当代演绎。他们形成了群像，对当今世界建筑产生着深刻影响。

六 回看：日本百年建筑美学的延续与影响

前文我们观察了日本建筑如何在明治维新的150多年中批判地吸收欧美文化，从而形成了自己独有的风格，直到当下在全球产生影响。在本节中，我们会一起走进日本的百年建筑文化，大家聊聊"从两代奥运场馆的设计中窥见日本百年建筑创作的嬗变"。

一条线索

当我们回看日本建筑百年，最初在西方建筑师进入之后，日本试图融合西洋的建筑样式，做一些折中主义的设计；之后，受到现代主义冲击，又试图寻找能代表本民族的形式，进而又希望在传统建筑中找到现代性以求得西方的认可；直到战后，背负复兴重任的建筑师终于发展出了属于日本的充满纪念性和象征意味的建筑；紧跟着（代谢派）建造出了带有未来色彩的巨型结构建筑；最终在当代，日本建筑家摆脱了象征性的枷锁走向多元的创作。这其中经历了诸多曲折，走了很多弯路。

例如，20世纪初日本建筑界希望桂离宫呈现给世人的，或者说是让西方现代主义看到的所谓几何性、抽象性等特质，在桂离宫建造的17世纪，并不存在这种先验的判断。御殿建筑群的柱子的确是黑色的，日本建筑家和摄影师也热衷于在照片中呈现出这种黑色线条和白色障子之间的构成关系，认为这是接近蒙德里安式的，但是我们知道，当初建造之时，柱子之所以是黑色的，是因为要把它们浸泡在浓稠的黑色液体中（这种黑色液体是把松烟融入苏籽油，在渗入铁丹或者黄土等颜料调和而成），主要是为了遮挡木头的天然黑斑和人为的污染，同时防腐和驱虫。所以，其实并没有太多关于形式构成方面的考虑。

日本的美学有其自身的发展逻辑，只是恰好与当时的现代主义希望看到的一样。

再如，20世纪一度很流行的帝冠式大屋顶，它流于对传统的简单解读，没有产生预期的文化影响力。反而是日常被忽视的生活状态，却是最宝贵的。芬兰现代主义设计之父阿尔瓦·阿尔托（1898—1976）认为在工业化之前的手工艺时代，日本就已经形成了极成熟的文明，展现了（有着）对各层面生活需求的深入观照，他曾说："日本文化中有限的材料和形式，没有阻碍其建筑多样性的发展，日本人的生活与大自然紧密联系而体察其中无尽的多样性，这使得他们不愿意接受形式主义教条的束缚。"

多年前，我在北欧游学时，曾参观了阿尔托的自宅和工作室，我能够感受到他对于木结构的偏爱是源于他对于日本传统住宅的研究，他的房子外墙使用木材并覆盖爬藤类的植物，花园的地面使用的飞石汀步，又是受到日本庭园的影响。

由他设计的玛利亚别墅，其布局是非对称的，水面与建筑的关系则让人想到桂离宫。（他的）建筑细节体现出一种超越西方建筑的"人情化"取向，门把手、阶梯扶手的曲线如此优美又贴合人的身体感受，如此种种对于生活与自然的关照与东方建筑有诸多共通的地方。

2014年，我在阿尔托自宅以速写的方式记录当时的感受，露台上的木架体现了传统东方屋架的结构特点。在经历了20世纪的东西方建筑观念的融合与碰撞之后，我们逐渐发现，不论建筑形式如何变化，与自然共生的观念始终存在于我们东方建筑文化的基因里不曾改变，我们习惯于使用自然的素材做出与当地风土相适应的建筑，当房屋脱离自然的时候，生活也就不存在了。

2013年和2014年，隈研吾先生和我受邀参加了位于古城杭州的IDW国际设计周，当时的展场被安排在南宋御街。这是在近千年前的南宋都城临安铺设的主街道，御街的改造由当代建筑师王澍来做，有趣的是，同一条长街的营造由不同时代的匠人和建筑师参与，同时，在里面发生的是当代思潮和古城意匠之间的跨越千年的对话。

隈先生展出的梼原木桥博物馆希望建筑像桥一样把山体连接起来，我展出的《坡上云》设计，建筑像是云一样轻轻覆盖在山坡上，并且成为山坡的一部分，人们可以在上面自由地奔跑玩耍，甚至沐浴。

希望建筑与自然相联系的想法，后来在中国南方的小城安吉得以实现，我为山川乡设计了一个红色的小房子《地平线上的红色音符之屋》，建筑被埋到地下，从外面看起来像是匍匐在地面的小山，在进入建筑之后能看到远山的起伏，像是长卷画一般出现在我们面前。我想，东方建筑师在实践的就是这样一种与自然共生，甚至建筑本身成为自然本身的人居理念。后来这个房子也获得了来自欧洲的德国国家设计奖（German Design Award）和标志性建筑奖（Iconic Awards 2020）。

一种解释

我想给出一种日本建筑百年发展的解释，日本现代建筑之所以出现这种延续与批判，和日本文化中的和（Wa）文化有关。矶崎新认为，每当外部新文化到来的时候，（日本）都会经历外患、内乱、接受、蜕变的过程，从而诞生出具有新姿态的和文化空间。列岛的文化地图，是堆积而成的，这其中又由四个主要层次构成：

古层：作为事、物的考古学式的档案资料集成。

江户系统：作为遗制存在的，但是依然在发挥作用的层，如木造建筑系统。

近代世界系统：从19世纪开始接纳外来文化、技术（耐震、不燃的建筑）到20世纪之后有了现代主义传播的这样一段时期。

新世界系统：1990年左右开始的，由资讯和科技所产生的全球化的模像（simulacre，仿拟物），同质化。

四个层次相互作用，在新的文化到来的时候，在层与层的边界会形成重要的文化事件，这些事件随着时间相互堆叠，最终形成了日本目前的包容又富有差异的状态。

现在，我们回看两代奥运场馆，建于1964年的代代木竞技场使用悬索结构，配合混凝土基座，形式优美又有力量感，是对于现代主义的地域性的回应，对于民族大屋顶符号的创造性诠释，因此，代代木竞技场拥有很强的象征性，帮助日本在战后迅速树立了国际形象。而建于55年后的新国立竞技场则是用天然的素材和植栽，并且通过降低建筑高度来实现对于自然的回归和对于神宫外苑的连接，是对现代主义批判性的超越。

我们看到，在经历了接受—融合—觉醒—批判—发展的过程之后，日本在百年间实现了建筑观念的转向，就是从对技术与形式的崇拜，逐渐走向对自然和日常的关心；从对于传统形式与空间的符号化的转译，逐渐过渡到对自然、都市与建造本体的关注，从对于纪念性形式的关注转向对于弱建筑的追求，不再追求所谓的"造型力"。

日本的建筑开始逐渐变得有亲和力，不再高高在上，去追求一种宏大的象征意味和强有力的造型。我觉得建筑这个庞然大物，应该是这样的一种状态：它深沉广大、气象万千，却时刻能俯身聆听你的呼吸。

（图片来源于郫文曦建筑事务所和丹下都市建筑设计网、有方等网站）

【参考书目】

1.［日］矶崎新《建筑中的日本性》，麻省理工学院出版社，2011年。

2.［日］东京国立近代美术馆：《日本的家：1945年以来的建筑和生活》，株式会社新建筑社，2017年。

3.［日］太田博太郎《日本建筑史序说》，路秉杰、包慕萍译，同济大学出版社，2016年。

透　　　视　　　日　　　本

第二篇

文化符号

第三章

俳句：体会自然与人生

文　李长声

俳句太短小，作为诗，想不含蓄都不行。用几个词写诗，叙景抒情，即使不直说，也是开口便完，剩下的只能由人去想。所以，俳句的含蓄并不是日语这种语言造成的，而是有语言不用的结果，好似逢人只说三分话，甚至一分话。和汉诗的含蓄不同，汉诗是不明说，而俳句不说。中国的含蓄要寻味，日本的含蓄是省略，需要寻找被省略的东西，像村上春树小说里的人物总在找什么，例如羊。

一 俳句在日本的长盛不衰

日本诗歌传统溯源

日本文学里诗歌有三种样式：俳句、短歌、诗。古时候，日本所谓诗歌是汉诗、和歌。他们把中国古典诗叫汉诗，相对而言，大和民族的诗叫和歌。日本人用汉字写汉诗，用假名写和歌，近代以前纯正的和歌不使用音读的汉语词汇。歌有长短，短的叫短歌。

本来，日本人说诗就是指汉诗，但近代以来，说诗指的是新诗。这种诗型是从西方拿来的，可说是文学上的脱亚入欧。当然不能用欧美语言，而是用口语打破俳句、短歌的传统，表面上看来就是往长里写，并摆脱古诗文节奏，所谓七五调。

作新诗的人叫诗人，作短歌的人叫歌人，作俳句的人叫俳人。他们自得其乐，互不理睬，几乎没有人越界，既写俳句或短歌，又写新诗。据说，日本有3万诗人，30万歌人，300万俳人。

和歌早在日本从大陆拿来汉字之前就产生了，口口相传。汉字有形、音、义，被日本人利用到极致，或者三位一体地拿来，或者只拿来形和义，即所谓训读，或者只拿来音，借以表示固有语言，叫万叶假名。

之所以这么叫，是因为8世纪中叶用汉字的音把留传的和歌记录下来，编成一部《万叶集》，相当于我国的《诗经》。它是和歌的基点，其中多数是短歌。通常说和歌都是指短歌。短歌由三十一个假名构成，也就是三十一个音节，把汝裁为五截，一截为一句，音节数分作五、七、五、七、七。五音节和七音节的节奏称作五七调，后来反过来，七五调成为日语表现的主流，如同中国古文的四六体。

一个人作短歌未免孤单，于是两个人来作，一人作前半截的五七五，十七音，叫上句；另一人应和，作后半截的七七，十四音，叫下句，这就叫连歌。这样分工合作，很有点工匠精神，好比做人形，有人做脸面，有人做衣裳，各有专攻，合成一卷作品。上句、下句共三十六句，这样的一卷叫歌仙，还可以连续百韵，乃至千句。

关于连歌有一个传说，说第十二代天皇的皇子，叫日本武尊，东征回师，夜宿时问道：从筑波到此地走了多久啊，管灯火的老翁回答：九夜十天。两人的问答就当作连歌的源头，所以也叫它筑波之道。这只是个传说，为的是提高连歌的身价罢了。

连歌是上层社会的文艺，讲究的是雅。围坐一圈儿，在古典的感觉、规定的词语上费脑筋，想来气氛很有点压抑。结束后松了一口气，不禁要做一些连歌不做的事，互相逗逗乐，吟出的句子就滑稽了。这样产生了俳谐连歌。俳谐二字的模样对于我们来说有点古，但古今中外，它的意思就是滑稽、戏谑。俳谐连歌略称俳谐，后世又改称连句。

对于高雅的连歌，民众羡慕嫉妒恨，连句浅近易懂又好笑，便跃跃欲试了。如果说连歌像美女穿一袭长袖和服，雍容典雅，那么，连句就好像换上单和服，轻松活泼。连句是连歌这条大河分出来的支流，流进民众之中。

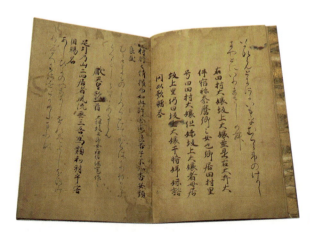

日本九州国立博物馆展出的平安时代的古书《万叶集》

连歌以优雅的情趣为中心，连句玩的是机智与滑稽。连歌、连句是一种技术，需要有师傅传授。以传授作连句为业的人叫宗匠。好多人聚集，你一句我一句，每个人既是作者，又是读者。这是一种集体活动，精神在于共享同乐。既要接应前一人，又要顾及下一人，必须遵守游戏规则，不可以一意孤行。我们常说日本人具有团队精神，可能是连句训练出来的。

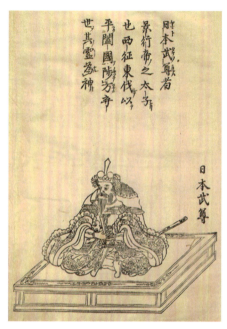

日本武尊

中国也有过联诗，《红楼梦》中"凹晶馆联诗悲寂寞"是两个人联，"芦雪庵争联即景诗"是17人联，似乎比连句更热闹，可惜联诗没有大发展，更没有变成民众文艺。

多人连句，起首作五七五，这三句叫发句，第二人用七七承接，这两句叫胁句，第三人又吟五七五，就叫作第三，最后以七七结尾，叫举句，其间的轮番唱和统统叫平句。发句、胁句、第三、举句构成起承转合。联诗与连歌、连句有所不同，其一是联诗起头相当于发句，下一人接着吟胁句和第三。纯粹的艺术，骨子里总要有独立与自由，胁句、第三、举句都难免被动，只有发句具有自主性。发句渐渐甩掉后面的拖累，自顾自地独立，世界上就有了最短的诗型。发句能够在质量上独立成诗，最大的功臣是松尾芭蕉。

作为大众文艺的俳句

俳句本来是"俳谐之句"的略语，明治年间正冈子规（本名常规，1867—1902）在西方文学概念的冲击下进行改革，用这个叫法取代发句。发句的发是发起，让人在潜意识里起带头作用，期待他人跟上来，叫俳句才能和连句划清界限，彻头彻尾地确立为近代的文学。这样一来，芭蕉的发句也都叫俳句。俳

正冈子规

句即芭蕉文学。

俳句是大众文艺，写的人遍布各个阶层，尤其上了年纪的人以此消闲，像中国大妈跳广场舞一般普遍。虽然俳句变成个人的创作行为，但连句的团队精神犹在，那就是结社。据《俳句年鉴》报告，当今日本全国结有633社，少则数十人，多则几千人。发行600来种刊物。历史最久的俳句刊物是《子规》，1897年在正冈子规的故乡松山创刊，翌年转到东京，由子规的弟子高滨虚子编辑发行。子规的俳号用汉字，而刊物名称用的是假名，对于这样的日语，汉译很有点无奈，或译作"杜鹃"，和人名有个区别。后来高滨把权力交给长子，长子死后由女儿继承，她又传给儿子。俳句结社像茶道以及各种手工艺行当一样是世袭的家业，具有封建性。

参加俳社（俳句结社）需要交会费，大约每月1000日元，可以向社里发行的刊物投稿，五首为限。社长叫主宰，投稿俳句被男主宰或者女主宰选中刊登，赠送刊物一本。俳句结集叫句集，基本是自费出版。俳社定期举行俳句会活动，参加者发表作品，互相批评，当然也要交学费。整个日本能够靠俳句吃饭的，充其量十来人而已。

俳句是旧诗，但仍然富有生命力，作俳句是日本人的文学教养。日本中学生学俳句，不仅学古人的，名人的，而且自己动手作俳句。日本的报纸都设有俳句专栏，读者投稿，专家点评。有一位叫大冈信的著名诗人，在大报上开一个专栏，豆腐块大小，天天选评诗歌，坚持30年。常听人夸日本人做事细致，或许其最大民族性是持之以恒，正因为有恒，才能做细致。电视也有个节目，一群艺人学俳句，当众评说，并修改润色，已播映多年。

俳句让日本人感到亲切，活在生活中。用五七五的形式做广告或标语很常见，例如宣传交通规则："小小的日本/那么样急急忙忙/你要去哪里。"有个说相声的叫北野武专爱捣乱："不要怕红灯/大家一起过马路/肯定没问题。"不过，俳句（其实是与俳句相似的"川柳"）也因此很容易变成顺口溜，不成其为诗。

如今世界上一提日本文化，首先想到的是动漫，但俳句其实早已走向世界，用罗马字写作HAIKU。1920年，法国文艺杂志用专辑介绍俳句，奥地利诗人里尔克大感兴趣，用法语写三行诗，题为"俳谐"（HAIKAI）。法国结构主义思想家罗兰·巴特晚年也对俳句感兴趣。

二　俳句里的四季之感

十七音与季语

俳句有两个基本规则，也就是诗律，一是十七音，一是季语。俳句也叫十七字，这个字，指的是假名。当初日本人诚实，把汉字称为真字，而他们用汉字造出来的假名是假字。假名是音节文字。所以，掰手指头凑够十七个音节，再使用一个表现季节的字眼儿，就算是俳句。

十七音，不是中文的十七字。例如有鸟叫杜鹃，也叫子规，我们怎么叫都是两个字，日本人叫它ホトトギス，一下子占去五个音。可见，一首俳句容不下几个词，让西方人觉得俳句是没有词汇的诗。

1980年，中日友好协会副会长赵朴初接待日本俳人协会访华团，创作了一首诗，名之为汉俳，曰："绿茵今雨来/山花枝接海花开/和风起汉俳。"汉俳这种诗型由此滥觞。果真用十七字，通常就是十七个词，容量比俳句大得多。从短小来说，中国诗词有十六字令，四句，字数为一、七、三、五，比汉俳还少一个字。

汉俳是中日友好的产物，多用来歌颂友好，特色应该体现在"和风"上。把俳句翻译成汉俳，非添枝加叶不可。添枝加叶或许能成为茂盛的树，若是添油加醋，就可能油腻或者酸溜溜。周作人一向主张俳句不可译，良有以也，但是从文化交流来说，也不妨知其不可为而为之。

日语的"句"用得比较乱，五七五是三句，而一首俳句叫一句，还有上句、下句、长句、短句，只好灵活地翻译，以免产生歧义。俳句分为三句，这是韵律的划分，而汉俳是语法上断为三句。例如，芭蕉的这首俳句，原文是："石山の/石より白し/秋の風。"其节奏为三，但意思上读作两句："比石山的石头还要白，秋天的风。"俳句印成书，通常是一首竖着排一行。新诗的新，也新在模仿西方诗歌的分行。其他语言仿作俳句，都是三行诗。获得2011年诺贝尔文学奖的瑞典诗人托马斯·特朗斯特罗默写俳句，他的诗集《巨大的谜语》就是用他的俳句命名。生前对中国作家获诺奖握有大权的马悦然将其翻译成中文，用的是汉俳形式。例如："人形的飞鸟/苹果树已开过花/巨大的谜语。"

十七音是定型，但并非绝对，也有不拘常规，字多或者字少。例如，芭蕉的名作："枯枝に烏のとまりけり秋の暮。"意思是："秋天的黄昏，乌鸦停在枯枝上。"中间一句不止于七音，而是九个音。这还是修改后的，初稿是十个音。

季语与日本人的自然观

十七音是形式上的定型，季语是内容的规则。季语，也叫季题，就是能表现季节的事物。一般都认为季语的产生背景在于日本的四季分明，但恐怕也因为俳句是"不叙述的表现"，季语能使人增添文学性联想或想象，以补充叙述的不足。

连句集会上，一般由宗匠或者宾客吟第一句（发句），主持人吟第二句（胁句），互相不免要寒暄一下，今天天气哈哈哈。即使没有来客，熟人团团坐，带头的二人也要应时、应景地客套一下。这是集体活动的常情，渐渐地约定俗成，成为一条诗律。即便是个体创作，不需要跟人寒暄，好像作俳句的人也总是想着俳友，抱有寒暄之心，这就是集体创作后遗症。

《红楼梦》里联诗，凤姐儿替众人起首，笑道："昨夜听见了一夜的北风，我有了一句，就是'一夜北风紧'，可使得？"这个北风就是冬季的季语。"春在溪头荠菜花"，荠菜花是春季的季语。芭蕉有这样的俳句："仔细看，荠菜花开在墙根哪。"这也让人不由得想起袁枚的五言诗："白日不到处，青春恰自来，苔花如米小，也学牡丹开。"俳句不是即事说理的诗，只表达了发现"青春恰自来"的惊喜。

松尾芭蕉名气大，走到哪里出席连句活动，多由他率先吟发句。他卧病在床，不能亲临现场，也事先作一首发句，为大家起个头。例如，"秋深き隣は何をする人ぞ"，意思是："秋已深，邻居是做什么的人呢？"这是他临终前几天的作品，充满对人的关怀，对人生的眷恋，同时也像是对参加连句的连众发问，带有寒暄的心意。

松尾芭蕉一生创作了上千首俳句，只有三五首没有用季语。人之将死，吟了一首辞世，"旅に病んで夢は枯野をかけ巡る"。周作人翻译为："病在旅中，梦里还在枯野中奔走。"松尾芭蕉原想改为"还在奔走的梦心"，那样的话，就没有了冬季语"枯野"，终于他不改动，留下了千古名作。

有人把季语收集起来，编成《岁时记》，作为写俳句的工具书。起初只有五六百个，19世纪初通俗小说家泷泽马琴收集2600个，现在已经有5000多个。《岁时记》像中国的韵书。我们写旧体诗用过去的音韵，日本人写俳句也是用过去的季语，这就是一个束缚。词语季语化，也会在某种程度上僵化，像蝴蝶标本一样镶嵌在俳句里，虽然好看，却未必鲜活灵动。

季语不断地变化。连歌的季语反映贵族的自然观，而连句的季语也有些取自农村、农事。明治年间改用阳历，季语还是用阴历，结果新年按阴历是春，按阳历却是冬。

有些季语很有趣，例如"猫恋"是春的季语，大概是猫叫春的缘故。"秋千"是春的季语，来自苏东坡的"花褪残红青杏小，墙里秋千墙外道"。"涅槃西风"是春的季语，很有点令人奇怪。"草莓"本来是夏的季语，现在几乎一年四季都吃得到。"麦秋"是初夏的景象，不是秋的季语。"相扑"是秋的季语，因为相扑本来是占卜秋收的祭神活动。一年四季穿的"夹克"是冬季语，一年四季吃的"鲔（金枪鱼）"也是冬的季语。翻看《岁时记》的解说，颇有博物学趣味。

日本人常说他们热爱自然，对四季的变化很敏感，吃东西讲究时令，大概与俳句大众化不无关系。季语对日本人的心情和习惯有很大影响，总是四下里寻找季节感。日本的风景多是人工的，《岁时记》的季语也是人的作为。俳人携带《岁时记》走路，咏俳句时搜索上面的季语，感受的就不再是眼前的自然。

通常认为，近现代俳句起始于明治时代正冈子规的革新，以子规及其弟子高滨虚子为首的子规派是俳句史主流。中学课堂讲俳句基本是这一派，特点是定型，有季语，使用书面语言，吟咏花鸟。

高滨虚子主张：俳句是天下之闲事，是古典的季节诗，无关乎人事的纠葛缠绵，吟咏四季变化所引起的自然现象以及随之而来的世间现象。作为传统派的代表人物，历来的前卫派运动都是反高滨虚子，要挣脱规矩，用口语写没有季语的俳句。有意思的是，各种运动你方唱罢我登场，却唯有高滨虚子始终不倒。

日本诗歌和中国诗歌的最大区别不在于长短，而在于押韵。日语只有5个语尾：ア、イ、ウ、エ、オ，押韵太容易。这样押韵不能称其为艺术，因为艺术是需要难度的，才高于生活。俳句的短小也在于避免音韵的单调，汉俳虽然与俳句有牵连，却需要押韵，不然，中国读者不承认它是诗。

日本古时候引进汉字汉语汉诗文，男人借以建国治天下，后来创造了假名，女性用来写故事，男人也用它给女人写情诗。汉诗与和歌自然就有了分工，诗言志，歌抒情。后起的俳句侧重于咏景，抓住刹那间的印象和感兴，简直是无言的表现。

没有季语的无季俳句叫杂句。因为不受季语的拘束，恣意汪洋，多雄壮之作，特别用来咏富士山。俳句是定型诗，非要打破限制不可，那就另起炉灶好了，不必在如来佛的手心翻跟斗。

三　俳圣还从诗圣出

俳句有今天的景象完全是松尾芭蕉的功绩，称之为俳圣。不消说，这个称誉是仿照杜甫的诗圣，而杜甫对芭蕉的影响确实非常大。芭蕉活着的时候已经是偶像，到处受人敬仰和欢迎，断简残墨被珍藏，本人也常在日记和书信中谈自己，传记性资料比较多，但关于他，仍然有很多谜。最令人感兴趣的是人们说他是忍者。

德川家称霸，掌控天下，史称江户时代，长达260年，和我国的明朝一样长。松尾芭蕉生于1644年，就在这一年，李自成进了北京，崇祯皇帝上吊，明朝灭亡。

芭蕉出生在伊贺国，今属三重县伊贺市，几乎位于日本的中央。他是家中次子，家业由兄长继承。伊贺是忍者之乡。忍者为幕府效力，由伊贺出身的武将服部半藏正成统领，他守卫的江户城一座城门就叫半藏门，如今仍然是那一带的地名。

芭蕉家是农民，他给本地武官家当伙夫，主子蝉吟也嗜好贞门派连句，主仆交好。芭蕉23岁时蝉吟病故，顿失靠山，绝了晋身的希望。他晚年曾回忆，说自己无能无才，只有走连句这条路。29岁伊始，决心去江户当宗匠，开门授徒，以此为生计。在人们的印象里，伊贺人都是忍者，芭蕉的忍者传说也不是空穴来风。后来他旅行，走路特别快，更像有忍者本事。而且那么好旅行，不辞辛苦，目的何在？可能就是给幕府当间谍，以宗匠为掩护，以连句为手段，暗中监察各地诸侯的动静。

松尾芭蕉来到江户，转向谈林派。把俳号宗房改为桃青。一看就是跟李白的名字有关，这是他终其一生使用的俳号，可见对中国古典的倾心。游记《奥小路》开篇即引用李白的名言："夫天地者，万物之逆旅也；光阴者，百代之过客也。"

他三十四五岁当上谈林派宗匠，最初的门徒有几人日后被列为蕉门十哲。

他在36岁时吟出："枯枝に鸟のとまりけり秋の暮。"（秋天的黄昏，乌鸦停在枯枝上。）这是芭蕉所独有的情调——闲寂（さび或わび）。在西方人看来，这首俳句是一幅完全没有色彩的画，但我们欣赏，分明是一幅水墨画，墨分五色。

明治年间有个叫河锅晓斋的人，就画了这么一幅枯木寒鸦图，获得一个奖，卖了大价钱。芭蕉的俳句不像是写实，倒像是题画。"秋之暮"，可说是秋天的黄昏，也可说是晚秋。从这时起，芭蕉的创作强烈地呈现汉诗文色彩。这不是他独辟蹊径，当时流行汉诗文的表现，以突显有别于连歌，因为连歌禁用汉语汉诗文。

连句宗匠的社会身份，其实是士农工商之外的游民，成天作滑稽的作品搞笑，恐怕也有点像赔笑、卖笑。芭蕉忽然厌倦了这种语言游戏，毅然放弃已有些名气的宗匠生活，搬到偏僻的深川（深川不是河的名，而是填海造地的开拓者姓深川），也就是深川村，如今在东京的中心地带残留些旧貌，还建有一座芭蕉纪念馆。门徒帮芭蕉在河边盖了一座茅屋，叫"泊船堂"，出典是杜甫的"门泊东吴万里船"。它隐居于此，耽读中国古典。有弟子给他在院子里栽种了一株芭蕉，长得很茂盛，人们就把茅屋叫芭蕉庵，从此他自称芭蕉。

十年后，他撰写《移芭蕉辞》，开头云："菊荣于东篱，竹为北窗之君。"结尾道："僧怀素借以走笔，张横渠见新叶而倍增修学之力，予不取此二者，唯悠游其下，爱其易为风雨所破。"此文并用汉字与假名，不足800字，引用五六个典故，足见其汉诗文的造诣。

在人生的最后十年，芭蕉出游四年零九个月，写了五篇游记。他的旅行是创作之旅，一路上确立蕉风。第一篇游记是《野曝纪行》，"有云，千里之行不赍粮，三更月下入无何"，出自宋代广闻和尚语录。"无何"是"无何有之乡"。《庄子·逍遥游》："今子有大树，患其无用，何不树之于无何有之乡，广莫之野？"这又可以联想到芭蕉在《移芭蕉辞》中说，芭蕉是"不材之木"，也是语出庄子的"此木以不才得终其天年"。

芭蕉40岁时第一次远行，吟俳句以壮行色，其一的意思是，从伊贺来到江户已过去10个秋天，现在回家乡，但还要回来，反而把江户当作故乡了。

芭蕉被称作漂泊诗人，但漂泊是漫无目的，无家可归的，而他出行有目的，回家是终点，所以算不上漂泊，而是旅游。今人解释这首俳句，要说些故乡丧失什么的，但我们只看字面，就会想起古诗《渡桑干》："客舍并州已十霜，归心日夜忆咸阳，无端更渡桑干水，却望并州是故乡。"几乎要以为芭蕉的俳句是这首诗的翻译。

43岁的春天，芭蕉和门徒以蛙为题连句，他吟道："古池や蛙飛びこむ水の音。"周作人译作："古池呀，青蛙跳入水里的声音。"正冈子规、高滨虚子都是按字面解释，成为定说。和歌咏蛙，都是咏蛙鸣，听取蛙声一片，芭蕉却出人意料，咏青蛙跳进去的水声，令人耳目一新。弟子们惊叹：先生对老池塘的青蛙睁开慧眼，发现了连句的正道。据说芭蕉先得了"青蛙跳入的水声"，前面五个音拿不定主意。弟子说自古用棣棠搭配蛙，但他未采纳，决定用"古池"来产生新的联系和想象。这就是俳句史上所谓蕉风的滥觞，意义非凡。

芭蕉最后的也是最有名的游记《奥小路》，记述和弟子曾良步行150多天，行程约5000里，周游大半个本州。某日，"月朦胧可见，马上垂鞭，行数里鸡犹未鸣，至小夜中山，蓦然醒悟杜牧早行之残梦"，便吟了一首俳句，"馬に寝て残夢月遠し茶の煙"，意思是路途遥遥，在马背上做了一场梦，睡眼蒙眬，看见月亮远远落下去，那边升起了制茶的烟。

杜牧的《早行》是一首五律："垂鞭信马行，数里未鸡鸣，林下带残梦，叶飞时忽惊，霜凝孤鹤迥，月晓远山横，童仆休辞险，时平路复平。"芭蕉的马上眠、残梦、月远，都是杜牧诗中原有的，但月晓远山变成了月远茶烟，着眼于生活，仿佛陶渊明吟咏的"暖暖远人村，依依墟里烟"。也不去

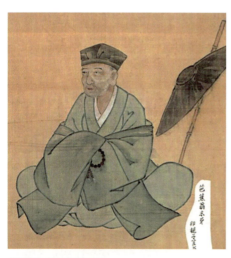

"俳圣"松尾芭蕉画像

感叹"童仆休辞险，时平路复平"。这样点化汉诗，就变成俳句的意境。芭蕉说过："不求古人之踪迹，求古人之所求。"

芭蕉那首很有名的俳句："比石山的石头还要白，秋天的风。"秋风有颜色，不是像村上春树笔下的人物多崎作，不带色彩，但说来这并非芭蕉首创。中国向来用白色象征秋天，秋风也叫素风，素即白。李贺有诗句：秋野明，秋风白，塘水漻漻虫啧啧。

芭蕉说，把白居易的诗改成假名就是日本的了。48岁时，他借宿在京都的嵯峨，写了《嵯峨日记》。住处除了睡卧的地方之外，有一个桌案，摆放砚台、《白氏文集》、《源氏物语》等。从《白氏文集》中读到"病蚕""老莺"，便吟了两首俳句。读苏东坡《前赤壁赋》的"白露横江，水光接天"，又写了一首。

芭蕉的很多俳句在结构上和古池同样，例如《咏蝉》："闲静呀，沁入岩石里的蝉声。"不是说没有蝉声，而是像杜甫吟咏的"蝉声集古寺"，但又有"蝉噪林逾静"之感。蝉噪如雨，反而觉得有一种更加广漠的寂静，好似蝉声都沁入岩石里，听不见了。这首俳句显示芭蕉对中国古典的体悟和化用。咏蝉也好，咏蛙也好，基本是"蝉噪林逾静"的意境，便也带了些哲理。他说："远探定家之骨，寻西行之筋，乐天洗肠，杜子美入心。"可以说，芭蕉的俳句是中日古典之美的合璧。套用赵朴初的那句"和风起汉俳"，芭蕉是"汉诗起蕉风"。估量汉诗对蕉风所起的作用，怎么高估都不为过。

芭蕉有两千门徒，遍布全国，在连句大众化的时代不算多，而且内斗很严重。他前去调解，在大阪病倒，1694年去世，享年51岁。后世也有人批判他，正冈子规认为芭蕉的作品大多数写得不好。

俳圣殿，日本三重县伊贺市为纪念松尾芭蕉诞生300周年而建造的木结构建筑物。位于上野公园（伊贺上野城）内，日本昭和十七年（1942年）由建筑师伊东忠太设计建造

四 欣赏俳句的风趣

"俳意"不可少

逢年过节，祝贺这个庆祝那个，我们写四句，每句七个字，整整齐齐，就当作绝句一首，其实不过是打油诗。俳句也一样，要符合五七五和季语两个要求，还必须有俳味。

什么是俳味呢？味道颇不少，有脱俗、风流、淡泊、轻妙、飘逸、滑稽、闲寂、哀怜。夏目漱石说：西方的诗里面没有这样的俳味。西方没有，不等于中国没有，看这些汉语词，都是论古典诗词的。作俳句，读俳句，就是要有趣，从有趣来说，这些词语中首选是滑稽。滑稽，就是笑，叫俳意。和芭蕉并称的与谢芜村把俳意叫俳力。芭蕉告诫初学者：要写出俳意。

滑稽是与和歌的优雅对立的概念。从俳谐连歌（连句）到俳句，俳字是它的宿命，更是它的生命。松尾芭蕉、与谢芜村、小林一茶是日本的三大俳人。一茶比芭蕉晚生两个甲子，正冈子规评论："一茶在俳句实质上的特色主要是滑稽、讽刺、慈爱三点，滑稽尤属于一茶的独擅场，而且其轻妙，俳句界数百年间绝无仅有。"可见，滑稽是俳句的传统，也是内涵和妙处所在，只是俳人们大都写不来罢了。

文艺评论家山本健吉认为，俳句

小林一茶，日本江户时代俳句诗人

三要素是滑稽、致意、即兴。即兴属于抖机灵，既是连句集会上应和的机灵，又是面对景物时发挥瞬间的感性，即景寄情。致意，是一种日常的存问致意之心，好似与人会话，与自然会话。滑稽不同于西方的幽默，幽默来到东方被捧得很绅士，而滑稽是东方的、大众的。

连句就是把连歌搞笑，所以叫俳谐连歌，也叫狂连歌、恶连歌。和歌、连歌只使用固有语言，大概也意在抵制全盘中国化，被叫作雅。16世纪前半叶有个以连歌为业的连歌师，叫山崎宗鉴，在连歌中生生插入一个汉语词儿，作为外国话，打破了常规，听着就觉得可笑。因为连句是低俗的玩意儿，当场笑过就随手丢掉，没有记录留存，而宗鉴的这个作品得以传世，被当作日本第一首俳句。宗鉴还有这样的作品，上句说云霞在海上或者湖上涌起，好似衣裙湿了下摆，下句说那是掌管春天的女神一边为人间立春，一边站着撒尿，把衣裙尿湿。这样的滑稽不仅露骨，而且粗俗。

17世纪的诗人松永贞德，去掉连句的低俗部分，使用俗言、汉语，提高了滑稽的档次，给连句跟连歌划清界限。这一派叫贞门。民众是最会搞笑的，众人凑到一块儿连句，开怀大笑，借以从条条框框的日常世界里解脱一时，像赵本山的小品一样流行开来。

贞门连句压过了阳春白雪的连歌。以大众为主体，竞相滑稽，固然使连句充满了活力，但来自下层生活和感性的滑稽也带有近乎无限地堕入粗俗的可能。规矩越来越多，流于技巧，贞门派变得僵化。有自由才有滑稽，人们又要挣脱束缚，以西山宗因为领袖的谈林派风靡一时，很快也衰败。

这时候挽连句于既倒的是松尾芭蕉，他创立蕉风，使江户时代的连句发展到第三阶段，也是最高的阶段。有一种误解，以为芭蕉去除了滑稽，主张幽玄、闲寂等，才形成蕉风，使俳句具有文学性。实际上，芭蕉所提升的正是滑稽的质量。为有别于通常的滑稽，不妨称之为风趣。

俳句风趣在何处

欣赏俳句，最主要的是感受一首俳句究竟有趣在哪里。滑稽或风趣，有语言的，也有内容的；有表面的，也有意境的。例如芭蕉的《古池》很有名，甚至数第一，好些日本人虽然上学时就学过，却也搞不清究竟它有名在哪里。正冈子规说得很干脆：除了听青蛙跳进古池之外，不该加一丝一毫。然而，芭蕉自己说它是自家新调的劈头第一作，于是被各色人等捧上天，也就笑不出来了。

山本健吉是这样解说的："这首'《古池》呀'具有对人微微一笑的境地，有古人从中汲取了纯化的滑稽感。十七音形式的真正意义在这里才被发现。谈林的笑是庶民旁若无人的笑，而《古池》里的笑是庶民慎重地思考、判断事物的笑，是隐居在市井的贤者的笑。在这种场合，微笑是理性的最高标志，是笑的完成。这首俳句产生于精神深处。"

芭蕉被门徒捧为俳圣、圣人，人们就不免强作解人，拼命往深里想，想到闲寂，古色苍然，想到枯淡有余情，想到古池与水声构成了永恒与瞬间，云云。夏目漱石在小说《少爷》中写道："蛤蟆跳进老池塘是精神性娱乐，那么，吃油炸、吞团子也是精神性娱乐。"如果觉得漱石说得很滑稽，那是因为他说破了芭蕉的滑稽。

本来很浅显的俳句越解释越玄乎。诗无达诂，但俳句的解释往往是故弄玄虚。夏目漱石说："品味文学时，滥用不加些解释就无法理解的符号，用评论家或赌博般想法找理由，吹嘘其真意在此，堪为一笑。"

夏目漱石的小说是滑稽的，《草枕》中写道："一个叫芭蕉的人甚至把马尿到枕边也当作雅事写俳句。"漱石写汉诗，也写俳句。写汉诗是严肃的，写俳句很滑稽。可能只当作游戏，甚至写了不少有低级趣味的拙劣之作。

芭蕉吟道："蚤虱馬の尿する枕もと。"意思是："旅途的住宿很艰苦，夜不能寐，跳蚤跳，虱子爬，马尿哗哗流枕边。"写到马尿，可能也因为通过的关卡叫尿前，又遇上风雨，在山里滞留了三天。这不是把脏的东西变成美的东西，美的是这首俳句的艺术性，有点像当代艺术。

芭蕉还写粪，例如他49岁时的作品，"鶯や餅に糞する椽の先"，意思是："准备正月上供用的年糕放在外廊上，黄莺飞过来，以为它要吃，却在上面拉了屎就飞走了。"芭蕉的描写确实是农家的日常情景，着实很滑稽，恐怕也有意破坏和歌咏黄莺鸣啭的雅趣。

一般人旅游东京，大都要去上野公园逛逛，那里竖立着西乡隆盛的青铜像，腰间挎刀，牵一只狗，头上肩上有白色痕迹，原来是鸟粪。或许对这位"维新三杰"之一崇敬之余，也不由得笑笑。

夏目漱石也有吟屎尿的俳句。那是他辞了大学的教职，进报社专职写小说时。第一个作品是《虞美人草》，据说鲁迅留学时特意订报读连载。当时的首相是西园寺公望，在家里招待一流文人，像是开文艺座谈会。漱石忙于创作，写一张明信片回绝，还附上俳句一首，"時鳥厠半ばに出かねたり"，意思是："杜鹃啊，你叫得真好听，但我正出恭，不能提起裤子就出去呀。"这样的俳句写给堂堂首相，怎么也有点不雅，这就是对权威、权力的小觑。日本传说上厕所时听到杜鹃初啼，不祥，但是在番薯地里听则有福，所以杜鹃啼时，富贵人家会栽一盆番薯放在厕所里。

还有一种短诗型叫川柳，也出自连句，音数和俳句一样十七音。它完全用日常口语，基本不需要季语。俳句即景寄情，点到为止，川柳则讥刺世事人情，也多有自嘲，一针见血。上班族、银发族就是用川柳发牢骚，相当于我们的段

明治时代"维新三杰"之一西乡隆盛的铜像

子。日本报刊上有川柳专栏，也有各种征稿活动，不必雇佣段子手。川柳以滑稽为能事，这也使俳句的滑稽不显，甚至让俳人们避之唯恐不及。

江户时代有一首川柳："光看没有酒，樱花算个屁。"我也效颦，作一首汉川柳："俳句不滑稽，就是打蔫儿的花。"

五　俳句的含蓄与日本人的性情

"缩"是日本的民族性吗

俳句太短小，作为诗，想不含蓄都不行。用几个词写诗，叙景抒情，即使不直说，也是开口便完，剩下的只能由人去想。所以，俳句的含蓄并不是日语这种语言造成的，而是有语言不用的结果，好似逢人只说三分话，甚至一分话。和汉诗的含蓄不同，汉诗是不明说，而俳句不说。中国的含蓄要寻味，日本的含蓄是省略，需要寻找被省略的东西，像村上春树小说里的人物总在找什么，例如羊。

芭蕉有一首数一数二的名作："荒海や佐渡に横たう天河。"意思是："大海汹涌呀，天河横在佐渡岛。"我们要是想起了唐诗的名句"海上生明月"，会不会觉得它就是一首俳句呢？但按照我们的语法和审美，还要有下句，接上"天涯共此时"才完整，才能顺着想下去，品味所含蓄的意味。可听了佐渡岛上横亘的天河，青蛙跳进去的水声，我们情不自禁地等下句，下边却没有了。要是只有"海上生明月"，没有"天涯共此时"，恐怕我们不认为是名句。而俳句，只一句"海上生明月"，其他就任凭读者或听众去想象。

有一位韩国学者，用一个字论定

芭蕉名作"荒海や佐渡に横たう天河"

日本的民族性，这个字是"缩"。日本人确实有一种把什么东西都往小里缩的癖好，例如手机，从一块砖大小的大哥大缩小到掌上，小巧玲珑。缩而小之，是整体缩小，不是去掉一部分或者大部分。麻雀虽小，五脏俱全。俳句不是缩，而是短缺，缺胳膊少腿，几乎是管中窥豹，从而造成了所谓含蓄。与其说是玩味意境，不如说是帮它补充内容。

例如古池和水声，通过青蛙建立了联系，此外没有给任何暗示或指向，简直像没头没脑的公案。池塘，而且是古池，和水声之间到底是什么联系，只能靠人猜想。还有人提出高见，没有什么池塘，那是芭蕉听见了青蛙跳进去的水声，心里浮想起池塘。这种解说很有点匪夷所思。没有池塘，水声哪来的，怎么知道是青蛙跳了进去？

这首俳句不是咏蛙，不是咏水声，而是咏"古池"。关于这首俳句，专家们除了辨认蛙是什么蛙——黑褐色的土蛙，就是癞蛤蟆——几乎没有蛙什么事，只起到中介作用。说到蛙，日本人有两个联想，一个是回家，因为蛙和归谐音，另一个就是芭蕉的俳句，好像在江户时代就妇孺皆知，以致有汉诗人赞他："仅十七字宛天工，能写人情近国风，持示村婆也能解，香山后世是蕉翁。"

芭蕉最早的名作是："枯枝に烏のとまりけり秋の暮。"意思是："乌鸦停在枯枝上，秋日的黄昏。"只看字面的汉字，我们也能一下子想到"枯藤老树昏鸦""夕阳西下"，芭蕉的俳句正是取材于元代马致远的《天净沙·秋思》。"小桥流水人家"等十种意象被省略，只采取了两种，变成一幅枯木寒鸦图。用我们的思维和审美，假若到"夕阳西下"为止，没有"断肠人在天涯"的点睛，或许这首曲也不会太有名。即景寄情，俳句被字数限制，没地方说那么多话，"断肠人在天涯"只能交给读者去浮想联翩。

西山宗因有一首俳句，"菜の花や一本咲きし松のもと"，意思是："一枝油菜花，开在松下。"只绽开一枝油菜花，花是黄的，松是绿的，黄花在松荫下更显得亮丽。我们不妨再想起元代白朴写的《天净沙》，也是咏秋："孤村落日残霞，轻烟老树寒鸦，一点飞鸿影下。"青山绿水，白草红叶黄花。色彩令人眼花缭乱，而俳句虽然写的是春天，却只用两色。马致远的情绪是一个劲儿向下，而白朴以青、绿、白、红、黄，与孤、落、残、轻、老、寒对照，仿佛名著《菊与刀》用大量的事例作对比，以强调日本人的两面性。

省略的结果才是美

俳句是省略的文学。中国诗词也运用省略的手法，所谓用绝句之法，删芜就简，但毕竟不像俳句，非此种手法不办。日本人常说"省略之美"，我以为，省略本身不是美，而是一种表现方法，省略的结果才是美。

日本人很早擅长用省略，例如12世纪前半的《源氏物语绘卷》画贵族人物，衣裳画得繁缛华丽，但胖乎乎的脸庞上，眼睛只画一条线，鼻子只画一个勾，当然并不是敷衍了事，这种画法叫引目钩鼻，简直是极简的鼻祖。枯山水是世界上最为独特的园林艺术，但它不是省略，本来就是用那几样元素构成，与草木茂盛的园林是两码事。余白也不能算省略，因为它的意境靠其他笔墨的烘托，不然的话，那就是白纸。

省略不是未完成。齐白石画虾很简单，把什么都省略了，但画是完成的。日

光的东照宫被列为世界遗产，它的阳明门有12根柱子，其中一根柱子上雕刻的图案是反的，叫"逆柱"，以表示建筑尚未完成。这种未完成不是什么美，而是出于一种观念：完成之时，即毁坏之始。

这种观念和古典小说《平家物语》所说的"祇园精舍之钟声，有诸行无常之响；沙罗双树之花色，现盛者必衰之

《源氏物语绘卷》的"引目钩鼻"画法

理"不同，可能与日本人的灾难心理有关，地震、火灾随时可能毁灭辛辛苦苦建好的东西，所以一生下来就想到死。难道着起火来，没建完的东西就不会被烧掉吗？

芭蕉43岁那年的秋天，他和门徒们连句赏月，他吟了一首："十五夜の名月を眺めて、一晩中池の周りだけを步いています。"周作人译作："望着十五夜的明月，终夜只绕着池走。"这个池，就是青蛙跳进去过的。意思也可以这样理解：不是人走，而是当空的明月绕过池面，夜也渐渐亮了。这就是"三更月下入无何"的境地，日本人名之为闲寂。

到底是人走，还是月走，因省略主语而造成暧昧。该说的不说，支支吾吾，当然就暧昧。这也被当作日本的国民性。大江健三郎作为日本人第二个获得诺贝尔文学奖，在斯德哥尔摩发表演说时说日本人暧昧。俳句的暧昧是一种艺术，叫诂外有余情。

江户时代，日本人吃胃药比中国人少一半，汉医说日本人胃弱，一半足矣，其实是药材从中国进口，没有那么多。这是日本生活中的省略。同为日本人，过着一样的生活，养成一样的习性，对于省略的内容自然有共识和默契，比我们更容易为俳句做出补充。我看电视上一群艺人习作俳句，轮到谁，他先要解释一番作这首俳句的状况和心情，然后全场一声噢，恍然明白了俳句的意思。

写俳句是做减法，我们用汉俳的形式翻译，就不得不做加法，难怪日本人说汉俳太复杂。有人把"古池"译成："闲寂古池旁，青蛙跳入水中央，扑通一声响。"原作只有几个词，译者用浅显的解释把字数增添到汉俳的定额，诗意尽毁。扑通一声响，倒是有一点滑稽，动静大了点儿，不像是青蛙，倒像是水桶掉进了井里。

马悦然把瑞典诗人托马斯·特朗斯特罗模仿俳句的三行诗翻译成中文，用的是汉俳形式。马悦然本人也创作汉俳，他懂俳句，翻译保存了俳句的形式及结构。另有一位译者这样译："白色的太阳／向死亡的蓝色山岗／奔跑。"马悦然译作："炙热的日头／独自在练习跑往／死亡之青山。"又如，那位译者翻译："树叶低语／野猪在弹着管风琴／钟声敲响。"马悦然译作："树叶悄悄说／野猪在弹风琴了／敲钟的声音。"用名词结尾是俳句的修辞特点，也是一种省略手法。"敲钟的声音"能让人想起芭蕉的水声、蝉声、秋之暮、天之河。日本人用他们的感性写俳句，我们用中国人的感性写汉俳，就写出中国味。

六　天皇家不吟俳句

日本古文化的雅与俗

俳句与短歌都属于短诗型。那么，是否像我们的五言绝句和七言绝句一样，无非字数不同呢？不是的。俳句与短歌不仅字数有多有少，而且有雅俗之别，短歌雅，俳句俗，各具特色，始终是两个世界。这就像郭德纲的相声，不论怎么提高质量和品位，也只是相声。

8世纪初至12世纪末，这500年是王朝时代，相当于中国武则天退位，恢复唐朝，到南宋的开国皇帝赵构驾崩。起初，日本以大陆为尊，多次派出遣唐使，连偷带学地拿来汉文化，这叫作唐风文化。大约过了200年，日本觉得学够了，可以出徒自立了，不再遣唐，好似把大酱缸盖上盖子，发酵出自己的国风文化，也就是自以为独特的日本文化。

比如假名，日本用它来创作和歌、物语、随笔等日本文学，还有净土教的美术，寝殿造的建筑等。此后热心去宋朝取经的是僧侣，他们掌控了禅与诗文的汉文化。德川家康在江户称霸后推行儒学，以纯正的汉语为高等语言，中层的办事人员以及富裕平民使用汉文与和文相混的变体汉文，底层民众只会说当地的日本话。

18世纪至19世纪中叶，本居宣长等人创立国学，把和歌、物语之类的古文化定为雅，与神道一起，建构日本人的精神基础。《万叶集》里既有天皇、皇后的作品，也有戍卒之作，一律算作雅。即使出于自尊心，皇家贵族也只能把和歌、物语等当作大和传统，哪怕抹不掉汉文化的印记。江户文化人也不待见连句、俳。现代文学家中村真一郎"直言不讳地说，江户时代人们文学活动的中心不是净琉璃，不是连句，也不是数量庞大的随笔，更不是通俗小说之类，其实是汉文著述"。

松尾芭蕉属于语言的中层，作为一介连句师，名气局限在民间，是连句圈子里的俳圣。他的游记《奥小路》当时算不上名作。从某种角度来说，芭蕉的声誉是日本战败后加强民族意识、强调民族文化的结果。更借助几度江户热，芭蕉俳句的地位被大大地抬高。俳句始终为民众所喜闻、乐作，俗文化是它命中注定的。

天皇与民同乐，同乐的不是俳句，而是和歌。昭和天皇以前，历代天皇写汉诗，从不吟俳句。特别是昭和天皇的父皇大正天皇，人生不足50年，却留下1367首汉诗。例如："雨余村落午风微，新绿荫中蝴蝶飞。二样芳香来扑鼻，焙茶气杂野蔷薇。"

不知从何时起，每年新年伊始，天皇办歌会，名为"歌会始"。从民间征集短歌，一人一首，2019年征集15000余首，从中选出10名作者进宫。天皇与皇后端坐，首相率各界代表旁听。先由一人朗读，把每句的尾音拖得长长的，然后再数人吟唱，据说是古法。2020年征集的歌题是"实"，实验、果实都可以，应征投稿用毛笔纵书，叫"咏进歌"。

总有人有意无意地改革短歌，例如近代的与谢野晶子，当代的俵万智，两位都是女歌人。1987年俵万智出版《沙拉纪念日》，用现代的口语，自由自在地表达感情，大畅其销，歌坛为之震撼。第二年电影就上演《寅次郎沙拉纪念日》。俵万智歌吟："抱着木偶似的女人，今夜你也要变成木偶。"读来更像是川柳，这样的短歌怕是再畅销也难登大雅之堂。

所谓雅，大致是人们常夸说的贵族做派，形象恐怕主要是小说的、电影的。雅与俗常常是政治性概念，由政治及文化的当权者划分，他们自封为雅，民众从来被贬为俗。同样取材于樱花，贵族咏和歌是雅，民众咏俳句就俗。其实，雅俗属于不同的生活和文化，各有各的世界，彼此之间无高下之分。熊掌与鱼，不吃熊掌的贵族未必俗，平民吃熊掌未必就能雅。

自古关于雅的美言多，但雅与俗各自当中也自有成色，俗有良质的俗，雅有恶质的雅。在偏居京都的贵族们看来，武士是俗物，江户文化也俗不可耐，似乎如今京都人心里也沉潜着这种意识。雅，常有些虚伪，仿佛歌会始上天皇和皇后的表情，将微笑凝固在脸上，其他人都苦着脸，做凝重状。俗，可能多一些真实和天真，但自由或放肆过度，就堕入低俗，乃至下流。

连句本来就是造连歌的反，另立山头，并走入民间，变成民众的文艺。和歌、连歌对抗汉诗文，连句偏采用汉语、汉诗文，以显示别具一格，具有独立性。和歌不咏吃饭干活之类的俗事，当然更不咏排泄，但俳句津津乐道这些事，真有点不雅。

随着时间的淘汰，雅可能沦为俗，俗可能升为雅，但日本是所谓万世一系，雅俗两个世界几乎难以靠时间的淘汰而演变。战败后，特别是经济大发展以后，俳句被当作日本的传统文化、民族文化，拼命往雅里提升，却只能与和歌并存，一俗一雅。作为日本文化的两种美，有点像京都的金阁寺和银阁寺，不让一种美得而专。

俳句的最高理念"轻"

日本有文人俳句的说法，指作家、诗人、画家之类人物吟的俳句，但他们也有吟短歌的，却不叫文人短歌。莫非文人在平民百姓中特殊，高人一等，但是在属于雅文化的和歌那里不大被当回事。

必须注意的是，芭蕉不是要脱俗，把俳句升格到雅的世界，而是提高俗的质量，使它足以媲美雅，与和歌比肩。他说过，"高悟归俗"。芭蕉一生不断地探索，提出了各种主张，如闲寂、哀怜、幽玄，不易流行，都未免玄乎其玄。

去世前一年，他终于悟得了最高的俳句理念，一览众山小，那就是"轻"——轻快的轻，轻妙的轻，举重若轻的轻。躲避高雅，从凡俗的日常生活中发现素材，淡淡地写出自己的感受。摒除观念性，不做作，不装饰，不故作高深。据说毕加索称赞齐白石：用水墨画的鱼儿没上色，却让人看到长河与游鱼。这就是芭蕉的所谓轻，一个轻字道破了蕉风俳句的做法。

芭蕉46岁时旅行奥小路，但游记《奥小路》并不是旅途的记录，而是三四年以后撰写，51岁时脱稿，正当他探究、确立美意识之轻的时期。游记中收录的作品，旅途中所作39首，其中21首被加以修改，又补作11首，这些俳句是在轻理念之下创作或修改、编辑的，当然能读出所谓轻。轻是他最终达到的理论巅峰，奥小路的一路思考与言说都不能与之相提并论。

松尾芭蕉（右一）在旅途中偶遇两个农民庆祝中秋节（日本江户时代浮世绘画家月冈芳年绘制）

不过，轻，很容易流于轻薄、肤浅、平滑，失去浪漫的色彩，就好像"床前明月光，疑是地上霜"常被当作顺口溜一样。平庸的门徒不理解，不愿意继承并发扬。他们固守传统性技巧，让人读取连作者本人也不曾想到的莫须有内涵。

51岁，死前十几天，芭蕉出席这辈子最后一次连句会，所吟俳句的意思是：秋日已黄昏，我走的这条路上一个人也没有（この道や行く人なしに秋の暮れ）。这真是，吾道穷矣。

夏目漱石把这种"轻"理解为"简便"，他说："大概西方有川柳那样的东西，但没有俳趣，这是日本独有的。"就好像日本的建筑、装饰与西方不同。在日本的房屋里，挂上尺把长的诗笺就是一个装饰，但西方的房屋那么大，小东西毫不起眼。俳句像日本衣服、日本房屋一般简便。俳句无所谓进步，只有变化。

一切从简，漱石的话也点明日本为什么会有这么短小的俳句。俳句有定型，虽然短，凑字数也不免令人犯难，它比短歌少两句，从计算来说，组合应该更容易。这可能是民众爱俳句胜过短歌的一个理由。川柳和俳句是孪生兄弟，川柳顶着俗的帽子，无所谓进步的俳句好像雅了起来。

第四章

茶道：源于敬畏的日本茶道礼法

文 滕军

　　说到日本的茶道，一定得提到日本茶道的礼法。日本茶道的礼法都源于日本对大自然的敬畏。礼法在日本的茶道中占有重要的位置，也是我们对日本茶道发生兴趣的一个重要的原因。

一　茶道礼法的精神溯源

我们中国人喝茶很随意、很快乐、很实用，而日本的茶道看上去非常拘谨，有很多礼数，我们通过电视或者书籍也都有所了解。日本茶道的礼法，包括两大部分：一个是以肢体为表达的这些动作，另一个就是规则。

礼法在日本茶道中占有重要的位置。茶道的礼法有三个特点：

第一个特点是，茶道的礼法是全方位的。包括人与人之间的礼，人与物（器具）之间的礼，物（器具）与物（器具）之间的礼。

第二个特点是，茶道的礼法是多层次的。有上、中、下三层礼法，日本茶道中的术语叫真礼、行礼、草礼。真、行、草相当于我国的楷书、行书、草书。楷书为什么变成了真书，其实在中国的古代，楷书就叫真书。所以真、行、草这三个级别的划分也是演绎了中国文化的内容。

第三个特点是，茶道的礼法是合理的。它用位置、动作、顺序三要素将饮茶这一日常生活行为规范化、礼仪化。也就是说什么东西放在什么地方、怎么去拿、拿起来以后怎么把它放到另一个地方？人的手是45度还是60度，这些移动的路线都要受到约束。

日本茶道通过这些林林总总的礼法，就把饮茶这样一个日常的生活行为规范化、礼仪化了。这也是世界上绝无仅有的一种文化和艺术。

"万物有灵"的宗教信仰

关于日本茶道礼法的溯源，可以从三个方面探求：一个是哲学的层面，一个是历史的层面，还有一个是社会的层面。

先从哲学宗教学层面上来讲。由于日本列岛气候温润适于人类的生存，丰富的水产和树果帮助列岛居民度过了世界历史上最漫长的石器时代，它有12000年的石器时代，这是世界历史上绝无仅有的，它也致使列岛始终没有自发地产生农业，因为不搞农业也过得去。

同时，日本列岛又是灾害多发的地方，常有火山爆发、地震、台风。试想在一个鲜花盛开的晴朗的早晨，列岛上的居民正在享受山珍与海味，而大地突然剧烈摇晃了起来，山头喷出火柱，海面陡然增高，海水涌上陆地淹没了他们的草屋，卷走了他们的妻儿。在日本的绳文时代，也就是在日本的石器时代，便产生了"万物有灵"的信仰。

绳文人相信山有山神，山神高兴时赐予人们树果和野兔，山神生气的时候就喷出烈火；海有海神，海神发善心时赐予人们鱼贝和海藻，海神发恶心时就把渔船掀翻。万物均有神性，共有800万个神，这当然是一个虚数。神没有固定的形态，这一点和基督教和佛教是不一样的，也就是说他们的教主是没有形态的，是无形的。

万物的形态就是神的形态。

在日本的神社里，总有一面镜子，镜了可以照出万物，万物都是神，就来自于这样一个想法，神还总是在游动着的、在天上飞来飞去的，只是在人们求神的时候才降临在人们的面前。

在日本的神社参拜的时候，要拍手，叫一下神，还要摇响铃铛来招神，说明了日本神的特点：神总是在游动着，只是在人们求神时才降临在人们的面前。

神的特点是善恶同体，即使是美丽的花朵也隐藏着善心与恶心。人们要好好伺候身边的每一位大神，必须敬畏有加，不能怠慢。

日本人有山祭、海祭（5月份，海水浴场开始营业的时候，就要对海说："大海，正因为你我才有了海水浴经营的生意，感谢你。"）瀑布祭、南瓜祭、萝卜祭（如果把这些事物都看成是有生命的，那么它们死了或者用废了，它们也是有灵魂的，所以要把它们好好安葬），还有毛笔冢（作家协会）、针冢（和服行业）、菜刀冢（厨师协会）、发冢（美容协会）、布偶冢（小朋友）、手机冢（日本人觉得如果随便扔掉用了很长时间的手机，这些手机的大神会作祟，所以要把它收集埋葬）。

"敬畏"使得古代日本人不停地、小心翼翼地去观察自然界的每一点细微的变化，并把提前察知四季的轮回新象的行为当作了思想艺术要表达的主题。所以日本的和歌分为春之歌、夏之歌、秋之歌、冬之歌，评价一首和歌的好坏，就要看它对自然的感知度。这还令日本人产生了暧昧的性格、深度鞠躬的礼仪、婉转的语言表达模式。

这些萨满教式的信仰习俗在世界上的各个民族的初始阶段都曾发生过，但几乎都在文明发展的进程中淡化或消失了。唯独日本因其独特的历史进程而保存至今。这就引起了当今世界对它的高度关注。

其实不仅是在当今，中国的先贤们早已指出过。东渡日本的明朝遗老朱舜水称日本是"山川降神，才贤秀出"的国家；周作人在论及日本研究的要点时说："日本的上层思想界容纳有中国的儒家与印度的佛教，近来又加上西洋的哲学科学，然其民族的根本信仰还是似从南洋来的神道教，他一直支配着国民的思想感情……不懂得日本神道教信徒的精神状态便绝不能明白日本的许多事情。"

日本的茶道很好地保存了这些源自神道教的视角和模式。日本茶道礼法的设计有两个目标：一是尊客，尊重客人；二是珍具，珍爱道具。茶道把"客"和"具"当作"神体"，施以敬畏之礼。这便产生了严格而丰富的茶道礼法。在主张民主科学的当下，不仅外国人不解其中的奥妙，日本人自己也很难说清其中的繁复细节的始末。这样一来，茶道的礼法便引起了人们的极大好奇与关注。

禅文化和神道教思维的历史根基

从历史学层面上来讲，因为日本文明的起步晚于中国3000年，日本吸取了中国太多的文化要素。从典章制度到衣食住行，均套上了中国文化的外壳。

在日本历史上有四次大规模引进中国文化的过程，即两汉的物质文化、隋唐的制度文化、宋元的宗教文化、明清的民俗文化。特别是宋元时期的南禅宗文化给日本的文化艺术打下了深深的烙印。

那一时期，恰巧日本的社会文化环境具备了接受思想艺术的能力。南禅宗的伽蓝建筑、寺院清规、佛具庄严、禅堂礼法等一并传入日本。在此期间还有众多的日本僧人来华学习南禅宗，他们回国后把中国禅院整体复制到日本，甚至连同禅院的名称。

日本茶道中的诸多要素来自日本的禅院。例如，日本茶道把修行的茶人叫作"云水"，茶人要学习坐禅，茶室要悬挂禅僧写的禅语，茶室外要挂上表达"时时勤拂拭"的扫把，茶人的正装是半袈裟等。再说，喝抹茶的习惯本身就是通过禅宗东传过去的。这样一来，日本茶道的外貌就染上了禅文化的色彩和中国色彩。

但日本茶道的核心思想无疑是日本的神道。这先要从日本禅宗不同于中国禅宗之事开始阐述。

宋元时期在中国盛行的南禅宗主张"杀祖杀佛、杀尽初安""人人有佛、佛在心中"，即否定唯一的神。神的形象模糊化。这正契合了日本神道中的神祇形象不清、居所不定、作用不明的特点。

南禅宗主张"顿悟""看脚下""全放下"，反对一味地读经念佛，提倡在料理生活琐事中修行。这正解救了不善汉文的日本僧人。再加上日本四季分明、僧人们难挨苦修；日本人看重现实、乐享当下的民族特性，南禅宗一下子获得了日本人的高度认可。

甚至很多日本人都认为，日本民族文化的根基在于禅，这是因为日本神道的教义一直处于初始阶段，因中国文化的冲击而没有获得整理和展开；教主（天照大神）的存在不够显赫，教堂（神社）和神职人员（神主）等机构的建立是在参考佛教的基础上完成的。可以说，日本是借禅宗的外衣来表达难以言状的神道信仰的。

在茶道的礼法中，有许多难解的现象。但如果用神道教的思维来考虑就会释然。例如，茶道被解释为一种招待的艺术，迎客、奉客、送客是其三部曲，这与日本神事（法会）的迎神、奉神、送神是相通的。茶道迎客时主人并不等在院门口而是等在茶室的准备间，送客时主人只留步在茶室的门口，这与日本神道认为不能监视神来神往之踪迹、不能对圣洁者的情况刨根问底的想法有关。

茶道的主人在点茶时须侧对客人，点好的茶只放在离客人近的地方而不是亲自端到客人的面前，这来源于日本神道奉神的一种礼仪，即怕自己污浊的口气玷污了圣洁的大神。

茶道在4个小时的茶事过程中有进餐的环节，主人只把精心准备的怀石料理奉给客人但并不陪餐，这也是出于日本神道献馔的礼仪，即对于无形的大神何时吃、怎么吃是不能偷看的。更有，茶道中把每一个器物看作有灵之物，茶人们给器物起名字、爱抚器物、珍藏器物、鉴赏器物、与器物交谈交心，这些皆源自神道的"万物有灵"的思维模式。

等级严密的纵向社会结构

最后从社会学层面上来讲。茶道的礼法还源自日本的纵向社会结构。日本的天皇家族史可上溯至神代，自日本文明起步始，万世一系，已经传至当今的127代。这是世界上唯一的。日本天皇制的存在使得日本形成了稳固的纵向社会结构。日本人的阶层、级别是多重的。将这些阶层、级别做出最典型、最细致划分的是日本的江户时代（1603—1867）。在江户时代，为了维持多重等级社会的人际关系，为了使各阶层人们和平相处，产生了严谨的日本礼法。

日本礼法以上下级关系为轴心，其条例规则十分细致。致使处于底层的人永世没有做人上人的机会。于是，人们便在这个被束缚着的俗世之外制造出一个又一个新天地，这就是茶道、花道、香道、弓道、柔道等诸艺道的世界。在这些艺道里，分别是一个个小小的社会。在那里，人们凭修道的年数、技艺的高低来确定位置的上下。这是一个摆脱了现实社会等级的世界，可以使一些文人雅士在这里得到精神上的满足。在这种世界里的礼法带有某种游戏的性质，没有现实社会中的压抑感，并且是来去自由的。

茶道的礼法是诸艺道礼法中最复杂的。虽然茶道信奉的禅宗主张"无""本来无一物""佛祖共杀"，但在实际礼法中，十分重视上下级关系。这说明，茶道礼法是在日本礼法的影响下形成的，是日本礼法的一部分。

日本茶道界本身也受到日本多重阶层社会的影响，各个流派都设有无数个阶梯。以里千家（里千家茶道是日本最著名的茶道流派，由日本茶道宗师千利休子孙创办）为例，根据修道的年数和茶技的高低，从下至上分为入门、小习、茶通箱、唐物、台天目、盆点、和巾点、茶箱点、行之行台子、真之行台子、大圆草、大圆真、引次、正引次、纹许、茶名、准教授、教授等18个级别。

处于最高地位的家元是世袭的。这种组织形式与日本明治以前的社会组织形式雷同。根本不同的是，茶道是一种文化形式，其上下级关系受到时间和空间的限制，有时只起到一种游戏规则的作用。

二　人与人、人与物、物与物之礼

茶道的礼法是全方位的。不仅包括人与人之间，还有人与物之间，物与物之间，都有一套完整的礼仪。这些礼仪的一部分已成为一种规则。由此，在整个茶会的进行中，呈现出一种有条不紊、有礼有节的特别的神圣氛围。

人与人的礼法

人与人之间的礼法。在主人与客人之间，客人为上，主人为下。主人要把客人当作神来招待，要千方百计设法使客人感到舒适。比如，主人要在客人到来之前将茶庭撒上一层水，然后将飞石上的存水用毛巾揾干。若是下雪天，要提前用草垫把飞石盖上，在客人到来之前将草垫撤去。这样既可让客人欣赏到美丽的雪景，又便于客人行走。

主人要根据客人的个别情况制订菜谱。如果客人是老年人，菜就要做得软一些、少一些；若是年轻人，菜就要做得多一些，含热量的材料可多用一些。若是外国人，就要考虑到那个国家的饮食习惯，还要尊重他们的宗教信仰等。

点茶时茶和水的比例也要因人而异。若客人是老茶人，就要多放一些茶粉，点得浓一些。若客人是初次品茶，就要点得淡一些，以免客人感到太苦。天气冷时，多加一些热水，使用的茶碗就不一样，比较厚一点，茶碗的壁较高一点，天气热时就要用温水，甚至是用冰水来点茶，茶碗的口就要敞开一些。

有很多动作非常讲究，比如说水方，实际上就是倒污水的器具，也可以翻译成污水罐，主人拿着污水罐要撤下去，在撤出茶室的时候，是左转身还是右转身，根据情况是不一样的。不管怎样设计，都要使污水罐在客人的视线里停留的时间少一点。

日本茶道用具（图片来源：视觉中国）

又如，日本茶道分有风炉和地炉两种炉子，地炉是开在茶室里的，在茶室里挖一个坑，然后架一个炉子。风炉是可以移动的，夏天用风炉，其位置放在离客人最远的地方，炉口要竖一块瓦片，以挡住炭火，减少客人的炎热感。冬天用地炉，设在茶室的中央，这样可使客人离火近一些。总而言之，主人时时处处要站在客人的立场上考虑问题，细微之处也不放过。

主人对客人如此尊重，客人也要站在主人的立场上多为主人着想。首先，要遵从主人的好意。将主人拿出的茶和饭全部吃光、喝光。这表示自己对主人的招待十分满意，表示主人的茶饭十分可口。

其实，这里面还有一层意义，就是说这些食物都是有生命的。享用它们，而且不把他们的残缺的状态留下，是对这些食物生命的尊重。

特别是在喝茶时，最后一口要将茶全部吸进嘴里，发出一种吸净的声响"SU——"。这声响会使人联想起茶的甘美，会令主人快慰。如果自己胃口不好，实在吃不光主人拿出来的菜，可在主人不注意的时候悄悄装进塑料口袋带走。总之，无论如何，菜是不允许剩在碗里的。

其次，要穿色调素雅的和服，举止沉稳，少说话。说话时，语言表达要简洁，声音要小，以免破坏主人精心设计的艺术环境。那些道具和道具之间互相撞击的小声音，茶室外落叶的声音，还有鸟叫的声音等，这些都是需要去尽情地体味欣赏的对象，如果说话的声音大了，就会影响这些艺术的鉴赏。

再次，客人要认真地观察茶庭、茶室、茶具、茶点心、茶食等，要通过细心的观察来发现主人的匠心。在适当的时机，对主人独特的匠心表示赞赏。这可使主人感到快慰，认为自己的艺术设计取得了效果，产生了共鸣。

客人们有时还要积极配合主人完成茶事的艺术创作。比如，当新手主持茶事时，经常手忙脚乱，甚至出错，在点茶时手不住地颤抖是常有的事。在这时客人为了减轻主人的思想负担，往往主动与主人谈谈家常话，或是自己故意出点差错，比如故意睡觉、假装打呼噜，以使主人的心情平静下来。

客人还要努力减少主人的负担。比如，还道具时，要摆放得让主人便于拿，用完的餐具，自己要用怀纸擦干净。有些茶道具还要由末席客人送到门口。

客人与客人之间的礼法也是周到的。首先，客人是有级别的。首席客人、次席客人、三席客人、四席客人、末席客人。大家要尊重首席客人。在参加茶事之前，其他客人要到首席客人家里去表示拜托。在茶席上，客人坐成一排。喝茶、欣赏道具等都以首席客人为先，然后依次进行。首席客人代表全体客人与主人会话交谈，其他客人如没有特别的事情，一般是不发声的。

其他客人要认真察看首席客人的意向，积极加以配合。比如，首席客人认为此日的茶事进程过慢，应该加快一点的时候，其他客人就要尽快理解首席客人的意向，动作加快一点。若首席客人认为某件茶道具为此次茶事上最应注目的茶道具，其他客人们就要特别下功夫来欣赏，也就是说，努力与首席客人取得一致。

其他客人要对首席客人表示尊重，首席客人也要照顾其他客人。比如，当喝浓茶时，大家用一个碗喝。当首席客人喝完时，要用湿纱布将碗沿处擦净，以表示对下一位客人的尊重。喝浓茶时，有寻问茶铭、茶的产地一项内容，这个任务是由首席客人承担的。但是，首席客人一定要等所有的客人都喝到茶之后，才能说"请问茶铭？""产自何方？"这样做可使所有的客人都能在听到茶铭时去回味口中的茶香。

其次，首席客人还负责茶道具的安全问题。在客人们依次传递、欣赏完某个茶道具之后，要再送回首席客人处，由首席客人检查一下此道具是否完好之

后，亲自还给主人。每个道具都有正脸和后身，在现场要和道具面对面，把道具给对方的时候，要把正面转一下转给对方，所以这样就产生了一种人们在欣赏道具的时候，把道具转来转去的现象，我们经常也可以从电视里看到。

实际上，首席客人是十分辛苦的。

在客人与客人之间，反复实行的有三种礼：前礼、次礼、送礼。当某位客人要喝茶、吃点心，或欣赏某件茶道具时，首先要请你的前一位客人行一个礼，说"请您再品一碗"之类的话，这叫作"前礼"。然后必须再向其下一位的客人行一个礼，说"请允许我先失礼了"之类的话，这叫作"次礼"。

我留学时学习到这个内容的时候，觉得非常奇怪。我认为，应该是怀着真心说："您先吃，您先喝。"我们中国人一般都这样礼让。可是日本人说："请允许我先失礼了。"这个话的意思是说"我先吃先喝了"，其实只不过是跟你说一下而已。

我觉得，从这一点就可以看出，中国的茶席跟日本的茶席很不一样。日本的茶席上下级的关系、纵向排列的关系，非常严格。

还有，由于在喝浓茶时禁止说话，所以有"送礼"这种礼法，即将茶碗传给下一位客人之后，在下一位客人将茶碗向上举起的同时，喝过茶的人要深深地行一礼。

另外，客人们在离开席位取茶归座时，也有严格的规定。这是什么意思？就是日本茶道点完茶以后，不像我们中国人那样，把泡好的茶亲自送到主人的面前。而是主人点完茶以后，仅将茶碗放在自己的身边，客人们离得都比较远，他们自己去取茶。而且，主客之间是侧面相对的。

按照规定，首席客人要向右转身，以使自己的臀部在其他客人视线中停留的时间减少。其他客人要向左转身，为的是同样的目的。当一个人初习茶道时，会手足无措，每一个举动都需要细致地指点。只有当其熟悉了这些礼法之后，才会渐渐地体会出这些"烦琐"礼法的奥妙。

其奥妙就是，参与茶道活动的每个人都把其他"人"视为"神"。

人与物的礼法

在茶人们来看，所有器物都是有生命的，都要倍加尊重、珍爱。拿道具时要轻拿轻放，收藏道具时要认真清洗、擦干、晾干，用棉布、木盒包装好。喝茶时，首先要将茶碗庄重地举起一下之后，用左手掌托住茶碗，用右手将碗向顺时针方向转两次，将茶碗的正面转向对面之后，才能饮用。这样做为的是使自己的嘴唇不与茶碗的正面接触，表示出自己对茶碗的谦恭态度，也是在表达与神同饮，即把茶碗的正面转给坐在对面的大神。

在吃茶点心时，要一口气吃完，不能吃到一半放下。这是因为每一块点心都是一个完整的艺术品，是有生命的。咬过之后，这个艺术品的造型就被破坏了。把已不完整的点心的形象暴露于众，是对茶点心本身的玷污。因此，出于对茶点心的尊重，必须将它一下子吃光。

在用茶食时也是一样。比如，炖菜的量比较大，一下子吃不完时必须用碗盖盖住，不要让残缺不全的炖菜形象暴露于众。炖菜是有造型的，一般的是把它装饰成一个岛，旁边都是水，中间是岛。或者装饰成山的造型。如果把这个山破坏了一半，将这样的形象就摆在那里，炖菜如果是有生命的，它会感觉非常难堪。

吃点心的时候，会用小叉子把点心切割成四份，然后从右下、右上、左下、左上，这样依次吃完。根据点心的不同，有的是切成三块，如果点心是一个椭圆形则切为三块，然后按右中左三次用完。

大部分茶道具都是观赏的对象。观赏茶道具与在美术馆隔着玻璃柜参观美术品不同，它可以拿在手里慢慢地观赏。

以茶碗为例，其观赏的顺序是这样的：将茶碗放在自己的正对面，双手合拢向茶碗略致一礼，表示："对不起了，让我欣赏一下您。"之后观看茶碗的整个形状、整体的感觉、色彩。之后用双手捧起茶碗掂掂分量，体验一下手感。之后翻过来看足圈的设计、素陶部分的质地、作者的陶章。观赏完毕后再重新放回自己的正面，双手合拢再略致一礼，表示："谢谢您了。再见。不知何时再相见。"

在欣赏极珍贵的茶道具时，不能将其直接放在榻榻米上，必须用一块织得很厚的绫垫在下面。当然，在观赏道具之前必须把手洗干净，以免手印弄脏茶道具。任何茶道具都是有正面的，尤其是以动物形象为造型的香盒，在观赏时一定要与动物面对面地相视、行礼。由于食案是漆器，忌潮湿油垢，所以用过的筷子不能直接放在食案上，要搭在食案的边上。按规定，灰勺要在临用前才能放进湿灰里，以防止灰勺生锈。

在茶道界，以长期爱用一件道具为荣。有些茶道具可传给后代，用上几百年。人们认为，年代越久，越能显示出茶道具的本色之美……

物与物的礼法

如果认为每一件茶道具都是有生命之物，它们之间必定也存在礼法了。这也是日本茶道礼法中最极致的部分。

神道教认为，神灵寓于万物之中，万物有万象，所以神灵的数量为800万，这是个虚数，意即无限。对每一位神灵都必须施以礼仪，即"一一敬畏"。这种对神灵的敬畏之心不仅每个"人"必须持有，每件"物"也必须持有，由此产生了物与物之礼。

在茶道里，每一件茶道具都是有雅号的。如茶罐的雅号可以有"初花""花散里""跳龙门"，茶勺的雅号可以有"泪""柳莺""平安"，茶碗的雅号可以有"光""雁""木守"等。这些雅号赋予了这些茶道具独特的性格，是它们的身份和文化符号。每一次茶会都有主题，茶人们要在开茶会的前几日，选择与该茶会主题相符的茶道具，这个工作叫"组具"。

组具的过程是很严肃的，它体现了茶人的素质和积淀，是决定茶会是否成功的重要步骤。

如果是一次迎春的茶会，可以选择雅号是"初花"的茶罐、雅号是"柳莺"的茶勺、雅号是"熏风"的茶碗。如果是一次纪念《源氏物语》成书1000年的茶会，可以选择雅号是"花散里"（《源氏物语》第54卷中的一个卷名）的茶罐、雅号是"平安"（《源氏物语》写于平安时代）的茶勺、雅号是"光"（主人公是光源氏）的茶碗等。参加组具的茶道具有15种左右，这里就不一一赘述。

如果在迎春的茶会上出现了雅号叫"落雁"的茶碗，就会遭到客人的耻笑。同时，在茶会上不能用同名或名称意思相近的茶具，如名为"落日"的茶碗和名为"余晖"的茶勺是不能同时用的。因为这减弱了某个茶道具的存在感，违反了"一一敬畏"的原则。

在茶道具的图案、颜色、器型、材质选择上也有同样的问题。如果是一次庆祝某人升学的茶会，茶挂（挂轴）上有红色的鲤鱼跳龙门的图案，那么其他的茶道具上的图案就不能再出现鲤鱼的形象了。可以用表达春风得意的快马图案、表达夜学的油灯罩的图案、表达一帆风顺的帆船的图案等。甚至连鲤鱼的红色也不能重复出现。在茶道具的材质上要体现多样性，如果用了金属的盖置，就要用漆器的香盒。分别使用差异大的茶道具可以减少茶道具之间的比较，更好地彰显每一个茶道具的优势，达到"一一敬畏"的目的。

在点茶过程中，茶道具要拿来拿去，A茶道具难免在B茶道具的上空通过一下，但这是违反了物物之礼的禁忌。尤其是对待客人的茶碗，其他的茶道具必须小心翼翼地躲着茶碗的"领空"绕来绕去。所以，当A茶道具须放在B茶道具的上面时，就要求轻轻放下，而不能产生半点摩擦。

所以，日本茶道的点茶礼必须要慢，点茶人的神情必须要庄重专注。

物与物的礼法，使点茶动作有了理论的根据、思想的支撑。

三　真礼、行礼、草礼

茶道的礼法细致到有烦冗之嫌，但如果把茶道看作礼法的训练课程就可以接受了。在一次正午的茶事里，若客人人数为三人，主人与客人行礼的次数为213次。这些礼中分真、行、草三种形式。"真、行、草"的概念来自中国古代的书写模式，楷书曾被称为"真书"。

真、行、草礼之分

茶室中的常态姿势是跪坐：腰挺直，下巴回收，视线斜下，双腿曲折，双脚摆平，脚面着地，臀部放在双脚脚跟上。双手搭放于身前，根据流派不同，有的左手在上，有的右手在上。这种跪坐姿势是茶道学习中最基本的姿势，据说这种姿势便于体中运气，精神振作，注意力集中，适合于修行艺道。

在行礼时，心中必须怀着对对方的敬意。无敬意的行礼没有任何意义，而且，其敷衍的态度会马上表露出来，很容易被识破。行礼的次数过多，幅度过大也是对对方不尊重的行为。因为对方要根据你行礼的程度还礼，所以不适时的过度的行礼会给别人带来麻烦。要依据场合分别使用真、行、草三种礼法。

行"真礼"时双手从腿上渐渐滑下，目光注视对方，背颈部保持平直，上半身向前斜倾至70度。全手掌着地、食指合拢，两手的食指间打开90度。切忌只低头不倾身。起身时要慢，以示对对方的敬意连绵不断，整个动作还要配合呼吸：呼、屏、吸。低下身时吐气，行礼时停顿屏气，起身时吸气。还应该照顾到周围的其他人，尽量保持一致。如果你起身太快，就会显得不敬，如果你起身太慢也会使在你之前起了身的人感到难堪。

真礼用于主人与客人之间。行礼与真礼相似，不过幅度较小。上半身向前斜倾至50度。手掌不全着地,第二手指关节以上着地即可,整个速度也可加快一些。"行礼"用于客人与客人之间。草礼的幅度更小,上半身向前斜倾30度,指尖着地即可。草礼用于身前有障碍物时。

真、行、草之礼法层次的区别贯穿至茶道礼法的每一个细节。

茶室分真、行、草三个级别:真级的茶室里有涂漆的构件、摆放唐物(中国文房四宝)的空间"书院"。

花瓶分真、行、草三个级别:传自中国的黄铜花瓶、青瓷花瓶为真级,日本制造的陶花瓶为行级,竹筒竹编的花瓶为草级。

茶碗分真、行、草三个级别:传自中国的建盏为真级,传自朝鲜的井户茶碗为行级,日本自制的陶碗属草级。茶勺、茶筅、茶具架、清水罐、水方等不再赘述。

点茶方式的级别分得更细,有真之真、真之行、真之草、行之真、行之行、行之草、草之真、草之行、草之草。里千家的150余种点茶式都分别划归在九个级别之内。如果要举办一次真之真的茶会,那么所有的事与物都要搭配得当。

无声礼和约定礼

必须指出,日本茶道礼法中的这些严格的层次规定的形成受到了日本天皇制所衍生的纵向社会结构的严重影响。又由于日本茶道产生在单一民族的封闭的社会环境里,日本茶道礼法的行使方式拥有默契的特征,有无声礼和约定礼两种独特的礼法。

无声礼又称默礼,是茶道中的最高礼。无声礼是通过主人的肢体动作或是声响来实现的。在整个茶会中,主人与客人都要保持庄重的态度,一般不笑,并尽量减少语言。主人把客人当作大神来侍奉,客人把主人当作大神来对待。因为日本大神是没有形象的,当然就没有表情,人们就无法回应表情。人们只能凭想象来感受大神存在的气息和圣洁的氛围。

无声礼是茶道中的主要礼节。比如,主人与客人初次互致默礼之处是在外露地与内露地之间的中门处。在行礼之前,主人在内露地将一桶清水倒进石制洗手钵里，桶要抬得高一些，以使水声大一点。主人以水声唤示坐在外露地的客人。客人们听到水声便知主人来迎接了。于是，双方走到中门，互致一个无声的真礼。在这一切行动之中没有人的杂语，听到的只是虫鸣鸟语、水声、和服的摩擦声。

再比如当客人进入茶室时，也没有"请进"的招呼声。主人事先将茶室小入口留一个3厘米的缝，即表示"主人我已做好准备了，请您入席"的意思。当客人们进入茶室以后，最后一位客人要将门稍稍用力地关上，发出"啪"的一声响，以此来通知主人："我们已入席了，请您进行下一步工作吧。"于是，主人静静地打开拉门，双方行真礼。

至此，主客一直是无言的。这里演绎了日本神事（法会）的迎神的过程，即大神的来路是不明的，也可以理解为是不能盘问的；大神的面容是神圣的，不能直视。当然也就不能问候了。

约定礼是茶人们在多年的茶道实践中约定成俗的一些规则。比如，客人进入茶室后，将要展开的点茶技法的种类不是用语言来预告的，而是通过茶具不同式样的摆置情况来暗示的。如果壁龛上摆置有香盒就表示今天的添炭程序将省略；如果摆置有台子（黑漆茶具架），就知道将有行之行以上的点茶式。

在点茶时，根据点茶技法的种类不同，有的需要主人的助手上场。主人不是通过语言招呼助手来，而是用竹水勺磕碰竹制盖置的声响对助手发出命令。助手听见"哒！"的一声响，便打开拉门跪行进来。

在添炭开始时，当主人拿起羽帚的瞬间，客人们就以首席客人为先，逐一地行次礼围拢至地炉周围。当添炭接近尾声，主人往地炉里添入最后一块炭（点碳）的瞬间，客人们就以末席客人为先开始逐一地行次礼退回原位。

当客人想观赏香盒时，必须在主人将香盒盖上的瞬间提出请求："请允许拜见香盒。"如想观赏装茶粉的茶盒、茶勺时，必须在主人将清水罐的盖盖上的瞬间提出要求："请允许拜见茶盒与茶勺。"不适时地提出要求会使主人为难，使周围的人吃惊。

在用餐时，菜的种类是约定好了的。客人可以胸中有数地安排自己的胃口，比如，炖菜之后就会上酒，喝酒之后就会上咸菜等。在用餐时主人一定要提出为客人添第三碗酱汤，而客人一定要谢绝。这是一个奇妙的环节。按一般的想法，这个动作索性取消好了。但是，在这种"无用之用"之中，主人表示了他的诚意，客人表现了他知足的美德。可以说，茶会就是礼仪教育的一堂课。

对于已约定好的程序、礼节要认真行使完成，不能推让。推让会使茶事杂乱，失去静谧感。比如，谁做首席客人、谁做末席客人，这在茶事举行的几天前就约定好了。至当日，首席客人要积极地携领其他客人，其他客人要积极地拥戴首席客人，每个人都要认真地完成本分的事情，不推让、不僭越。由此茶会才能进行得有礼有节。

可以说，茶道是日本社会运作模式的演练场。

四 位置、顺序、动作

　　点茶中的礼法可归纳为三个要素：第一是位置，任何道具放置的位置都有一定的规定，严谨至厘米，位置表现了茶道的空间之法。第二是顺序，温盏洗具点茶送茶的所有动作要按照规定的顺序逐一进行，不能改变。顺序表现了茶道的时间之法。第三是动作，点茶人的手臂从某一姿态移至另一姿态，从某一位置移至另一位置，茶道对其移动的路线有严格的规定。或曲线、或直线、或高、或低。动作包括了茶道的空间与时间两者之法。

茶礼三要素

　　为什么会在日本产生这种严谨细密的礼法呢？除开头阐述过的因素之外，这还与日本的居所、饮食、服饰有很大的关系。

　　先说居所，日本的气候温和，降雨量适度，草木资源丰富。古代日本人以草席为地面的铺设材料。这种习惯提炼的结果，便产生了榻榻米。茶道使用的榻榻米的尺寸为长190厘米、宽95厘米、厚6厘米，竖列有62个纹络。这样一来，茶室地面的每一个点，就都有了坐标。什么道具放在什么位置上，马上就可以测定出来。

　　榻榻米的边缘是用黑布包裹起来的，这就把茶室的地面划分成了几个部分。里千家的礼法规定一张榻榻米上走4步，由右脚迈进，左脚迈出；跪姿的双膝要与黑缘平行，离黑缘15厘米。可以说，榻榻米是日本礼法之母。

　　日本料理的主要烹饪法为煮、烤、拌。相对来说，菜品的块大，汤汁少，例如，寿司、烤鱼、炖笋。这就给茶食礼法的形成提供了条件。日本烹饪界也为了进食礼仪的社会需求，不断改进烹饪方法。如：如何能一次将较多的食物送进嘴里，如何能使人在咀嚼时不出声、不用张嘴，夹菜时不使汤汁滴落在食案上等。烹饪法与食礼相互补充、改进，从而形成了日本独特的茶食礼法。茶食礼法的禁忌是不能把用牙咬过的食物暴露于视线，因为每一块食物都是艺术品，都是有生命的。

日本的和服是由几块比较完整的布片连接缝制起来的。较之西服，裁剪下来的废布非常少。这是由于制作者出于对布料的敬畏，尽量保持布料的完整性的结果。专用于和服制作的布料的宽幅是9寸，标准的和服用4片布料缝制而成。

由于和服的成衣没有曲线，很不合身，日本人在穿着过程中想出了很多办法，通常要使用7条带子来固定。和服的前身由两片布搭在一起，稍不注意，腿便会露出来。

加之日本人起居不用桌椅，立起、跪下的动作幅度特别大，于是使得日本人对坐的方法十分注意。由此产生了跪坐的方式。这种方式不致使和服凌乱，所以说，茶道礼法中采用的跪坐的方法其实来自日本日常生活礼仪。

关于位置。在日本最有权威的古典茶书《南方录·墨引》中有一张示意图。图中解释了在台目榻榻米（标准榻榻米的3/4）上放置茶道具的位置。从此图上可以得知，在放置道具的地方，茶人们将其分出许多个小格，由此产生了许多点，即坐标。5条虚线表示阳，6条实线表示阴，再配上横践。那么，放道具部分就可得出72个小格。一张标准榻榻米就可得出328个小格。道具的设置，就有了严谨的理论基础。

还有一张墙根炉道具位置图。清水罐里装有水，属阴性，要压在两条阳线上，以此获得阴阳的调和。浓茶小罐里装有茶，属阳性，要放在阴域里，以此求得融洽。这种放置法是千利休发明的，一直流传至今。

接下来介绍一张添炭进行中的位置图。其中有以下几个重点：灰勺的柄一定要与榻榻米的边缘形成平行线；炭斗、釜环、香盒的中心点必须形成等边三角形；羽帚与地炉前沿之延长线之间必须留出能放下一个香盒的地方；火箸与羽帚对齐；添炭人的两膝要正对地炉。这些放置法是茶人们几百年来实践、探索的结果，是最科学、最合理的位置。

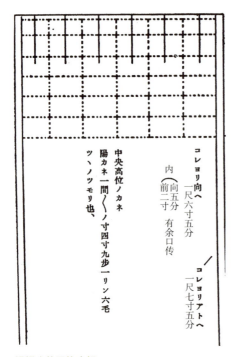

榻榻米的网格坐标

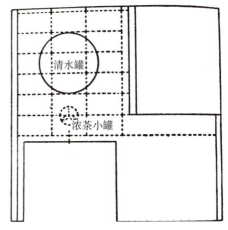

墙根炉道具位置图

在刚开始学习茶道时，主要是学习道具的放置法。位置对了，点茶的动作就能做到有条不紊。

接下来的图片表示了将点好的浓茶送出点茶席，待客人来取茶的一瞬间的位置。根据这张照片，可画出以下的平面图。

有这样几个重点：点茶用小屏风的侧边延长线要通过污水罐的中线；污水罐距小屏风为七个榻榻米纹络；茶釜、茶筅、浓茶小罐、清水罐的中心点要形成一条直线；茶筅、浓茶小罐要分别放在由地炉角至清水罐之间的三等分的两个点上；竹水勺的柄头要与地炉缘内侧之延长线对齐；釜盖前沿的直线要通过茶碗的中线；茶罐囊的中心点要与清水罐的中心点形成直线；另外，茶勺、水勺、茶巾三者还要形成平行线。

关于顺序。在日本茶道里，十分重视到达结果的过程。要求做好每一个细小的动作，任何动作都要按规定好的顺序一步一步地完成。例如，客人进入茶

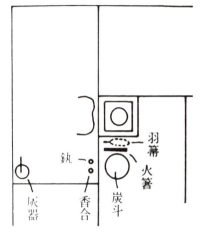

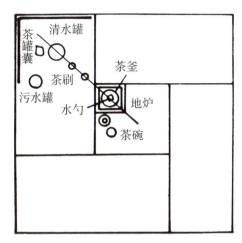

茶道中添炭环节的道具位置图　　　　　　　浓茶送出点茶席，待客人取茶瞬间的位置图

室以后在壁龛前跪坐，将扇子放在膝前，向茶挂行一真礼，然后开始拜看茶挂。其顺序为：

第一步，先观赏画心上的禅语，阅读领会其字句的意思。如果此日的茶挂是禅画，要先看画再看赞。之后看笔者的名字及印章。

第二步，欣赏锦眉部分的绢地花纹。

第三步，欣赏上隔水与下隔水的绢地花纹及裱褙的情况。

第四步，欣赏天头与地头的花纹及配色情况。

第五步，最后欣赏轴头的造型。在拜看完茶挂之后，观赏壁龛上的花，之后看花瓶。

第六步，也就是最后一步，综合地欣赏一下整个壁龛的布置手法，再行一礼，拜见壁龛的过程方告结束。

整套动作要按部就班地进行，不能省略，不能颠倒。那种不读字画先看作者姓名、以作者的知名度来衡量艺术品价值的做法，是茶道界极为反对的。

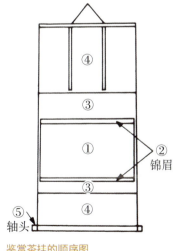

鉴赏茶挂的顺序图

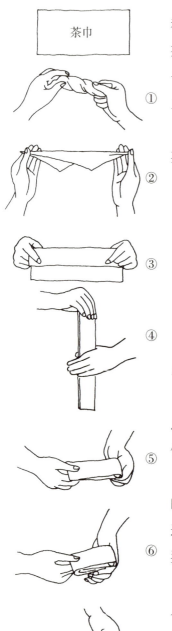

折叠茶巾的顺序图

不仅在茶席上的动作有前有后，即使在人们看不见的茶厨里，每个动作也要有顺序。例如，点茶时有用茶巾擦碗的动作。按一般的概念，将碗擦干净就是了。但在茶道里，除擦碗的动作规定为擦三圈半之外，茶巾的折叠法也不能忽视。

叠茶巾的动作分为七个步骤，初习茶道者都要从这里学起：

第一步，将茶巾用清水浸透，拧干。

第二步，两手抓住对角，将茶巾抻直。

第三步，将茶巾横折两下，形成三等分。

第四步，将茶巾竖过来竖折一下。

第五步，形成二等分。

第六步，将茶巾再横过来折一次，形成八等分。

第七步，再折三分之一，将大拇指慢慢地撤出，留下一个圆孔。叠茶巾的动作方告结束。

像叠茶巾这样的在茶厨里的准备工作必须由点茶人本人来做。因为，在做这些动作的同时，可使点茶人有一个进入点茶三昧的精神准备过程。

关于动作，位置与顺序分别表现了茶道的空间与时间的礼法，那么融二者为一体的便是动作这一礼法要素。茶人的肢体从某一姿态转换为另一姿态，其过程是不容忽视的。

例如，客人们入席时的行走路线。客人跪行进入茶室小入口之后，起立，向壁龛行进，贵人席是高贵的地方要右脚首先迈越其榻榻米的边缘。拜见完壁龛之后起立、转身，离开贵人席时要左脚首先迈出榻榻米的边缘。之后去点茶席观赏风炉、

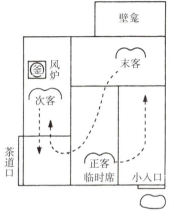

客人进入茶室的移动路线图

茶釜等茶道具。点茶席也是高贵地方，要右脚上，左脚下。

在有三位以上客人的情况下，为了不影响他人拜看壁龛，首席客人要在往来席上略坐片刻，称为借坐一下。然后正客、次客、末客依次落座。

再如，在添炭的环节里有前后两次用羽毛笤帚扫去炉缘灰尘的动作。按一般想法，扫干净便是了，但在茶道里要按照严格的顺序执行。初扫为四下，先上后下，后扫为六下，先上后下。其前后不能颠倒，其次数不能增减。

综上所述，文化的根基决定了文化的表象。日本茶道借用从中国文化中汲取的诸多要素，浓缩地表达了日本民族的宗教信仰。

茶道通过饮茶、赏具、迎客、送客等有形的活动，将神道教中的"万物有灵""——敬畏"之无形的概念物化、形象化，所以，日本茶道被日本人推举为日本文化的代表。

初次扫炉缘灰尘顺序

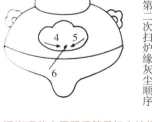

第二次扫炉缘灰尘顺序

添炭环节中用羽毛笤帚扫去炉缘灰尘的顺序图

第五章

禅宗：融入生活与灵魂，日本『禅』的前世今生

文 张文良

"禅"在日本，可以说既古老又现代，既呈现为寺院景观等物质性存在，又化为人们生活中的点点滴滴。站在京都东山上俯瞰京都全城，我们会发现佛教寺院如繁星点点，正所谓"京都千百寺，皆在一望中"。其中许多寺院如著名的金阁寺、银阁寺、大德寺、南禅寺等都是禅宗的寺院。

虽然世易时移，暮鼓晨钟已经停歇，禅寺已经辉煌不再，但"禅"早已融入日本民族的血液中，融入日本人的灵魂中。其实，连中国人小朋友都耳熟能详的"聪明的一休"和尚就是日本禅宗历史上的一代名僧。而始自日本、近年在国内也开始流行的"断舍离"的极简主义生活哲学，其源头也可以追溯到日本"禅"的"本来无一物"的精神。

中国禅是如何传到日本，又是如何实现日本化的呢？当今，禅又是如何影响日本人的生活，塑造日本人的性格？

一 中国禅传入日本的历史源流

最早将中国禅传到日本的，据说是日本白凤时代的遣唐僧道昭（629—700）。在奈良时代，先于鉴真（688—763）东渡日本的道叡在传播戒律的同时，也把当时中国北宗禅传到了日本。而在禅宗初传期，影响最大的是平安时代（794—1192）的传教大师最澄（767—822）。

最澄曾到中国留学，并在回日本时将台、密、禅、戒4种教义传回日本。在回到日本之后，最澄在比叡山创立了日本天台宗，并在密教、戒律方面做出了开创性的贡献。相比较而言，最澄传入的禅宗比较杂乱，既有北宗禅也有牛头禅，最澄本人在多大程度上理解和接受中国禅宗，也是值得进一步研究的课题，至少，在他的弟子中并没有出现以禅宗而著称者。

出现这种状况并不是最澄个人的原因，主要是因为当时日本佛教的重心在密教，禅宗并不是当时佛教的主流。日本对禅的接受是被动的、非自觉的。比如日本天台宗僧人觉阿（1143—1182）1171年入宋，嗣法圆悟克勤（1063—1135）的弟子瞎堂慧远（1103—1176）。觉阿在中国留学的师父是响当当的大禅师，他对中国禅按理说应该有深刻的认知。依据《元亨释书》（1322年）的说法，觉阿回日本（1175年）之后，高

最澄画像（绘于11世纪，现藏一乘寺）

日本僧人荣西禅师

仓天皇（1168—1180年在位）召见他，想听他讲讲禅理。

但觉阿在天皇面前支支吾吾，并不能说出什么禅理，最后只是尴尬地吹了一曲笛子。关于觉阿的失常表现，一种解释是，觉阿觉悟到"禅"不立文字的特色，故以"无言"来应对天皇；另一种解释是，觉阿觉得自己在中国所学不合时宜，在天皇面前讲"禅"并不能赢得天皇的欢心，故干脆不语。

中国禅的大规模传入是在日本镰仓时代（1192—1333）。在宋代，中日禅僧的往来频繁。日本入宋僧侣有80人以上，东渡的中国禅宗僧侣有20人以上。代表性人物有将临济禅传到日本的荣西、开创日本曹洞宗的道元（1200—1253），以及从中国到日本传播禅法的兰溪道隆（镰仓建长寺的第一代住持）、无学祖元（镰仓圆觉寺的第一代祖师）等。

道元于1223年入宋，先在天童山的临济宗大慧派的无际了派（1149—1224）座下参学，在遍参诸方后，又回天童寺，在如净（曹洞宗，1162—1227）处开悟，得到印可（1225）。据说，道元在上天童寺之前，对中国宋朝是否还有高僧心存疑问。有一次乘船时，他遇到天童寺的一位典座（负责寺院伙食的僧人），这位僧人跟道元讲了一番食堂就是道场、做饭就是修行的道理，道元听了大为震惊，没想到这位"扫地僧"竟有如此高的境界，于是下决心到天童寺求法。

在天童如净座下参禅开悟之后，如净禅师不仅把法衣、自己的顶相（肖像画）、法卷传给道元，还叮嘱道元回日本之后要不慕繁华、安心办道。道元在1227年回到日本之后，牢记中国师父的教导，没有生活在当时的政治文化中心京都，而是到福井县的深山中开辟了永平寺。其禅风就是"只管打坐""修证一如"，也就是说，打坐不仅仅是修行开悟的手段而且是目的本身，打坐就是修行，打坐就是开悟，其禅风类似于中国的"默照禅"。

他对门下弟子要求严格，绝不轻易予以"印可"，认为开悟者宁缺毋滥，只要有"一个半个"足矣。由于永平寺生活条件极为艰苦，对修行者的要求又极为严格，所以道元在世时，他身边的僧众并不多，曹洞宗仅仅是一个僻居山林的小僧团。但永平寺由于道风淳厚、高僧辈出，所以在日本禅宗中如一朵空谷幽兰，直到如今仍然是修行者向往的圣地。

无学祖元（1226—1286），庆元府（浙江省）人，早年跟从南宋禅宗泰斗无准师范（1179—1249）参禅，并得到印可。1275年，祖元50岁时，为元军所捕。元军以刀架祖元大师颈上，大师神色泰然地诵出四句偈诗："乾坤无地卓孤筇，且喜人空法亦空。珍重大元三尺剑，电光影里斩春风。"这就是祖元的"临剑颂"。据说闻听此颂的元兵被禅师大无畏的气概所震惊，惊恐退去。这一佳话传到了日本，这也可能是当时的幕府将军北条时宗招请他渡日的一大原因。

1279年，祖元来到日本，担任建长寺住持，指导弟子参禅，五年后，兼任专门为他建造的圆觉寺住持，谥号"佛光国师"，有《佛光国师语录》传世。祖元在日本期间，赶上元军大规模入侵日本。日本上下惊恐万状，北条时宗向祖元问计，祖元给他的妙计是"莫烦恼"。后来，元军遭遇"神风"（台风），损失惨重，自动退兵。经过这次劫难，北条对祖元禅师越加崇信。

在中国，宋代的禅风和唐代的禅风差异很大。简单地说，唐代的禅风如马祖道一所言，"平常心是道"，强调"禅"是任运自在、无为自然，并不强调刻意的修行。而到宋代，"禅"则必须通过坐禅和参究"公案""话头"等修行才能获得。换言之，唐代的"禅"是上至王公大臣下至贩夫走卒都可以体会到的境界，而到宋代，这种"禅"的境界则只有专门的修行者经过长时间的修行才可能达到。

道元传播到日本的曹洞禅是纯正的中国禅。在道元为永平寺僧人制定的生活准则《永平清规》中，可以看到，修行者每时每刻的生活都受到严格限制，如从进入永平寺的那一刻到走出永平寺的一年间（有的修行周期更长），绝对禁语，不能说一句话！一切皆在默默无言中进行。

道元和无学祖元等留学僧和渡日僧不仅传播了宋代最先进的中国禅，而且

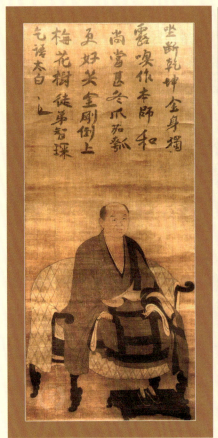

天童如净禅师顶相自赞（曹洞宗）　　希玄道元禅师顶相自赞

将中国禅宗的制度原原本本传到日本。如永平寺的《永平清规》就是参考中国禅宗的《禅苑清规》和《丛林校订清规总要》等制定，永平寺的日本僧人几乎过着与中国僧人同样的生活。宋代以后在中国禅宗寺院流行的施饿鬼等宗教仪式，也传到日本的禅宗寺院。这一时期，出于当时禅林的迫切需要，应邀渡日的兰溪道隆（1213—1278）著有《坐禅仪》（1246年），详细规定了参禅的仪轨。而且，这些寺院还模仿中国的官寺，采用了十方住持制，即只要有能力，无论属于什么宗派，都可以担任寺院的住持。

禅宗为何能在日本流行

禅宗之所以能够在日本流行并在日本社会扎根，最主要的原因是"禅"获得了日本武士阶层的青睐，武士阶层成为禅宗在日本流传的主要社会基础。为什么"禅"能够成功俘获武士这一新兴社会势力的心灵呢？究其原因，主要有三个方面的理由。

第一，以战争为职业的武士，生活在刀光剑影之中，需要一种宗教作为自己的精神支柱。禅宗所崇尚的勘破俗情、淡泊生死的超脱精神，以及"放下屠刀，立地成佛"的境界，正好满足了他们的这一精神需求。

第二，禅宗不仅是佛教的一种形态，而且是一种文化，是当时东亚地区最先进的文化，它与诗歌、绘画、书法等人文修养以及坐禅、茶道、素食等生活方式联系在一起，代表一种新的文化时尚。新兴武士阶层积极接受禅宗，内心存在着以禅宗文化与当时的朝廷贵族引以为荣的传统文化相对抗的意图。

第三，当时元军大规模入侵这一历史突发事件，在推动禅宗的日本传播方面，也发挥了不可忽视的作用。元军攻入中国江南地区之后，江南地区许多汉族高僧如无学祖元等不愿生活在元军的铁蹄之下，渡日避难，为日本带去了宋禅。而这些中国禅僧所宣传的忠君爱国思想，正好契合了与元军进行战争的日本武士们的精神需求。镰仓幕府时代，幕府将军和各地军阀掌握日本国家的实际权力，他们信仰禅宗对禅进入日本的主流文化和主流意识形态发挥了关键作用。

二 中国禅在日本土壤里生根

"五山""十刹"制度的确立

室町时代（1336—1573）是中国禅宗的日本化时代。镰仓时代末期，似乎已经仿效南宋的官寺制度制定了"五山"，经历建武中兴和南北朝时期的整备，到义满时代，"五山""十刹"制度得以确立。日本的五山制度最初由镰仓时期的北条贞时进入日本，后来后醍醐天皇将这一制度引入京都。

室町时代的天龙寺建立以后，五山的排序如下：第一，（镰仓）建长寺（京都）南禅寺；第二，（镰仓）圆觉寺（京都）相国寺；第三，（镰仓）寿福寺；第四，（京都）建仁寺；第五，（京都）东福寺；这一休制形成于1341年。相对于五山都集中在京都和镰仓，十刹则遍布全国各地。十刹的名称在不同历史时期也有改变。1379年时的十刹如下：京都等持寺、相模（镰仓）禅兴寺、筑前（福冈县）圣福寺、相模东胜寺、相模万寿寺、上野（群马县）长乐寺、京都真如寺、京都安国寺、丰后（大分县）万寿寺、骏河（静冈县）清见寺。

由于五山十刹的住持都是由官方任命，这些寺院成为所谓"官寺"。这一制度的确立加强了幕府对佛教的控制。随着五山十刹制度的确立，在中国"官寺"中存在的僧侣等级制度也传到了日本。不过，在中国，"官寺"采取的是"十方丛林"制度，寺院住持在全国范围内遴选，而日本的宗派和门派意识很强，所以寺院住持只在寺院所属派别内部推选。

由于中国和日本的僧侣往来频繁，中日禅宗界互相承认对方国家僧侣的身份和地位。例如，兰溪道隆和无学祖元在中国国内就是高僧、寺院住持，去到日本之后，在日本禅宗界也能得到同等评价。这种习惯类似于现在不同国家之间的学历、职历的认证。由于这种风习，中日两国的僧侣似乎超越了国界，生活在禅宗丛林这一共同的世界里。

"五山文学"：日本禅对文学的渗透

随着禅宗的渗透，禅影响到日本文化的方方面面。如"五山文学"就是日本文学发展史上一大高峰，而这一文化高峰的出现与以"五山"为代表的禅寺和禅僧有直接关系。此外，日本的茶道、书法、绘画、园艺、建筑风格等无不受到禅的影响。

虽然有过两次元军入侵日本事件，但元代与日本的贸易并没有断绝，交易比宋代更频繁。与元朝激战过的镰仓幕府，为了筹措建设建长寺的费用，派出了建长寺船（1325）与元朝进行贸易活动。1342年，为了建设天龙寺，足利尊氏也听从梦窗疏石的建议，派出了天龙寺船。元朝为了抵御倭寇，对日本人警惕性很高，但对于日本官方派出的贸易船还是持欢迎态度。元朝东渡的僧人非常多，以至于镰仓幕府甚至准备对中国僧人的到来加以限制。而日本到元朝的僧人也达200人以上，远远超过入宋的僧人数量。

在元代，中国渡日禅宗僧人中名气最大的是临济宗僧人明极楚俊（1262—1336）。明极楚俊在中国时就是江南禅林的翘楚，曾历任天童寺、灵隐寺、净慈寺、径山寺等著名寺院的首座。天历二年（1329），他受到日方邀请，在日僧天岸慧广（1273—1335）等陪同下东渡日本。

在日本，明极受到后醍醐天皇和幕府执权北条高时的崇信，先后任镰仓的建长寺、京都的南禅寺、建仁寺的住持。当时的南禅寺是日本"五山"之首，明极楚俊能够担任住持一职，足见他在日本禅宗中的地位。在日本去世后，明极楚俊被日本天皇赐"佛日焰慧禅师"的谥号，其派系被称为"焰慧派"。

值得一提的是，天历二年（1329）明极楚俊东渡旅途中，中日禅僧相互诗词唱和，留下一段佳话。后来，有好事者将这些诗汇编为《沧海余波》（或名《巨海一滴》）诗集一卷，透过诗集，后人可以一睹中日禅僧的风采。

如"洋中漫成"的题名下，日僧天岸慧广（1273—1335）有诗云："泝虚东

临济宗僧人明极楚俊的墨迹，偈颂（五岛美术馆藏）

渡扶桑碧，万里无山天水横。识浪多于沧海阔，人情输与道途平。不知船腹孕风饱，只见船头向日行。争得任公重下钓，六鳌一掣到蓬瀛。"明极楚俊和诗云："征帆旋引上高樯，更看杆头五两横。业识浪深涛浪浅，世情波险海波平。风当六月西南起，船约一旬东北行。到岸飞车休再举，赤松原不在蓬瀛。"从明极楚俊和天岸慧广的诗词唱和中，我们可以看到中国和日本禅僧的汉文修养，也可以看到中日两国禅僧以文交友、心心相印的情怀。

中日两国禅僧虽然也各有家国情怀，但共同的信仰、共同的文化为他们构建了一个共有的"第三空间"，让他们能够避开世间的纷扰，共享一个禅意盎然的世界。

江户时代（1603—1868），德川幕府对佛教采取压制和利用的两手政策。由于德川幕府崇尚儒学，故制定了"寺院诸法度"，对佛教的活动进行限制。同时，通过"寺请制度"和"本末制度"积极利用佛教为自己的统治服务。"寺请制度"就是让寺院来证明公民的佛教信徒身份。这一制度最初是为了排除基督教徒而设，但结果却强制每个日本人都成为隶属于特定寺院的在家信徒。国民外出旅行，必须携带寺院开具的证明信，证明本人是佛教信徒而非基督教徒。寺院承担了现代社会的户籍民警的角色。同时，通过"寺请制度"和"本末制度"，保障了各寺院的政治地位和经济地位。

因为这些制度的确立，寺院僧人不用为生计发愁，可以专心于佛教教理的探索，所以在佛教学术上取得了很多成果。这一时期日本僧人在佛教文献和佛教历史研究领域所取得的成果直到今日仍为学术界叹为观止。

"密参禅"的流行

随着佛教徒获得较高的社会地位和优渥的经济地位，许多佛教徒失去了弘法的热情和批判精神，满足于在既定规范内从事丧葬祭奠等仪式化的活动，出现了严重的依附现存体制的倾向。

在这种背景下，在室町时代就出现的"密参禅"在禅林流行。室町中期以后，在以五山为首的京都和镰仓的名刹中，禅僧几乎已经不再参禅。按照中国禅宗的传统，禅师必须行走江湖，云游天下，参访名师，最后才有可能找到与自己心性相契合的禅师的指点，从而获得开悟体验。

"江湖"原本是禅宗用语，指中国的江西和湖南，在唐代，江西和湖南禅宗最盛，高僧辈出。年轻僧人要参访名僧，要么到江西要么到湖南，故有行走"江湖"之说。而且，仅仅行走"江湖"还不够，在"江湖"上要扬名立万，必须要得到有名禅师的"印可"即正式承认。只有获得师父"印可"，弟子才有资格获得师父的衣钵，并获得在"江湖"开设道场的资格。

在中国禅宗传统中，继承师父的衣钵是非常严肃的事情，所谓"见与师齐，减师半德；见过于师，方勘传授"。只有对于禅的见地和境界超过师父的徒弟，师父才能传授衣钵。如果弟子只是达到与师父同等的水平而勉强得到传承，实际上是有损于师父盛名的。而到室町末期和江户时期，由于日本禅宗寺院中断了参禅的传统，所以禅宗寺院虽然名义上还有参禅、"印可"，但都流于形式化。其中，最典型的是"密参禅"的流行。

在临济宗中，"参禅"主要是指参"公案"，即禅宗祖师们留下的带有禅意的命题，如："如何是祖师西来意？""念佛者是谁？""什么是父母未生前面目？"参禅者在参这些深奥、古怪的"公案"时，要时时刻刻思考，茶也不思，饭也不想，甚至要像吞下热铁球，吞也吞不下，吐也吐不出。百般困惑、千般纠结之后，才有可能遇到某种机缘而豁然开悟。

"不经一番寒彻骨，哪得梅花扑鼻香"，最早就是形容参禅的不易。而在室町时代后期禅林中，公案的解释受到密教等的影响，出现了以口诀的传授而

"印可"、付法的风潮。"公案"在参禅过程中的功能原本是为了让参禅者"起疑情",即让参禅者在日常的思维中越来越困惑,最终放弃惯常的思维而进入"禅"的境界。也就是说,"公案"不是让人明白而是让人困惑,困惑到极致而豁然回头,打破漆桶,洞见光明。在这个意义上,"公案"没有答案。

如果有答案,"公案"就失去让人"起疑情"的功能,"公案"也就不再是公案。而"密参禅"给出了"公案"的标准答案,参禅者只需记住答案,再找师父装模作样对一遍"台词",就可以获得师父的"印可"。禅宗严酷修行的传统受到颠覆,开悟、印可、传法都被解构,成为一种程式化、娱乐化的表演。密参禅随着时间的推移,逐渐风行,不仅日本的临济宗、曹洞宗寺院全部密参禅化,最后,连最具权威的五山寺院也渗入密参禅的风习。

鉴于"密参禅"的流行败坏了日本禅宗的风气,江户时代也有日本禅宗僧人力图振衰起弊、复兴禅宗。如愚堂东寔(1579—1661)、云居希膺(1582—1659)、大愚宗筑(1584—1669)等提倡"结盟参禅";铃木正三(1579—1655)倡导"仁王禅"、鼓吹念佛禅;一丝文守(1608—1646)倡导持戒禅;雪窗宗崔(1589—1649)宣扬融合禅、净土、律的"持戒念佛禅"。这些富有个性的禅僧,各擅胜场,其共同的思想基础,是将"悟"视为绝对价值。这些禅僧的努力不能说没有效果。但风气既成,积重难返,靠少数有志之士的努力,毕竟难以挽狂澜于既倒。

隐元隆琦与日本禅的复兴

在日本禅宗走向衰落之际,真正为日本禅宗界重新注入生机和活力的是明代东渡日本并创立了日本黄檗宗的隐元隆琦(1592—1673)。

隐元隆琦,福建省人。早年遍参诸山名僧,在黄檗山辅佐费隐通容(1593—1661)修建寺院,指导后进,并嗣其法。在住持诸寺之后,1646年回黄檗山,成为万福寺住持。1654年,隐元乘郑成功提供的大船,携30名弟子一道来到日本。有一种说法,郑成功帮助隐元去日本是为了联合日本抵抗清军。

隐元到日本之后,在德川幕府第四代将军德川家纲的支持下,于1663年在京都宇治创建黄檗山万福寺,并以此为据点,传播以念佛禅为特色的明朝禅。黄檗禅的传播不仅给因为密参禅化而陷入停滞的日本禅界带来了新鲜刺激,而且在佛教之外的文化领域，也产生了巨大影响。

当时的万福寺僧人统领33座寺院。到1745年，黄檗宗在日本的寺院达1043座，成为与临济宗、曹洞宗三足鼎立的禅宗宗派。万福寺的建筑样式完全拷贝福州万福寺的样式，自开山以来，许多中国僧人长驻此寺，住持一职也长期由中国僧人担任，所以其禅风也长期维持着禅净一体的明朝禅风格。在相当长的历史时期，日本黄檗宗可以说是中国禅宗在日本的一块飞地。

以隐元隆琦为代表的东渡僧最引人注目之处，是他们带来了在七堂伽蓝中集团修行的生活模式。这本来是禅宗原本的生活样式，但在日本的室町中期以后的密参禅化的潮流中被忘却了。规范禅僧生活的《黄檗清规》，对日本禅宗各派的生活规范产生了很大影响。如各地的寺院取代原来的"僧堂"，模仿黄檗宗而建起了新型的"禅堂"，成为禅宗寺院最核心的区域。

黄檗宗的活动中另一引人注目之处是"受戒会"。隐元在1663年以后，在万福寺设戒坛，以自己撰述的《弘戒法仪》为依据，举行受戒活动。弟子们也依据此法仪，在各地举行受戒会。因为参加者甚众，后来其他各派建议受戒会集中在万福寺和江户的瑞圣寺举行。这对江户期的戒律复兴运动影响很大。在禅宗内部，临济宗和曹洞宗的僧人往往也在黄檗宗的戒坛受戒，甚至有的地方招聘黄檗宗的僧人举行受戒会。

隐元隆琦不仅为日本带去了禅，而且带去了明代的文人趣味，从而给日本文化带来了巨大影响。中国渡日僧人的多方面才艺被称为"黄檗文化"。日本大名和知识阶层与其说视中国黄檗僧人为宗教家，不如说将他们视为文化人。正因为崇尚这些中国僧人的诗文、书法、绘画等才艺，所以日本社会上层才以和这些中国僧人交往为荣。

隐元禅师的纸本着色画像（1671年喜多元规所绘，现藏万福寺）

三　禅意融入枯山水

日本生活哲学的禅意

谈起日本禅与日本文化的关系，到日本旅行过的中国人大约都有直观的感受，因为大家看到的、吃到的、喝到的几乎都能与日本禅联系起来。如日本的寺院特别是禅宗寺院的建筑风格与中国宋代或明代建筑极为接近。寺院庭园的"枯山水"设计极富有象征性，体现了简洁、自然、疏朗、雅致之风。日本的"精进料理"（素食）食材新鲜、味道恬淡、食器考究，"精进料理"恰恰就出自日本禅宗寺院僧人的饮食。日本茶的做法、饮茶的程式、茶具等都源自中国和日本禅宗，茶室中经常看到的挂轴"吃茶去"，就出自中国唐代著名赵州禅师。当你端起茶杯喝茶的时候，实际上已经在实际体验禅的文化，只是大多数人是"日用而不知"而已！

源自印度的"禅"原本与坐禅修行联系在一起，与瑜伽一样，首先是一种身体行为。但中国禅宗的"禅"并不必然与身体的坐禅联系在一起，而是讲究"心"的修炼。六祖慧能的《坛经》云"心平何劳持戒，行直何用修禅"。也就是说，身体的修炼是次要的，重要的是"心"修炼，即通过心性的磨炼，达成世界观、人生观、价值观的转换。

在中国宋代禅宗中，这种"心"的修炼需要通过参"公案"、参"话头"实现，而在日本，虽然也有从中国传入的临济宗"公案禅"、曹洞宗"默照禅"、黄檗宗"念佛禅"，但如上所述，大多数的禅宗寺院流行的是"密参禅"。"密参禅"实际上是徒留"参禅"之名，而无"参禅"之实。

中国古代禅林，经常用唐代长庆慧棱（854—932）20年坐破7个蒲团和赵州禅师（778—897）80岁时犹云游天下的例子，来说明参禅开悟之不易。而日本禅僧已经没有中国古代禅僧那种为了开悟而生死以之的精神。"禅"变成一种形式化、程式化的东西。

从消极的方面说，相对于印度"禅"和中国"禅"，日本"禅"失去了宗教的神圣感和庄严感，但从积极的方面说，"禅"在日本变得更加日常化和生活化。它不再是专业宗教人士的特权，而是普罗大众都能体验的一种生活方式和精神境界。

这种自然、洒脱、无滞、无碍的精神境界，可以表现通过参禅打坐而达到，也可以通过挑水劈柴、洒扫作务等日常生活而达到；这种境界既可以表现在诗文、书法、绘画、建筑、园艺、音乐等高级文化活动中，也可以表现在茶道、花道、香道、精进料理等程式化的活动中。在日本"禅"的理念中，人的举手投足、扬眉瞬目都可以是一种"心"的修炼。如果能够以老僧入定之心去磨炼自己的"心"，久久为功，最终都能通向开悟的目标。可以说，"禅"在日本完成了生活化、简易化、形式化的改造和转换。

日本著名禅宗研究专家久松真一（1889—1980）在总结日本禅在诸种文化形态中的特色时，认为贯穿其间的共同特征是非均衡、简单、朴素、枯槁、自然、幽玄、脱俗、静寂。以下，我们以日本的庭院设计、茶道、精进料理为例，谈谈"禅"对日本文化的渗透和影响。

"枯山水"与梦窗疏石

谈起庭园，人们可能想到的是芳草茵茵、四季花开、曲径通幽、鸟啼蝉鸣的江南园林景色，但走到日本禅宗的寺院，我们会发现偌大的院落里铺着细白的砂石，上面耙出波纹状的起伏，在细沙的角落或中央点缀着几块石头。这就是所谓"枯山水"。对看惯中国江南园林的中国游客来说，这样的景色未免单调。但静下心来仔细观赏之后，心中会生出一种静谧、辽阔、充实之感。那么，这种寺院景观是如何出现的呢？

在中国，禅宗寺院多建于险峻的山峰或风景胜地，这是禅宗受到老庄隐逸

思想影响的结果。到宋代，禅宗寺院具有了与士大夫进行社交的场所的性质，寺院的庭园景观更受到重视。在日本，随着中国僧人指导修筑而成的建长寺等真正禅宗寺院的出现，禅意庭园的理念也传到了日本。当时富有艺术修养的禅僧直接参与庭园的建造，其中最著名的是梦窗疏石（梦窗国师，1275—1351），他留下了永保寺庭院（岐阜县，1313年）、西芳寺庭院（京都，1339年）、天龙寺庭院（京都，1340年）等杰作。

梦窗疏石9岁出家，18岁在东大寺受戒。先学天台，后转学禅，先后在建长寺、建仁寺、圆觉寺等禅宗寺院修行。其间，曾在一山一宁（1247—1317）担任住持的建长寺担任首座。1303年以后，师事镰仓万寿寺的高峰显日（1241—1316），并嗣其法。1325年，后醍醐天皇敕命其担任南禅寺住持，后亦住圆觉寺等。"建武新政"之际，他再住南禅寺，被授予国师号。天皇去世后，得足利尊氏、直义兄弟的皈依。

他门下有春屋妙葩、义堂周信、绝海中津等众多弟子，这些弟子后来都成为五山派寺院的中坚力量。因为受到历代天皇的尊崇，故有"七朝帝师"之称。

在佛教弘法事业方面，梦窗国师将临济宗传播到日本全土；在文化事业方面，作为北条家和足利家的政治顾问，他构建了影响深远的"武士道"的思想根干。而让他获得不朽名声的，则是他留下的众多庭园杰作。

梦窗疏石的庭园艺术的特色可以概括为：

第一，追求与大自然的一体感。梦窗疏石年轻时曾在富士山麓和太平洋沿岸参禅，富士山的雄浑壮阔和太平洋的浩瀚辽阔深深感染了梦窗的心灵世界，形塑了梦窗的审美观和艺术观。对山水世界的痴迷，让他在造园过程中极力追求对大自然山水的再现。但在庭园的方寸之地，不可能将自然的山水原原本本搬过来，只能用象征的手法，艺术地加以再现。如引水建成人工瀑布、水中放置石块象征小岛等。由于比例精准，各部分之间和谐统一，所以，虽然是人工景观，但给人以浑然天成之感。

第二，吸收禅宗文化要素。由于庭园位于禅宗寺院，设计出自禅师之手，所以这些庭园的整体风格透露出浓郁的禅风禅韵。若身临其境，自然能够体会到简单、朴素、自然、幽玄、脱俗、静寂、枯槁等风格。而且，一水一石往往都与禅宗的故事或传说相联系，演义着"禅"的精神理念。如西芳寺的无缝塔、琉璃殿、湘南亭、潭北亭、黄金池、合同船等，都源自《碧岩录》所载"忠国师无缝塔"公案；坐禅石则与梦窗最推崇的中国宋代禅师"亮座主"（马祖道一弟子）有关；坐禅石旁边的泉"龙渊水"则源自法眼禅师答慧超的"三级浪高鱼化龙"的典故。

这些自然山水因为具有了"禅"的内涵和象征性，即使在外形上没有任何特异之处，也能激发观赏者无穷的想象空间。当然，禅宗讲究"心心相印"，要理解造园者的禅意，也需要观赏者具有一颗"禅心"。梦窗在《梦中问答集》中将庭园的观赏者分为三类人：单纯炫目于外观的"俗人"，懂得吟风赏月的"雅人"，借景而悟道的"道人"。在这个意义上，山水无得失，得失在人心。

南北朝时期著名的禅师梦窗疏石所创的池泉园，寺内庭园借龟山和岚山之景，将贵族文化的优雅和禅宗的玄妙融为一体，是日本国家特别历史遗迹。

第三，丰富的中国和日本文化意象。除了禅宗的意涵，在梦窗的庭园艺术中还能见到中国文化和日本文化的丰富意象。如永保寺的有名的坐禅石坐落在"五老峰"的正中，而"五老峰"的名字源自中国的庐山，而坐禅石恰如庐山锦绣谷的"天桥"。

梦窗虽然没有到过中国，但对中国的山水名胜耳熟能详，并从中汲取灵感，植入庭园艺术中。又如，在西芳寺的龙门瀑中，梦窗使用了日本古墓的石头。在日本的怨灵信仰中，古墓的石头被认为附着了怨灵，是不吉之物。但梦窗敢于化腐朽为神奇，将古墓之石化用于庭园之中，增添古朴之感。

由梦窗疏石的例子，我们可以看出，日本禅意庭园艺术的发达，除了禅宗思想本身追求意境、追求空灵的特质之外，关键是日本有一批像梦窗疏石一样钟情于中国传统文化、具有高度文化素养的日本禅僧。

在日本历史上，与梦窗疏石所建的庭院齐名的，还有宗亘所建的枯山水风格的大德寺大仙院书院庭院（1509年），以及作者未详的龙安寺石庭（16世纪）等。特别是龙安寺石庭，在平坦的白砂铺设的地面有规则地配置了15个庭石。其建设理念的象征性和抽象性在世界上赢得了高度评价。

深秋时节，日本京都龙安寺方丈庭院枯山水（图片来源：视觉中国）

四 从"茶禅一味"看禅的生活化

"吃茶去"与茶的禅意化

根据唐代茶圣陆羽的《茶经》记载，僧人饮茶最早可以追溯到晋代。东晋永和二年，僧人单道开在河北昭德寺坐禅修行时，饮茶提神，是为茶与禅结合之始。茶可爽神悦志，有助静思修道，与禅修相结合可以说有其必然性。在唐代中国禅寺中，僧人几乎无日不茶，饮茶成为僧人日常生活中不可或缺的一部分。

而将茶与"禅"联系在一起，让人将"茶"禅意化的，是唐代著名的赵州禅师。有僧人前来问"禅"，赵州禅师撇开话题，似乎不经意地问："你曾来过这里吗？"僧人答："来过。"赵州禅师云："吃茶去！"后来又有僧人问"禅"，赵州禅师又问："你曾来过这里吗？"答："没来过。"赵州禅师亦云："吃茶去！"赵州禅师旁边的院主不解地问："为什么曾到和不曾到这里的人，您都让人吃茶去呢？"赵州招呼院主，院主应诺。赵州禅师又云："吃茶去！"

赵州禅师
法名从谂，俗姓郝，唐代曹州郝乡（今山东曹县一带）人。赵州和尚最著名的公案是"吃茶去"。

这就是禅宗史上著名的"吃茶去"的公案。这个公案实际上是借"吃茶去"而打破僧人在日常思维的路数中追求"禅"的误区，让僧人反观自心，明心见性。也就是说，赵州禅师的本意是借"茶"打岔，引开僧人的思路，并不是说"茶"就是"禅"。

唐代禅的特征就是将修行与

生活打成一片，不仅参禅打坐是修行，而且一切日常生活无不是修行。既然饮茶在寺院生活中占有重要地位，饮茶被赋予修行的意义也就是题中应有之意。宋代临济宗禅师圆悟克勤就提出了"茶禅一味"的主张，即主张茶就是"禅"，茶就是"道"。实际上，如果将"平常心是道"的禅理发挥到

日本茶圣千利休

极致，则不仅可以说"茶禅一味"，而且也可以说"饭禅一味""书禅一味""画禅一味"。而"茶禅一味"之所以被人们津津乐道，源于它催生了日本的茶道。

据说，圆悟克勤书写的"茶禅一味"的书法真迹辗转传到了日本大德寺住持一休宗纯禅师（1393—1481）手中，一休又将此墨宝授予弟子奈良称名寺僧村田珠光（1423—1502），村田珠光依据这一精神创立了日本禅道。后来，经由武野绍鸥（1502—1555）的改造，在千利休（1522—1591）那里完成体系化。

日本战国时代安土桃山时代著名的茶道宗师，时人把他与今井宗久、津田宗及合称为"天下三宗匠"。

日本茶道，分为"技""艺""道"三个层面。"技"的层面包括具有关于茶、茶具、茶礼的知识和通晓品茶、点茶、敬茶的技术和礼仪等；"艺"则是通过长期的禅道实践而获得的艺术品位和审美情趣，在茶道中喝茶只是道具，参加茶道活动主要在于学会欣赏茶室的内外环境之美、茶具之美、茶室挂轴之美，在审美活动中变化自己的气质，涵养自己的性情。

千利休所概括的"和敬清寂"实际上就是这种审美意识和生命哲学。"道"则是"禅"的境界。也就是心理学所说的高峰体验。这种体验只有真正大彻大悟、勘破生死之后才能获得。《珠光茶汤密传书》中，有"此道第一恶者，我慢、我执也"，认为自我中心主义是修茶道的最大障碍。村田还提出人最难的是控制自己的心，做自己"心"的主人，这显然不是讲饮茶之道，而是讲参禅之道。

由中国禅宗的"茶禅一味"演化出来的日本茶道发展到后来门流众多，理

念各异。但追溯其早期的思想，似乎可以概括为几个特征：它是平民化的而非贵族化的，它将主要面向天皇和上层武士的茶礼转换为面向一般民众的精神修炼活动；它是群体性的而非个体性的，它讲求自己和他人在互动交涉中获得一种一体感、归属感；它是修行导向的而非娱乐导向的，它追求的最终目标是开悟而非消遣。

在当今物欲主义、享乐主义的时代，走进茶道教室，将自己的身心放慢，通过茶味而感受一下禅味，对现代人来说不失为一种难得的精神享受。

僧人素食与精进料理

与日本茶道一样深受日本禅宗影响的是日本的"精进料理"。"精进"是佛教术语，属于原始佛教的"八正道"之一，也是大乘佛教"六波罗蜜"之一，指制心于一处，努力修行，以求觉悟。因为修行僧人严守戒律，不追求美食，不食荤腥，所以日本把素食称为"精进料理"。

"精进料理"的名称最早出现于17世纪出版的《和汉精进料理抄》，本书不仅第一次提出"精进料理"的说法，而且将其分为"唐精进料理"和"和精进料理"，即"中式精进料理"和"日式精进料理"。但无论是哪一种"精进料理"，其源头都是寺院，特别是禅宗的寺院。一般认为，"日式精进料理"的重要源头之一是日本曹洞宗永平寺僧人的素食。

如上所述，道元在宋朝参学时，就是因为遇到宁波天童寺的"典座"才决定到天童寺修行。典座所说的食堂即道场、做饭即修行的话，给道元留下深刻的印象。在回到日本、建立永平寺之后，道元制定了《永平清规》，以规范僧人的生活，其中很重要的内容就是"赴粥饭法"和"典座教训"。前者是关于僧人就餐之际的种种仪轨，后者是僧人做饭之际的种种仪轨。无论是就餐还是做饭，都不是简单的日常行为而是一种修行，僧人要时刻想着"法是食，食是法"（《维摩诘经》语），也就是佛法与饮食是一体的，所以要以恭敬心做饭、以恭敬心就餐。

僧人的料理，有两个基本特征：一是对食材的严格选择。肉、鱼、蛋、乳制品和葱、姜蒜等刺激性食材严格禁用，而多用蔬菜类、芋类、豆类、竹笋类、海带类、谷物等。二是强调饮食即修行，强调无论做饭还是就餐，都要有"喜心、老心、大心"。"喜心"，就是欢喜心，将做饭和就餐视为令人欢喜的事情；"老心"，就是舍己为他的服务精神和奉献精神；"大心"，就是在工作中保持冷静和细心。

禅宗在日本流行之前的平安时代，日本料理的食材以鱼和鸡肉为主，味道寡淡。而到镰仓时代禅宗料理出现之后，虽然食材以蔬菜类为主，但由于用了味噌等调味料，味道变重，适应了从事军

精进料理的基本原则是避免荤腥，以谷物和蔬菜为主要食材（图片来源：视觉中国）

事活动的武士阶层和从事重体力劳动的农民阶层对盐分的需求。而禅宗料理重视五味（甜、酸、苦、辣、咸）、五法（生、煮、烧、炸、蒸）、五色［红（豆）、白（米）、黄（菜）、绿（果）、黑（海带）］协调的制作方法，也对日本料理产生了革命性影响。

特别是永平寺的精进料理对室町时代和江户时代前期的"本膳料理"影响巨大。现在作为日本料理豪华版的"怀石料理"（有时称"会席料理"）虽然用料讲究、食器精美、味道上乘、服务到位，但最初也是由"精进料理"演化而来。

明治维新之后，随着"西洋料理"被引入日本，日本人开始思考与"中华料理"和"西洋料理"不同的"日本料理"为何物的问题。最终，日本人确认源自禅宗寺院的"精进料理"可以作为"日本料理"的代表。日本近代学者内藤湖南曾云，中国文化之于日本文化，如制作豆腐的卤水，没有卤水的点化作用，豆腐是做不成的。

"日本料理"如果没有从中国禅宗寺院传入的"精进料理"也就不成其为

日本料理。当然，后来的"日本料理"在食材上加入了鱼、肉等，在制作和食用方面也消除了佛教的仪轨。但在日本用餐者对食物的恭敬、对制作者的感激、对仪式感的重视等方面，还是能感到"精进料理"的禅风遗韵。

五　禅的现代化阐释

日本禅与现代文明的思想张力

明治维新之后，日本大规模引进欧美的文明，走上了近代化的道路。在国家意识形态上，伴随天皇崇拜的兴起，神道教的地位超过佛教，"废佛毁释"风潮给佛教界带来深重的危机感。禅宗所代表的精神主义和神秘主义也面临欧美的物质主义和理性主义的冲击。

在第二次世界大战之后，欧美文化如潮水涌入。日本在完成政治民主化和经济自由化的同时，在思想上也需要对包括禅宗在内的古老文化传统进行反思和重建。日本禅能否与西方文明为代表的现代文明相融合，成为20世纪以来日本禅学界一直思考的问题。在对这一问题进行严肃思考的禅宗学者中，铃木大拙和柳田圣山是具有国际影响也具有代表性的两位。有意思的是，他们两位都与中国现代著名学者胡适有交集，并且在关于如何看待禅宗的历史、如何评价禅宗的精神价值问题上发生了激烈的交锋。

透过这种思想交锋，我们可以清楚地看到古老的"禅"与现代文明之间的思想张力，也可以看到"禅"融入现代文明，在当代社会获得新生的愿景。

铃木大拙与胡适的学术交锋

胡适是20世纪初中国新文化运动的健将、著名学者，也是长期担任驻美国大使的外交家。胡适早年留学美国，是著名学者杜威的学生。作为学者的胡适在白话文文学、中国哲学史、禅宗史等领域皆有开拓性贡献。1924年，胡适着手写作《中国禅学史》，在写到慧能时，对史料中的相关记载的真实性发生了怀疑，而写到神会时，这种怀疑就更甚，以致到了写不下去的地步。1926年，胡适到英国和法国的图书馆对敦煌文献进行调查时，发现了关于神会的文献。1930年出版了《神会和尚遗集》。

胡适的早期禅宗史的研究，在现代禅学研究史上占有重要地位。在胡适之前的禅宗史研究都是将禅宗的史料如各种灯录视为信史，并据此构筑中国禅宗的历史。但胡适引入欧美的实证主义的研究方法，用历史学、文献学的方法对禅宗的史料如《坛经》和《神会语录》等进行批判性研究，发现其中包含大量的虚构，并且这种虚构不是偶发的、一时的，而是有意为之、贯穿始终的。胡适认为如果以此为基础叙述禅宗史，不可能发现真实的历史。由于胡适开创了实证主义禅宗研究的新范式，所以日本当代禅宗研究专家小川隆认为胡适的禅宗史研究是现代禅学研究的开端。

铃木大拙（1870—1966），是当今西方知识界最具知名度的日本思想家。早年，父母双亡，家境贫困。在东京大学求学期间，由于母亲去世带来的精神打击，他一边求学，一边到镰仓的大觉寺跟从当时的禅僧释宗演参禅，这一早年的经历影响了他一生，终其一生，他学问的核心未曾离开"禅"。他力图站在传统和现代两个视角重新诠释"禅"的要义，并力图将"禅"的精神传播到全世界。

铃木大拙是最早一批睁开眼看世界的日本知识分子。1897年至1911年，他曾在美国从事杂志编辑和东方古典的英译工作。回到日本后，铃木先后在日本

铃木大拙，日本佛学学者，法号大拙，石川县金泽市人

学习院大学、大谷大学等院校教授英文等。1950年2月，已81岁高龄的铃木大拙应邀赴美，在美国大学讲授"日本文化与佛教"。是年9月，移居纽约，得到洛克菲勒财团的资助，在耶鲁大学、哈佛大学、康奈尔大学、普林斯顿大学、哥伦比亚大学、芝加哥大学等大学讲授佛教哲学。

在铃木大拙96年的生涯中，有25年是在美国度过的，在平生所出版的近百部著作中，有30余部是由英文撰写出版。他不仅通过自己的英文著作而且通过在英语世界的大量演讲活动，把西方世界比较陌生的"禅"传递给西方的知识界，极大地深化了西方人对东方的理解。直到现在，英文著作中的"禅"一词还习惯沿用铃木大拙从日文发音翻译的"Zen"一词。铃木大拙与美国著名心理学者弗洛姆合著的《禅与心理分析》，无论在东方还是在西方，都产生了很大影响，可以说是东西方文化深度交流的一大成果。

铃木大拙和胡适作为世界知名的学者有两个共同项：一是两人都精通英文，长期在美国学习和生活，对欧美的理性主义和科学主义有较深刻的认知；二是两人都对中国禅宗史有深入的研究。铃木大拙在1933年以《楞伽经的研究》获得博士学位，曾对《少室逸书》进行考订校释。而胡适则于1935年出版了《楞伽宗的研究》。他们关于禅宗史特别是早期禅宗史的学术兴趣有惊人的一致之处。正因如此，两人很早就相识，并多次在一起谈论禅宗的问题。

虽然两人都是禅宗研究的大家，但就禅宗研究的方法论而言，两人可以说大相径庭，南辕北辙。简而言之，铃木大拙主张"禅内说禅"，而胡适则主张进行"禅外说禅"。所谓"禅内说禅"，就是基于禅修经验，从"禅"本身的理路来解说禅；而"禅外说禅"则是撇开宗教体验，从文献学、历史学等角度研究"禅"。胡适站在禅宗之外而谈禅，所以他严格地从实证主义立场考察禅宗史上的历史人物和历史事件的真伪。

结果胡适发现禅宗史上的史料几乎都不可信，用胡适的话说，禅宗史的记载90%甚至95%的内容都是捏造、伪造、欺骗、粉饰、虚荣。而铃木大拙关于"禅"的研究，源自他自身关于"禅"的实际体验，所以，终其一生，他对待"禅"都采取"同情之默应"的态度。当然，他的研究中也有《楞伽经的研究》《少室逸书》的校定刊行等文献学研究的成果，但更多的是基于个人禅体验的著作，如自1927年陆续出版的英文著作《禅论文集》一至三卷，1943年出版的《禅的思想》等皆是此类著作。

由于研究立场和研究方法的不同，两人围绕"禅"的讨论必然是火花四溅。两人最早见面是在1933年的日本横滨。在谈话中，胡适认为在当时的中国最迫切的问题是科学的普及，而铃木大拙则强调将东洋思想传播到西方世界的重要意义。在铃木大拙看来，无论中国还是日本都不应该一味地追求西方的科技和物质文明，而应该首先把自己的传统文化学到手，特别是年轻一代。但胡适不同意铃木大拙的意见。胡适作为全盘西化的鼓吹者，认为中国的年轻一代最需要的是打破传统文化的束缚，从传统文化的桎梏中解脱出来。

两人第一次见面实际上就清晰地表达了彼此文化立场的根本差异，用现代的话说，一个是全盘西化论者，一个是传统文化本位主义者。这种基本立场的差异构成两者思想的底色，后来围绕"禅"的争论实际上是其基本立场的一种表征而已。这种差异当然与两者的教育背景、知识结构和个人经历有关，但又不能仅仅将其归于个性的差异和文化理念的不同。

实际上，铃木大拙所生活的时代，恰逢日本经过明治维新的"富国强兵"，迈入了"先进"国家行列的时代。但在物质文明取得巨大进步的同时却遭遇精神的迷茫，日本的知识分子痛感单纯的物质文化不能解决现代社会的种种困境，所以转而向传统文化寻找答案。而胡适所生活的中国正是苦苦思索如何完成工业化和民主化、从传统农业社会向工业化社会过渡的时代。胡适认为，要实现工业化和民主化首先需要进行国民意识的改造，必须对传统文化进行解体和重构。社会存在决定社会意识，当时中日两国在近代化进程中的不同境遇决定了两位学者不同的文化价值取向。

20年之后的1953年，铃木大拙和胡适皆在纽约市客居。当时的胡适在普林斯顿大学任中文藏书部馆长，而铃木大拙则在哥伦比亚大学讲授佛教与日本文化。作为老朋友，两人不止一次会面。大多数场合，两人都在名字叫"大上海"的中国餐厅见面，由胡适做东招待铃木大拙。在用餐之时，双方还心平气和，彬彬有礼，而在用餐结束开始学术讨论之际，双方就唇枪舌剑，互不相让。

据铃木大拙晚年的秘书冈村美穗子的回忆，两人一开始都是用英文交谈，而争论起来，胡适往往忘乎所以，随手拿起餐巾纸，在上面写起禅的诗偈，餐巾纸用完，又拿起沾满饭喷的桌布写起来。铃木大拙也不遑多让，往往也用汉字作答。两人似乎进入一种只有当事人才能理解的奇妙的境地。在西方世界的一隅，两位东方学者时而用英语、时而用汉字进行关于"禅"的争论，确实让人觉得是一种不可思议的场景。

关于铃木大拙与胡适的争论，人们谈论最多的是1953年在夏威夷大学召开的"东西方哲学会议"上发表的两篇论文，即胡适的《中国的禅佛教——其历史和方法》，以及铃木大拙的反驳文章《禅——答胡适博士》。

一般认为，这场论争的实质是：胡适认为，如果没有关于禅的文献学研究，一切关于禅的抽象的、思辨的讨论都是没有任何学术价值的。在他看来，现代学术研究的价值建立在理性主义的学术规范之上，而"铃木大拙及其弟子最令人失望之处，就是把'禅'理解为非逻辑、非理性的，因而超出我们日常思维理解范围的体系"；而铃木大拙则认为，如果没有禅的体验，仅仅是关于禅宗史料的字句解释，那么这种研究实际上是与"禅"没有任何关系的学问。在他看来，"胡适关于'禅'的历史虽然有丰富的知识，但对于潜藏在历史现象背后、真正的'禅'却完全无知"。

胡适和铃木大拙各执一词，各是其所是，各非其所非，最终谁也没有说服谁。可以说，这场争论并没有一个结果，也不可能有结果。因为二人争论的问题与更为古老的学术与信仰、科学与宗教的问题联系在一起，是一个亘古亘新、永远难有答案的问题。

胡适和铃木大拙之间的学术争论并没有影响二人之间的友情。两人直到晚年都惺惺相惜，彼此对对方的学识和人品都有很高的评价。甚至还有人认为，由于两人相识已久，在早年就对彼此的学术立场心知肚明，晚年在公开场合所进行的学术争论不过是演给大家看的"一场戏"而已。因为两人在论文中除了对对方的研究结论及研究方法提出批评外，大多是阐释自己的观点，并没有真正意义上的学术交锋。

六 柳田圣山：如何看待禅宗史上的"虚构"

透过"虚构"重构真实历史

如果说铃木大拙与胡适的争论虽然影响很大，但"做戏"的成分居多的话，那么胡适与另一位日本学者柳田圣山之间的争论，则是不折不扣的正面交锋。柳田圣山是有日本临济宗背景的花园大学禅文化研究所教授，具有国际声望的禅宗史研究专家。其代表作《初期禅宗史书的研究》（1967年）是对《祖堂集》等禅宗初期传承历史的研究。他在这种研究中引入了实证主义的研究方法，而没有如铃木大拙那样热衷于禅思想的阐发。从这个意义上说，柳田圣山受到了胡适的影响，但柳田圣山并没有全盘照搬胡适的研究方法，而是有所批判和根本性改造。

柳田圣山与胡适在理论上的最大差异，是如何看待禅宗史上的"虚构"。胡适认为这种"虚构"就是说谎、欺骗，是需要加以彻底暴露和否定的东西。正如胡适自己所说，他研究禅宗史的目的就在于"耙粪"，即把禅宗史上的这些骗子一一暴露在阳光之下，让人们认识到禅宗史是一部骗人的历史。

而柳田圣山则从另一个角度看问题。他并不否认禅宗史的记述充满夸张、虚构和矫饰，不能把它们不加批判地拿来为我所用。但他不是由此就全盘否定这些史料的价值，恰恰相反，他认为在这些看似虚构的表象背后，我们可以看到真实的历史。也就是说，通过考察这些史料是在什么背景下虚构出来的、虚构的动机何在，我们就可以还原出禅宗在中国展开的真实情景。如禅宗的西天二十八祖说，显然是粗糙的虚构，完全经不起历史考证，但禅宗为什么要杜撰出这样的祖师传承系统？这就是一个严肃的历史学问题。实际上，禅宗是受到儒家的道统说的刺激，为了论证中国禅宗的正统性和合法性而虚构了从印度的释迦牟尼到达摩、慧可、僧璨、道信、弘忍、慧能这样的传承体系。

在粗糙的虚构背后存在着历史发展真实的逻辑。禅宗史的研究不是暴露"欺骗"，而是透过"虚构"重建真实的历史。也就是说，如果像胡适那样，仅仅指出哪些禅宗史料是虚构的还不够，还要揭示虚构出现的必然性。这就是禅宗史研究从"疑古"到"释古"的转换。

关于这一点，柳田圣山曾云："灯史类的著作，绝不是单纯记述历史事实，而是表达宗教信仰的传承。它们与其说是杜撰的，不如说是历史的、形成的。也就是说，关于禅宗传承的传说，如果一定要说是虚构，它也内在包含着被虚构出来的理由。因而，在这里，历史事实本身，就以传说的方式被记录下来。如果因为不是历史事实，就否定一切禅宗史上的传说，那么，只能说持这种立场者根本没资格阅读灯史。因为灯史本来就不是单纯地传达历史事实。如果我们将所谓虚构的记录一一加以考察分析，在这一过程中，我们就可以从历史的、社会的、宗教的角度探明虚构这些故事者的本质。这意味着我们可以从历史的角度发现与所谓的历史事实更高层次的历史真实。灯史的虚构性是灯史之为灯史的本质规定的，并不是一种单纯的讲述或表达上的偶尔为之的方便手段。"

柳田圣山的美国学生马克瑞（John Mcrae）对柳田圣山的理论做了新的发挥，提出禅宗的灯史等史料因为"虚构"而真实。这听起来逻辑不通，但结合社会史、思想史、文化史而考察禅宗史，确实可以揭示"虚构"背后

柳田圣山在斯坦福

的必然性、规律性，也就是说假的史料背后有真实的历史。

1961年，柳田圣山将反映自己研究方法论的论文《灯史的谱系》寄给胡适，胡适以回信的方式撰写了长篇论文《与柳田圣山论禅宗史的纲领》，对柳田圣山的相关研究做出了较高评价。但在信的开头部分，胡适也直言不讳地说，柳田圣山是一位佛教徒，而且是一位禅宗信徒，而他本人则是一位思想史的研究者，没有任何信仰。胡适认为，这种身份的不同，造成两人在对禅的理解方面有根本差异。可以说胡适一直到生命的最后，都未能从信仰的主观性与学术的客观性的二元对立思维中摆脱出来，未能真正理解柳田圣山所代表的新历史观的价值所在。

禅与日本当代生活

大家或许会关心，在现代日本寺院，还有人参禅吗？可以明确地说，在当今的日本曹洞宗的永平寺、总持寺，日本临济宗的建长寺、妙心寺，日本黄檗

宣讲禅修的日本僧侣（图片来源：视觉中国）

宗的万福寺，还有众多的僧人在遵循古老的传统，认真参禅。当然这些僧人是否开悟，那就是另外一个问题了。

妙心寺位于京都右京区花园内，不仅是日本最大的禅寺，更是临济宗妙心寺派大本山的寺院。

随着现代生活节奏的加快，参禅的简易化、快捷化也越来越严重。一方面，年轻僧人把寺院参禅更多的视为一种义务，一种必须修完的功课。很少有人还保持古代高僧那种求道的热情。另一方面，禅宗寺院面向社会的周末参禅会大受欢迎。许多上班族、家庭妇女、退休人员，在周末集聚到寺院，在禅师的指导下参禅、打坐，听禅师的开示，其效果往往出人意料。

当然，到寺院参禅、打坐的人毕竟是少数，大多数日本人会利用周末或闲暇时间参加茶道、花道活动，日本人内敛、隐忍、淡泊生死、追求生活品位的民族性格，与日本人长期接受禅和禅文化的熏陶不无关系。在日本的火车站，偶尔还能遇到头戴斗笠、手托巨钵，站在出口处化缘的禅宗僧人。在古代印度，化缘是僧人生活的主要来源，而在当今的日本，化缘早已不是生活来源，而是演变为一种修行方式。在嘈杂的闹市，一个人静静地站上一天，没有一定的定力是难以做到的。如果有机会到日本旅行，碰到这样的修行僧，希望大家能够不失机缘去布施，或者至少投去尊敬的一瞥，表达对禅和禅者的敬意。

第六章

美术：不歌颂永恒，只追求瞬间乍现

文 徐小虎

日本人审美特质的最基本概念就是无常，也就是人事万物会一直转变，美丽的境界都会消失，如同爱、人情、春天的樱花、你我的青春。他们不像中国人有一种永恒的秩序感，他们没有伟大的江山不朽的概念，他们也不为社稷、不为列祖列宗成立大业，这些都不是日本文化的主要因素。

一 吸收与创造：在变化与不变之间，永守自我

日本美术受到了很多外来因素的影响，特别是来自中国的影响——但它的表现完全是日本的，这是一个很奇怪的现象。

第一，日语属于阿尔泰语系（Altaic Language Group），不属于中国、东南亚或中东的语言系统。阿尔泰语系主要分布于芬兰、土耳其、哈萨克斯坦、蒙古国以及中国的西北和北部，一直到朝鲜半岛以及日本。阿尔泰语系中很多早期的语言都消失了，只有古籍中有一些记载。

日本与其他民族的不同，在于它一直有一种对"神"的理解和信仰。他们喜欢干净和安静的物象，比如看到漂亮的鹅卵石，或是粗壮的大树，他们就会站在那里，沉浸其中，感受自我完全消失，从而"听到"神的声音。

日本的神话中当然有他们的创造者——伊邪那岐命（Izanagi—no—mikoto，又称伊弉冉尊，日本神话中的父神），Mikoto（命或尊，是神的意思）。他们最敬拜的是太阳神，也叫"日照之大御神"（Amaterasu no Ômikami，天照大神，日本神话的太阳神，也是最核心的神），"Ama"是"天"的意思，即"日照、大天"；"terasu"是"光照"的意思，尼泊尔文中读作"teiju"，可以看出这些阿尔泰系列语言之中的连接。

月亮也是"月神"（Tsukuyomi no Mikoto，月读の尊），是日本神话的一月神。虽然在日文名字中有很多字形是从汉字借来的，但是读音很多都是没有关系的。

后来佛教从中国、通过朝鲜就传到了日本，日本人看到了中国的佛教寺庙，也很快仿照着给他们自己的神建造了寺庙，这就是"日照之大御神"的神社，

被日本皇家和日本民族认为是最重要的核心寺庙，每隔20年要重建，完全依着原来的样子和建设模式盖出宫殿。这个神社叫作伊势神宫（Ise Jingu），在日本三重县。

神社包括内宫和外宫两个宫区，内宫是"日照之大御神"的宫殿，外宫是"丰收之大御神"的宫殿。其中这两个宫相距6000米，都在很深的森林深处，所以真是很像到他们的天堂那儿去了，完全跟大自然在一起。内宫的外围设置了5个围道，比较密一点，外宫只有4个围道，内宫后面还有两个小建筑物，前面还有一个横的围城。

每隔20年，日本人就会将两个宫完全重新营造，这个仪式和工程已经持续了1300多年。最近一次重建是在2013年，下一次就应该在2033年。

从神社前面看，经过楼梯就可以进到正宫里，木柱都是用新砍的树建造的。每隔20年的重建是从7世纪开始的，也就是相当于中国隋朝的时候。重建后就将从前的中心处留一个小位置，叫作"心柱"，也就是"心的柱子"。日本人认

日本伊势神宫外宫外墙（图片来源：视觉中国）

为，他们民族心灵的故乡就是伊势神宫，也是第一大神道教神社。透过重建仪式人们的心灵直接回到千年前的纯洁心态和来自心底的崇敬。

另外一个很有名的神社在广岛（Hiroshima）的西边，是严岛神舍的鸟居（Itsukushima Jinja no Tori—i）。"严"就是"Itsuku"，"岛"就是"jima、shima"，"鸟居"就是"Tori—i"，也是日本一种重要的门型。

这个鸟居建在水里，透过这个鸟居的"门槛"由水路过去，到了岸上，就可以看到神社。

神道教喜欢纯白的服装，因为最神圣、与神最接近的颜色就是纯白。神道祭祀中，信者都会断食，基本上很多人每个月都会断食一个礼拜，目的是把肠子清洗干净。他们特别害怕污垢，不怕洗冷水澡，为了洁净，甚至会到瀑布里去洗澡。

二 情绪与感官：用间接的方法表现直接的感情

日本人的审美特质

日本人审美特质的最基本概念就是无常，也就是人事万物会一直转变，美丽的境界都会消失，如同爱、人情、春天的樱花、你我的青春。他们不像中国人有一种永恒的秩序感，他们没有伟大的江山不朽的概念，他们也不为社稷、不为列祖列宗成立大业，这些都不是日本文化的主要因素。

其他基本的概念还有物哀mono—no—aware，意思是一切喜怒哀乐，有感于

京都青莲寺区体现了日本的侘寂美学（摄影：黄宇）

心而发之声，就是表达出各种心底的感觉。

另外一种就是佗wabi，指一种很枯淡、简单、朴素的美学和审美感。

再就是寂sabi，指荒的、发锈的、不整齐、比较野生的，和一种古雅的趣味。

还有就是幽玄yūgen，也就是一种深远的感觉，特别指精神上、形而上的东西。

日本人也很喜欢谈论他们的"心"kokoro，中国人是不大谈的，我们讲的更多是国家、江山、社稷等。日本要把心情表达出来，同时又要把它短化、简化，留着一部分不说。他们写诗，常常用五音节和七音节。日文一个字可能有两三个音节，而汉字每个字只有一个音节。比如有一首俳句（haiku），松尾芭蕉的作品《古池》，在此试着翻译它的中文版：

（五音节）ふるいけや	Furu ike ya	一个古潭呀
（七音节）かはず飛び込む	Kawazu tobikomu	青蛙突然跳进去
（五音节）水のおと	Mizu no oto	水（吓到）之音

现在谈的就是从大唐时代到清朝，也就是从日本的奈良时代到德川时代的几种主要审美感。

光源氏　第十五卷　蓬生　东京德川黎明会　纸本着色　12世纪前半（原版）

《源氏物语》插图手卷

再来看看《源氏物语》的作者紫式部（Murasaki Shikibu）。中国古代有极少女性成为皇帝，也有少数女性做官员。紫式部就是日本宫廷里的女官。她从小就读中文，但是这个技能却并不能展现出来，而是需要隐藏起来。因为当时中文是男性的学问，而不是女性的。在那个时候，日本就开始由汉字而形成假名

光源氏　第十五卷　蓬生　东京德川黎明会　纸本着色　12世纪前半（复原版）

光源氏　秋　第十六卷　关屋　东京德川黎明会　纸本着色　12世纪前半（复原版）

kana文字，把日本的50个音调用中文的字部表达出来。平假名hiragana是从草书里提炼出来的，片假名katakana是从楷书里提炼出来的。

《源氏物语》可能是世界上最早的插图式的浪漫叙事长手卷，它的插图形式就来自于中国佛教经卷艺术。

第180页上图是《源氏物语》插图第十五卷。主人公光源氏（Hikaru Genji，即源氏）去找他旧时的爱人。已有很多年没去看她了，她已经嫁作人妇。可以

光源氏　秋　第十六卷　关屋　东京德川黎明会　纸本着色　12世纪前半（原版）

《源氏物语》第三十六卷之二　柏木（一二）　东京德川黎明会　纸本着色　12世纪前（原版）

看到光源氏在画面左侧，仆人帮他撑着雨伞，还有人帮他提着灯。因为画面太古旧，已经看不出来具体的人物。

画面右边，可以看到房子窗户里有个女人在看向光源氏的方向。这个用人也许边看边想：是谁这么晚了还到我们荒凉、可怜的老主人家里来？

德川博物馆馆长将他们馆里所收藏的画片利用化学方法测出了原本的颜色，然后重新复原了每幅作品。所以可以看到经由现代人复制后的，当时的作品的颜色。

德川美术馆也做了第十六卷插图的复原。这幅画上爱侣恋人的马车在人迹罕至的道路上相遇，彼此陷入是否屈服于相互承认的窘境。画面中光源氏从左边而来，他从前所爱的妇女从右边过来。他俩都知道就是彼此，但都在考虑要不要相认。

在这里，我们可以看到这种画法与敦煌壁画的画法一样，同一驾马车在几个地方及不同的时间出现，这种艺术形式来自类似敦煌的"经变"绘画。中国后来的绘画就没有继续这个形式了，我们剩下来的手卷特别少。《清明上河图》也没有同一个人出现在好几个时空的画法。但日本吸取了这种叙事技巧，画面上的色彩也来自中国佛教绘画，唐朝时候的日本遣唐使以及僧侣带来了这种新

光源氏　秋　第三十六卷之三　柏木（三）

的技法，日本画家就采用了这种浓郁的矿物的彩绘。

从《源氏物语》里就可以看到那种淡淡悲伤的"物哀"感。

第181页下图也是《源氏物语》里的一张，里面的光源氏穿着粉红色大袍，到他生了病的好朋友柏木（Kashiwagi）家里看他去了。柏木比他年轻20岁，他与光源氏年轻的夫人私通，导致她怀孕，不知道该如何处理。

可以看到这个房间是用屏风隔出来的空间，外面有侍女在等着待茶和更衣。光源氏与他的朋友用诗而不是直接地说道："你不要难过，我的好朋友。（那些我都知道，无碍）请不要难过，快快恢复健康。"

在中国人看来，画中的这个屏风表现得非常好。屏风有六曲的，也有十二曲的，都来自唐朝和宋朝。屏风上画的内容就是中国的绘画，只是他们将它做得稍微矮小了一点。可是我们从中可以看到，屏风中的山水可以跨过两曲画过来，六曲合在一起成为一张大景图面。

第182页这幅插图表现的是，光源氏年轻的夫人把孩子生了出来，光源氏就抱着孩子，心里清楚这是柏木的，但还是把他认作是自己的，这么地爱着，抱着。画面到处都是用很斜的角度描绘，因为大家都为了这个尴尬的情况难过，后悔，恐惧，但没有一个人说一句话。

注：日本屋子不着地，都是靠着柱子和台版撑起来的。绘图常把屋顶拿掉，从比较高的角度窥看到室内的一切。情绪紧张时，把地面从一边翘起来，表达心里不稳定的情绪。

这张画中特别体现了物哀（mono—no—aware）之感。光源氏抱着这个孩子，感觉他看得出来这就是柏木的脸，不是自己的脸。但他仍对着孩子说："我要把你当作我自己的儿子来爱护。"

我们可以看到光源氏的脸，用很细的笔描绘，眼睛非常细，但是很清楚。从他的表情就可以感觉到他的爱和他的伤心与

源氏脸部细节

慈悲。他怀中的孩子在很平安、很安稳地睡着。

这里画手都不太专业，也许我们看了日本画会说："画得根本不像。"但其实在此想表达的不是像不像，而是感情。透过颜色、透过角度，来表达人物的感情。

在画中，孩子睡得多么舒服。这个线条不是很完美，但描绘出的脸庞可以很清晰地表达这个孩子睡得很熟，不像是一个婚外子。同样的，这位爸爸在这里也有一种很安静的喜乐和悲伤。他看着这个孩子那么可爱，可是也知道不是自己的孩子。

下图这幅绘卷表现的是，画面正中的光源氏对着左边的皇帝顶礼，皇帝也还以鞠躬。皇帝用诗说道："我知道您不只是我的大臣，还是我真的父亲。我的父皇不是我的父亲，您才是我实在的父亲。"光源氏就低着头说："今天月亮出来了，我几个朋友来找我，要出去看月亮。可是陛下也在叫我，因此臣来此恭听陛下的吩咐。"

右边可以看见吹笛子的人，他们穿的衣服来自中国，是秦汉式样的衣服，但是又与之不同，后面有一个长里。同时，他们绘画的常用方法是把屋顶拿掉，俯视的视角，从上面看房间里面的人，也能看到地板下面，草皮上的柱子。这种画法在中国不会有，因为这个画法不"正"，儒家讲究"方""正"。

《源氏物语》绘卷

三　书写与表现：精致与诗意的艺术

不同的阶级喜欢不同的艺术，经济越发展，艺术的传播和欣赏范围就越广泛，就越深入下层阶级。日本民族一直有着极深的审美观，这或许与他们的神道传统有关。

现在讲讲日本的书道。日本用平假名hiragana写书法，呈现着非常精彩的表现。在此谈谈12世纪早期的《三十六人歌集》（Sanjū—rokunin—kashū）和12世纪晚期《源氏物语》长卷里的书法。由此，我们可以欣赏日本文化成就的最高潮。

这个最高潮是什么？就是他们写歌、写诗时所用的平假名书道。日本人也把平假名书道认为是女性撰写的工具，因为不像汉字那么方方正正的，较为难读难写。因为汉字是日本8世纪后，官方为了记录历史、宪法这些内容而使用的，是男性书写公文用的字体。他们花了很长时间，才成功地把完全没有关系的汉字写法日本化，把汉字的首部以楷书和草书的模式用来创造他们的katakana和hiragana拼音系统，当成音调来使用，创造出了两种一直用到今天的假名注音。

日本写诗也不是正正方方的，不讲究对称。并且因为"无常"的审美特质，他们的诗歌常常会有五、七、五的音节模式。而且诗歌的行头也不一定会顶着纸张的最上边从同一个高度起行，有时候会到上面，有时候却从半行开始书写。中国人相对含蓄，不喜欢如此直接地表达内在的感情；而日本人喜欢用这视觉性的方式的方法来表达心情。

第186页上图这段书道是描写柏木知道他使他朋友光源氏的年轻夫人怀孕了，愧疚而生病。另外，嫁给光源氏的那位年轻的公主也在生病了，要死要活，还要做尼姑。

第186页下图这幅用的是升色纸（Masu Shikishi），就是两块不同高度、不

《源氏物语》第三十六卷之三　柏木（三）词

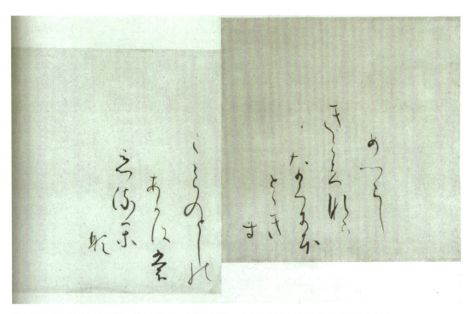

升色纸　传小野の道风笔　纸本墨书　13.3厘米×26.5厘米　现藏东京五岛美术馆

对称的纸张。可以看见，一连串的平假名写出词语，字的线条呈现出一种像潮起潮落的美感。

　　楷书当然必须有提顿的美，但这幅草书里也有这种美感。这些字有种可爱的感觉，好像在动，笔顿下去就"胖"一点，提上来就"瘦"一点——这种很精致、很奥妙的提顿，使我们可以感觉到一种感情的倾注。

　　《三十六人歌集》是一本诗集，是平安时代所选奈良中期以来有代表性的诗人的总称。诗歌集用了很精致的装饰方法做出来的很厚纸张。纸张上

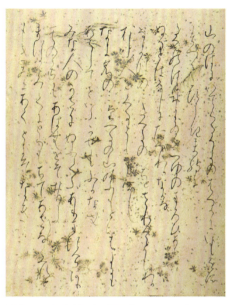

传藤原の行成笔　纸本墨书　19.9厘米×15.7厘米　现藏京都阳明文库

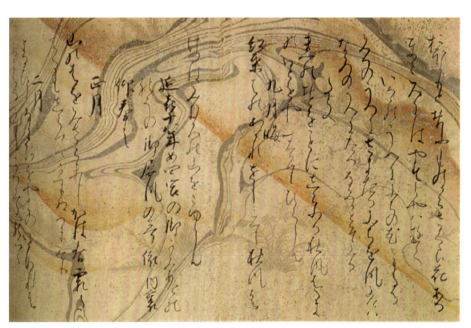

三十六人歌集（局部）　纸本墨书　19.9厘米×15.7厘米　现藏京都西本愿寺

铺撒了碎金纸、银纸，再画上模仿唐朝装饰性的小草等，之后再用细细的笔墨书写。非常漂亮，很有女性温柔的情绪感。

这种装饰是全球性的，东西方的图书都有这种油动在水里的染法。这个底画就像一种我们后来做书里面的纸那样，用流水的方法来表达心里情绪的美。其实它上头也贴了很多切得很小的金纸、银纸等，也画了小的草丛。

来看看他的这幅书法作品，在一开始都是大大方方的。平假名书道在日本是完全有表达性的，是活的。它不难看，非常有活力，好像活生生地在那跟我

三十六人歌集（局部）纸本墨书 19.9厘米×15.7厘米 现藏京都西本愿寺

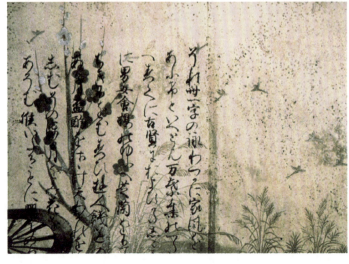

三十六人歌集（局部）纸本墨书 19.9厘米×15.7厘米 现藏京都西本愿寺

们用声音高高低低说话。

《三十六人歌集》集合了36位从早期到平安时代诗人的诗作如和歌（waka），由当时20位有名的书法家书写出来，每人写出几首他们最爱的古诗或当代诗，成为合集献给他们当时的皇帝做生日礼物。

那时是12世纪早期，也就是我们北宋末年。日本的藤原贵族文化是特别具有女性气质的、诗意的。我们可以看看这些纸张，由多张纸拼合在一起。这些纸有些是直接用手撕的，让

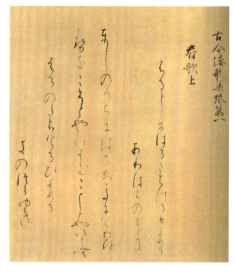

古今和歌集　高野切　纸本墨书　27.3厘米×40.7厘米　现藏东京五岛美术馆

它露出各种各样的边界形状。这种方式在古代中国是不能接受的，因为太不正式了。但在日本，它就是献给皇帝的"生喷喷"的感情。

第188页下图这幅作品是另一种写法，写得比较正式，比较中国化。其中汉字比较多，还绘有梅花。左下角的轮子就代表了佛教中的无常，也就是轮回。

当时日本的贵族并不喜欢昂贵的东西，不喜欢金的、闪耀的东西。他们喜欢的一支芦苇，一种平常、多见的草，一种很普通的鸟，都是那么美。他们欣赏的是活的生命本身，不是昂贵罕见的。

上图《古今和歌集·春歌上》的书道是非常自由的，让感情流露出来。日本人在感情上不含蓄，但也不会直接地说"我爱你，你不爱我"，而会借用其他间接的形式来表达比较亲密的感情。

四 世俗与享乐：在"浮世"中享受人生

此节谈谈16世纪至18世纪两个都市化时期——战国时代（Sengoku Jidai, 1467—1600/ 1615）和元禄时代（Genroku Jidai, 1688—1704），都是将近江户时代（Edo Jidai, 1603—1868年）即德川幕府统治整个国家的时期。

当时的社会繁荣，人们喜欢表现这样的题材。清朝也有这样的画，可是我们不这么描绘。我们在《清明上河图》中有一些类似的表现，但那是在12世纪早期的宋朝。

日本的这些作品大多数是屏风，表现国泰民安，都市里有名的寺庙、戏剧院等建筑。当时最著名的画家就是本阿弥光悦（1558—1637）和俵屋宗达（日本桃山末期至江户初期的画家，生卒年不详）。

繁华都市化的"浮世"

本阿弥光悦（Honami Kōetsu）

本阿弥光悦是日本后时代最伟大的艺术家。他的专长是磨剑，以及赏剑，但不造剑。他的书法学自平安时代历代的收藏，包括王羲之名下的传品——《丧乱帖》，是那种贵族传统下来的，写的是中国字。他在鹰峰（现位于京都）这个专用地区训练各类工匠。所以在日本比如茶碗、砚台、漆器、弓、剑、衣料等，都成为非常美的东西，都有很美的成就。

本阿弥光悦的"不二山"（Fujisan）茶碗

右侧上图这是本阿弥光悦最著名的茶碗"不二山"，低温烧制，然后放置在冷水里。它表现一种很自然的、没有机器化的状态。它的边缘完全是不平的，可是用它去喝茶的时候，会感到很舒服、很自然，在手里握着感

不二山

觉亲切贴身，甚至嘴唇会感到与茶碗上烧制的空洞和釉制都发生了反应。

右侧下图这个伟大的茶碗的形状来自元朝，日本附近海域发现了一艘沉船，其中的货物就是从元朝出口到日本的，其中的陶器就是这个样子。显然是特别为日本顾客定做的，因为后来中国国内反而没有这种陶器。

本阿弥光悦做的漆盒，是用来盛墨的，砚台在里面。他用贵重的金子来做整个砚台的外壳，看他的金盒子，盖子上面又用了一块很便宜的铅来做黑桥，上面还有他写的字。黑桥一直延伸到盒子底下。日本人的宇宙观是整体的、没有界限的，盒子的上下四周都是浪上与桥下的船，还有书道。

光悦这个传统跟平安时代一样。我们可以看到平安时代的漆盒，水在漂动，

本阿弥光悦做的漆盒（砚台）金（浪、船）上的黑桥用的是铅

其中的轮子象征着佛教中的轮回和无常。盒子的上、下、左、右也都是连起来的，可以说不分上下左右。在中国画里就会分得很清楚，因为在华夏的表现中，每个方向，每个分区，都得反映着它的政治性和权力性。

本阿弥光悦请了俵屋宗达（Tawaraya Sōtatsu）来衬托他的书道，用金粉和银粉来画出纸张的下绘shita—e，创造了四季花卉的伟大手卷。底下的银白色银粉时间长了氧化变黑了，金粉不会变化。在上面他写了当时的和歌，有的用假名，有的用汉字，也就是王羲之笔下《丧乱帖》传统的汉字在日本的光芒。

下图这幅作品上，自然地让字飘在或者是混在荷花和荷叶里的感觉非常美。本阿弥光悦不是贵族也不是皇族，而是天皇的用人，但天皇和贵族尊重他，因为他的成就卓越。他父亲已经非常有成就，从事刀剑鉴定。所以他从小就和皇家贵族有关系。

四季草花图（局部） 俵屋宗达下绘 本阿弥光悦书 纸本金银泥 光悦印伊年印（东京畠田山纪念馆）

浮世绘（Ukiyoe）与版画

上图表现的是平安时代游乐、画画的场面，虽然来自传统，可是它有很新的变化。我们可以看到细节放大了，好像变成近距离了。同样大小的纸，表情更激烈了。这是17世纪的日本人在回顾12世纪的生活场景。

游乐图（相应寺屏风）东京　德川黎明会　六曲一双　金地著色

在这个时代又有外国传进来的新文化，西班牙人和葡萄牙人都来到了日本。这件作品就是当时向西洋人学习了西洋画的一些技巧，但是还是做成一个六曲屏风。当时的人们很喜欢这种鲜艳颜色和近距离的表现，画人们在外面游玩，有山有水，吃饭、听乐曲或者赏东西。

下图是一件大屏风的一个局部，可以看出这位女孩儿有点难过。她在读书、看诗，就靠在她所坐的矮凳子上，这也可能是一个香炉。

第194页这幅美人图是画在绢上的，是日本江户时代版画家喜多川歌麿（1753—1806）所作。这就要讲到浮世绘的版画了。

比较早的就是日本江户时代浮世绘画家铃木春信（Suzuki Harunobu，1725—1770）。第195页左图这幅作品表现了一位妇女，把双手缩进了长袖里，在雪上走路的孤单性。

铃木春信也制作了黑色背景的版画（第195页右图），表现了男孩子在帮着女孩子摘花，还有和歌写在画面上方。

另外一种版画是给普通民众的版画。

这个时代就有歌舞伎（Kabuki）型喜

男女游乐图（局部）大阪细见家　六曲一双　金地着色

美人纳凉图　喜多川歌麿（Kitagawa Utamarō）　绢本着色　39.4厘米×65.4厘米

铃木春信版画

铃木春信版画

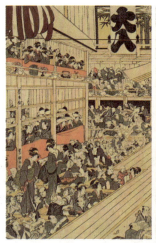

御相扑

剧，还有陪着客人消遣、非常有文化修养、需要9年的教育训练才能训练好的艺者（艺伎）。她们必须会吟诗，做出完美的茶道，写字、弹琴、弹三味线（日本传统弦乐器）、跳舞等，所以需要训练很久。艺伎不卖身，卖的是艺术技术和聪明有趣的谈话。

还有相扑（Sumō）。当时日本首都已经迁到了东京，东京吉原区有很多戏院，平常民众都可以进去看戏。从上图这幅作品可以看到，戏院非常拥挤，舞台在当中，大家在旁边吃饭、喝茶、聊天。演员在舞台中表演，旁边有三层楼的观众。这个是明治时代的剧场，比较新。剧院设计包括著名的花道（hana-michi），让演员从外面进来经过观众，呈现一种三维的欣赏角度。

演员表演戏剧，也会弹古筝，观众就在各个地方看，同时可以吃东西、喝茶等。这些版画价格很便宜，一般大众都可以买来当作摆设。

第197页下图这幅画是到了明治时代，表现明治天皇穿着他的西洋军服坐在上面正当中那里。这时歌舞伎传统已经有两三百年了。清朝的京戏（国剧）是中国戏剧中的最新的一种有声有色的戏剧，不像那种温柔、有诗意的元朝昆曲或者日本室町时代的"能"剧。18世纪、19世纪的这种歌舞伎节奏很快，像我们同时的京戏，有打鼓的、有翻跟头的，有很多动作，都比较热闹，比较强调杂剧类快动作、大声音，诗意就比较少了。

花道

歌舞伎

名歌舞伎伎员东洲斋写乐（Tōshūsai sharaku，活跃于1794—1795）作品

名歌舞伎伎员（东洲斋写乐）

另外一个版画种类就是春画（Shunga）。日本人不讲究"男女授受不亲"，认为性行为是很自然地制造生命。生命发生时是一个非常愉悦的时刻。

　　在公共场合洗澡时日本人很多是都不分男女的，在瀑布里或是在澡堂里。他们认为这是生活的一部分，为什么要藏躲？后来德川幕府坚持让大家学孟子，

名歌舞伎伎员 （东洲斋写乐绘）

才开始有了"授受不亲"的概念，特别是基督教进入了日本之后，他们会在澡堂的水池中间放置一条绳子，分隔男女。

　　日本人史前以来就崇拜生殖器，认为这是生命的来源。直到现在他们还会把画有生殖器的旗子拿出来，在路上游行，一点都没有不自然、要藏起来的感觉。

　　还有一位很有名的版画家，他善于画演员，作品像海报、广告一样。这个很"奇怪"的人就是东洲斋写乐（活跃于1794—1795）。他可能也是一名演员，他制造版画的时间很短，后来就不见了，但其作品特别受人们欣赏，被全世界人们收藏。第198页这两件作品中，他把这位演员的精神都表达了出来，手指头、嘴巴、眼睛的细节都非常生动。

神奈川冲浪里　葛饰北斋　横大判锦绘　纵26.4厘米×横38厘米

富岳三十六景·凯风快晴　葛饰北斋　横大判锦绘　25.9厘米×38厘米

近江八景·唐崎夜雨　安藤广重　横大判锦绘　25.2厘米×37.2厘米

当时这种作品是贴海报用的，然后就会消失。第198页左侧这件作品中的人看起来很着急，手的样子很紧张，嘴巴也变了形状，非常好玩。所以大家相信他自己可能就是一个演员，所以才能把这些他很熟悉的演员画得那么逼真。

他画女人也很有特色，细小的嘴巴和眼睛。画头发上面的刻线更是细致，在版画上每一条黑线都需要细细地刻出来的。

另一位大家都知道的画家葛饰北斋（Katsushika Hokusai，1760—1849）的作品比较有中国味道。比如这件他19世纪中期的作品中，他表现了富士山，以及山顶上正在融化的雪。

另一位很有名的版画家就是安藤广重（Andō Hiroshige，1797—1858）。在这幅作品中我们看到黑的线条表现的是下雨，刻画的黑线在板上印出来就会有颜色，印不到的地方就是白色。在木板上刻画雨景需要很深的功夫。

当时这种印有浮世绘作品的纸张很多是被拿来包装出口的东西用的。日本人出口漆器、瓷器，比如法国在日本订了大量的漆器，法国的艺术家看到这些包装纸觉得很不得了，受到了非常深刻的影响。所以我们可以说，浮世绘甚至影响了欧洲的印象派。

第七章 ☯

文学：日式叙述进入世界语境

文　许金龙

了解日本文学的由来，要先了解其前世，也就是古典文学，再讨论其今生，也就是现当代文学。本章具体讨论川端康成、大江健三郎等日本作家及其文学作品。

一 物语文学与物哀之美

　　众所周知，日本文学有着极为悠久的历史，早在远古时代就诞生了神话、传说、原始歌谣等口耳相传的口头文学，其后经由《古事记》《日本书纪》《日本灵异记》等历史和志怪作品传承下来，为其后的文学创作提供了可资借鉴的表现手法。在歌谣领域，从原始歌谣过渡到了《万叶集》等初期歌谣和短歌；在神话和传说领域，则产生了虚构小说形式的《竹取物语》，从而开创了物语文学的先河，及至平安王朝时代由女官紫式部创作的《源氏物语》，更是达到古典小说创作的巅峰。

　　服务于一条天皇的中宫璋子的这位女官曾表示："凡人总须以学问为本，再具备和魂而见用于世，便是强者。"紫式部口中的和魂自不必说，至于学问，则缘起于日本高僧空海大和尚由唐土带回的佛经所引发的抄写经文的活动，这位

开创物语文学先河的《竹取物语》

本居宣长61岁自画自赞像（现藏本居宣长纪念馆）

曾在西安青龙寺修行的大和尚为日本带去了以儒佛经典为核心的中国文化。

这些先进文化首先进入皇室，然后渐次下沉至王公大臣等贵族、文人骚客直至庶民百姓。自不待言，身处皇室为中宫服务的紫式部当然是第一批受益者，她立足于本土原始神道的基础上，对来自唐土的先进文化加以吸收、消化和融合，参考白居易《长恨歌》的诗文精神，创作出日本第一部长篇小说《源氏物语》，贯穿于该作品字里行间的"哀"和"物哀"（江户时代的国学大家本居宣长将之解释为真情流露）这种独特的审美情趣，更是滋润着大和民族，成为流淌于日本人精神底里的审美底蕴。

这里所说的物哀，日语的读音为物のあわれ，其中的"物"，为感知主体的审美对象，后面的"あわれ"，原本是感叹词，类似于古汉语中的"呜呼""啊"之语感，后来多用以指称"和谐沉静的美感"，总括"物哀"全句，则是人们的情感主观在接触外部事物时，油然而生的幽深和静玄的审美感受。

日本文学大家叶渭渠先生把物哀的审美分为以下三个层次：

第一个层次是对人的感动，以男女恋情的哀感最为突出；

第二个层次是对世相的感动，贯穿于对人情世态包括"天下大事"的咏叹；

第三个层次是对自然的感动，尤其是季节带来的无常感，即对自然美的动心。

说到物哀之美，需要提及与紫式部同朝为官、服务于一条天皇中宫定子的女官清少纳言所创作的随笔《枕草子》，这位女官对四季转换的敏感和轻快隽永的文笔，对无常世事的淡然和丝丝缕缕的哀婉，使得这部作品与《源氏物语》并称为王朝文学双璧，也使得后世的日本人借助其中纤细、哀婉的笔触，对王朝时期的物哀有了更好的理解和借鉴。

　　对以上这两部王朝文学双璧，尤其是《源氏物语》及其物哀，感悟最深、借鉴最多的日本作家，当属川端康成这位后来获得诺贝尔文学奖的小说家了。

　　将平安王朝文学视为"摇篮"的川端康成出生于大阪府的一个医生家庭，不幸的是，身为医生的父亲连同母亲都罹患了当时难以医治的肺结核，在川端康成一岁和两岁时相继病逝，抛下川端康成姐弟俩。

　　川端康成上了小学后，其祖母和寄养在亲戚家的姐姐芳子又先后弃他而去，只得与耳背且失明的祖父相依为命。由于不断参加亲人和亲戚的葬礼，川端康成对于葬礼的流程非常熟悉，以至经常被当地办理丧事的人家请去主持丧礼并致悼词，小小年纪便成了故乡小有名气的"葬礼名人"。

　　这种畸形的家境、困苦的生活和悲哀孤寂的生长经历，使得川端康成自小

《源氏物语》和《枕草子》被称为平安时代文学双璧

就没能感受到来自母亲的爱，也没能得到夭折的姐姐给予的关爱，甚至失去了祖母的疼爱。

失去了女性关爱的川端康成内心孤苦，性格越发内向，在学校里他开始通过国文学课和汉文学课于文学作品里寻找慰藉，尽管还不能很好地理解《源氏物语》和《枕草子》等古典文学的内容，却也被其优美的朗读韵律所吸引，更是对字里行间流淌着的淡淡哀愁产生共鸣。这一时期带有指向性的阅读感受，逐渐形成一种独特的审美取向，为川端康成日后的创作带来了巨大影响。

纵观川端康成在创作初期、中期和晚期写作的《伊豆的舞女》《雪国》和《睡美人》这几部代表作，细心的读者除了品味出川端康成的物哀这种传统审美情趣，还可以从中发现川端康成的另一个主要审美维度，那就是少女崇拜和处女崇拜。

二　川端康成文学的审美意识

川端康成文学中有一种物哀美学。

《伊豆的舞女》是川端康成的成名作，缘于川端康成的一次旅行。在这次旅行中，川端康成偶遇一个主要由家庭成员组成的、在各地巡回演出的艺人团体，感受到这群身处社会底层的艺人的善良品格。尤其是为生活所迫、自小四处卖艺、尚未被社会所染的无邪小舞女熏子，更是牵扯着作者川端康成的情愫。

或许是在潜意识中渴望得到女性的关爱，更是出于对纯洁爱情的向往，

川端康成

在作品中，无论是14岁的小舞女熏子为雨中闯入茶馆的川端康成起身"立刻让出自己的坐垫"，还是小舞女"把摆在她同伙女人面前的烟灰缸拉过来，放在我的近旁"，都让作者川端康成那敏感的内心为这个少女的关爱开始悸动。

哪怕小舞女为我斟茶时"坐在我面前，满脸通红，手在颤抖，茶碗正从茶托上歪下来，她怕倒了茶碗，乘势摆在铺席上，茶已经洒出来"，而小舞女则显出一副"羞愧难当的样儿"，又或者当"我"无意中闯入艺人们睡觉的客房之际，还躺在铺席上的小舞女"满面通红，猛然用两只手掌捂住了脸。她和那个较大的姑娘睡在一张铺上，脸上还残留昨晚的浓妆，嘴唇和眼角渗着红色……她眨了眨眼侧转身去，用手掌遮着脸，从被窝里滑出来，坐到走廊上"。

这些窘状，非但没有引发川端康成的反感，反而让其觉得"这颇有风趣的睡姿沁入我的心胸"，从而感受到物哀美学境界中的"怜爱"和"有趣"等审美体验。而小舞女从公共温泉浴场的氤氲之中冲出来的场面，更是将这种审美体验推向高潮。

大家来欣赏一下川端康成的这段文字：

> 忽然从微暗的浴场尽头，有个裸体的女人跑出来，站在那里，做出要从脱衣场的突出部位跳到河岸下方的姿势，笔直地伸出了两臂，口里在喊着什么。她赤身裸体，连块毛巾也没有。这就是那舞女。我眺望着她雪白的身子，像一棵小桐树似的，伸长了双腿，我感受到有一股清泉洗净了身心，深深地叹了一口气，咏咏笑出声来。她还是个孩子呢。是那么幼稚的孩子，当她发觉了我们，一阵高兴，就赤身裸体地跑到日光下来了，踮起脚尖，伸长了身子。我满心舒畅地笑个不停，头脑澄清得像刷洗过似的。

川端康成在电影《伊豆的舞女》拍摄现场

微笑长时间挂在嘴边。

2008年春天，我和我所任职的外国文学研究所所长陈众议教授曾到这里做过一次田野调查，就下榻于川端康成当年住过的客房。那间客房位于温泉旅馆的二楼，从走廊上隔着一条水流湍急、轰然作响的山间河流望去，对岸偏左的一排房屋就是小舞女一行当年投宿的简陋旅店。

从温泉旅馆一楼的一扇早已封闭、特意为我们打开的门扉，沿着陡峭的阶梯往下走去，便来到建在河滩上的一处温泉。这处温泉专供在这里下榻的房客使用，而正对面河岸上的一处露天温泉，则是免费的公共浴场，当地居民和途经这里的旅客都可以自由使用。

借助川端康成描写小舞女跑出露天温泉的文字描述，我们依稀能够看见这样一幅画面。“我”浸泡在河滩上的温泉中，河对面堤岸上的露天温泉的氤氲水汽中，却忽然跑出一个身材修长的裸体女人，原来是小舞女居高临下，在对岸河滩上的温泉里发现了“我”，于是从露天温泉中跑到河岸边。从“我”所在的河滩温泉仰望过去，只见对面河岸上的小舞女熏子“笔直地伸出了两臂，口里在喊着什么”，“做出要从脱衣场的突出部位跳到河岸下方的姿势”，仿佛要游到河对岸的“我”这里来共浴一般。

如果说，此前的小舞女由于演出需要而浓妆艳抹，装扮得多少有些成年人模样的话，此时在仰望的视角下，这个少女“连块毛巾也没有”的“雪白的身子，像一棵小桐树似的，伸长了双腿”，显得越发修长、稚嫩，格外地洁净无垢、纯洁无邪，让“我”意识到“她还是个孩子呢。是那么幼稚的孩子，当她发觉了我们，一阵高兴，就赤身裸体地跑到日光下来了，踮起脚尖，伸长了身子”……

川端康成的这些文字描述当然达成了叶渭渠教授对物哀审美所做定义的第一个层次，激发了作者川端康成和他在这部作品里分身的“怜悯”“怜惜”和“怜爱”等审美体验，因而使得“我感受到有一股清泉洗净了身心，深深地叹了一口气，哧哧笑出声来”，进而“我满心舒畅地笑个不停，头脑澄清得像刷洗过

电影《伊豆的舞女》剧照

似的。微笑长时间挂在嘴边"。

  同样是对于物哀审美的标准，日本学者久松潜一博士则提出了更为具体的划分，将其定义为五大类："其一为感动，其二为调和，其三为优美，其四为情趣，其五为哀感。而其最为突出者，是哀感。"如果说，公共温泉浴场的文字描述满足了物哀审美的前四项标准的话，那么小舞女在下田码头送别的场面就完美阐释了哀感这一审美标准，别离之际的淡淡哀愁连同内心底里刚刚萌发的丝丝爱恋缱绻流传、挥之不去。

  川端康成是这样描述别离时的情景的：

  快到船码头的时候，舞女蹲在海滨的身影扑进我的心头。在我们走近她身边以前，她一直在发愣，沉默地垂着头。她还是昨夜的化妆，越发加重了我的感情，眼角上的胭脂使她那像是生气的脸上显了一股幼稚的严峻神情。……荣吉去买船票和舢板票的当儿，我搭讪着说了好多话，可是舞女往下望着运河入海的地方，一言不发。只是我每句话还没有说完，她就连连用力点头。

……（在船舱里）我枕着书包躺下了。头脑空空如也，没有了时间的感觉。泪水扑簌簌地滴在书包上，连脸颊都觉得凉了，只好把枕头翻转过来。我处在一种美好的空虚心境里，不管人家怎样亲切对待我，都非常自然地承受着。

……船舱的灯光熄灭了。船上载运的生鱼和潮水的气味越来越浓。在黑暗中，少年的体温暖着我，我听任泪水向下流。我的头脑变成一泓清水，滴滴答答地流出来，以后什么都没有留下，只感觉甜蜜的愉快。

这里说的是我离开小舞女一行乘船回东京的那个早晨，艺人们由于昨晚演出至很晚才睡觉，这会儿都还没有起床，只有小舞女的哥哥荣吉前来送行。由于"女人们都不见，我立即感到寂寞"。当然，此处所说的"女人们"，也只是小舞女熏子的代指而已。

山口百惠饰演电影《伊豆的舞女》里的小舞女

好在"快到船码头的时候，舞女蹲在海滨的身影扑进我的心头"。注意，小舞女蹲在路边的身影不是通常所说的"映入我的眼帘"，而是"扑进我的心头"！"我"渴望见到小舞女身姿的迫切心情跃然纸上，前面所说的"寂寞"此刻自然烟消云散，加之她昨夜的妆容尚未及洗去，就偷偷赶来送行，这就"越发加重了我的感情"。然

电影《伊豆的舞女》剧照

川端康成与他的初恋伊藤初代

而，尽管"我搭讪着说了好多话，可是舞女往下望着运河入海的地方，一言不发。只是我每句话还没有说完，她就连连用力点头"。

终于，与小舞女分别的时刻终究还是来临，从小舢板攀爬绳梯上了大船并"离开很远之后，才看见舞女开始挥动白色的东西"。象征着小舞女纯洁情感的白手绢宣告了熏子的爱情，却也由此终结了这一对社会地位悬殊的青年男女间刚刚萌发的情愫。

于是，在渐渐远去的船舱里，"我枕着书包躺下了。头脑空空如也，没有了时间的感觉。泪水扑簌簌地滴在书包上，连脸颊都觉得凉了，只好把枕头翻转过来。我处在一种美好的空虚心境里，不管人家怎样亲切对待我，都非常自然地承受着"，继而"我听任泪水向下流"。

"我的头脑变成一泓清水，滴滴答答地流出来，以后什么都没有留下，只感觉甜蜜的愉快。"

就这样，川端康成和他在该作品中的分身痛并快乐着，在淡淡的哀愁中，在清晰的怜爱中，在未必自觉的朦胧情爱中，远离了他的小舞女，远离了他的小爱人。

经由《雪国》和《古都》等代表作，川端康成构建出传统而神秘的美丽日本，完美诠释了物哀美学的奥义所在，于1968年12月走到了斯德哥尔摩的演讲舞台上。

三 大江健三郎及其《奇怪的二人组合》六部曲

　　要走进大江健三郎及其代表作《奇怪的二人组合》六部曲，首先得回顾一下大江健三郎的儿时记忆。

　　病迹学（Pathography）研究表明，儿时的生长环境，对一个人成年后的审美取向和价值取向将会产生不同程度的影响。无论是刚才说到的川端康成也好，没有说到的三岛由纪夫也罢，儿时独特的生长环境都为他们之后的人生产生了重大甚至巨大的影响。

　　在川端康成来说，幼儿时期相继失去几乎所有亲人的悲惨遭遇，使得川端康成性格内闭，借助《源氏物语》等古典名著中飘逸着的物哀美学，在小说写作中创造物哀之美、传达物哀之美，力图使他的诸多读者经由这物哀之美感受到审美的体验和愉悦。

　　与川端康成大相径庭的是三岛由纪夫，他是在祖母的溺爱中被作为女孩子抚养成人的。在幼儿时期需要接触同龄男孩子的阶段，三岛却被祖母禁闭在一个由病重的祖母，三个轮流

三岛由纪夫（1925—1970），日本当代小说家、剧作家、记者、电影制作人和电影演员。主要作品有《假面自白》《金阁寺》《丰饶之海》四部曲和《太阳与铁》等长篇小说以及长篇文论

值班的女护士，三个由祖母亲自挑选而来、不会给三岛带来危害的温顺小女孩儿玩伴的女人国里，在与这三个小女孩儿玩伴过家家、看白马王子绘图本的日子里度过了幼儿时期。

这种独特的生长环境，使得三岛对男性产生向往和憧憬，用医学专业术语来表述的话，就是性倒错。除了以书童名义蓄养一个俊美少年外，他在自己的作品里讴歌第一次抽香烟时的痛苦体验、波涛汹涌的大海、南国火辣辣的太阳、士兵肩头闪烁着光亮的刺刀、血淋淋的破腹等，以此作为男性的象征之物，来满足自己对阳刚之美的美学需求，这当然也是病态需求。

而大江健三郎的儿时与这两位也有所不同。1935年1月，大江健三郎诞生于日本四国岛爱媛县喜多郡大濑村一个颇有家学渊源的家庭。这里所说的家学渊源比较多元，大致可以分为两条脉络：一是经由其曾外祖父接受的儒学传承，尤其是孟子有关革命理论和民本思想的传承。大江健三郎诞生之初，饱读儒学的曾外祖父就迫不及待地为襁褓中的婴儿取了"古义人"这个富有深意的乳名。所谓"古义人"之"古义"，缘起于日本江户时期古学派大儒伊藤仁斋的授学之所"古义堂"。顺便说一句，贯穿于大江健三郎小说六部曲里的主人公"古义人"，其日语发音与"古义堂"谐声，都是"cogito"。

古义堂是京都堀川岸边的一座小院，江户时期的大儒伊藤仁斋就在这座小院里写出了其后成为伊藤仁斋学系重要典籍的《论语古义》《孟子古义》和《语孟字义》等代表作，继而由此开创了堀川学派，其学系拥有弟子3000余人。

这位大儒肯定不会想到，《孟子古义》等典籍及其奥义会经由自己学系的后人、大江健三郎的曾外祖父传给后来获得诺贝尔文学奖的大江健三郎，并被其内化为自己的道德观和伦理观，成为静静流淌于其文学作品里的一股强韧底流。而"古义人"这个儿时的乳名，日后也不时以"义""义兄"和"古义人"等名不断出现在《万延元年的Football》（1967）、《致令人眷念之年的信》（1987）、《燃烧的绿树》（1993—1995）和《奇怪的二人组合》六部曲（2000—2013）等诸多小说作品中。

多年后，大江健三郎在《大江健三郎口述自传》里曾这样回忆："我从阿婆那里只听说，曾外公曾在下游的大瀋洲教过学问。他处于汉学者的最基层，值得一提的是，他好像属于伊藤仁斋的谱系，因为父亲也很珍惜《论语古义》以及《孟子古义》等书，我也不由得喜欢上了‘古义’这个词语，此后便有了《奇怪的二人组合》这六部曲中的Kogi，也就是古义这么一个与身为作者的我多有重复的人物的名字。"

大江健三郎传承的另一条脉络，则是故乡的农民暴动历史故事和森林中广为流传的民间传说。据当地的地方志不完全记

伊藤仁斋，日本德川时代前期的儒学家，古学派之一的古义学派（又称堀川学派）创立者。图为伊藤仁斋画像（弟子绘制）

载，从1741年至1871年这130年间，大江健三郎的故乡一带共发生20场暴动，平均每6年半就要发生一场暴动。其中名为"大瀬骚动"和"奥福骚动"的暴动，就肇始于大江健三郎家所在的小山村里。尤其是有一万多农民参加的后面那场暴动，日后更是成为大江健三郎的文学母题，在其诸多小说中不断出现和变形。

经常为儿时的大江健三郎讲述暴动故事的人，是家里的阿婆。这位阿婆原是一位懂得戏剧的内行，大江健三郎在回忆儿时这段经历时曾如此表示：

阿婆讲述的话语呀，如果按照歌剧来说的话，那就是剧中最精彩的那部分演出，所说的全都是非常有趣的场面。再继续听下去的话，就会发现其中有一个很大的主轴。而形成那根大主轴的主流，则是我们那地方于江户时代后半期曾两度发生的暴动，也就是"内子骚动"和"奥福骚动"。尤其是第二场暴动，竟成为一切故事的背景。在庞大的奥福暴动物语故事中，阿婆将所有细小的有趣场面全都统一起来了。

这个奥福是农民暴动的领导者，他试图颠覆官方的整个权力体系，针对诸如刚才说到的、其权力及至我们村子的那些权势者。说是先将村里的穷苦人组织起来凝为强大的力量，然后开进下游的镇子里去，再把那里的

人们也团结到自己这一方来，以便聚合成更强大的力量。那场暴动的领导者奥福，尽管遭到了滑稽的失败，却仍不失为一个富有魅力的人。我就在不断思考奥福这个人的人格的过程中，度过了自己的少年时代。

在阿婆绘声绘色的讲述中，健三郎的情感很快就倾向于为争取生存权利而斗争的暴动者们。然而在日本，暴动者被抨击为下克上，也就是以下犯上，在道德和伦理层面上是要遭受谴责的。

如何解决这个致命的问题呢？被称为亚圣的孟子曾这样评述暴君纣王被杀一事："闻诛一夫纣矣，未闻弑君也。"所谓弑君这种表述，明显包括道德犯罪的指责，但是孟子在纣王被杀这件事上，却不做这种语义上的认可，倒是认为武王伐纣是诛杀独夫而非弑君，可以作为正义行为而予以认可和仿效。他的这些革命思想和民本主义思想经由江户时期的大儒伊藤仁斋在日本广为传播。

伊藤仁斋对孟子的阐释使得惨遭压榨的暴动者们发起的暴动具有了合理性和必要性，也使得大江健三郎对暴动者们的同情有了合理依据，更使得大江健三郎将这些革命思想和民本思想内化为自己的道德观和伦理观。从发表于1967年的《万延元年的Football》到其晚年的《奇怪的二人组合》六部曲，随处可见有关暴动的描述。

比如在《万延元年的Football》中，大江健三郎这样说道：

万延元年前十余年，藩主担任寺院和神社的临时执行官，使本藩的经济发生了倾斜。此后，本藩向领地城镇人口征收所谓"万人讲"日钱，向农民征收预付米，接着是"追加预付米"。乡土史家在信末引用了一节他收集的资料："夫阴穷则阳复，阳穷

《万延元年的Football》中文版，作家出版社出版

则阴生，天地循环，万物流转。人乃万物之灵长，若治政失宜，民穷之时，岂不生变乎！"这革命启蒙主义中有一股力量。

    显然，这些描述既是大江健三郎的儿时记忆，也是大江健三郎文学的母题，更是大江健三郎用以抗拒权力中心的重要手段。故乡的暴动史实与先祖传播的孟子有关"民本"和"革命"等思想就这样融汇在了一起，形成大江健三郎暴动美学的一个重要维度，不断在大江健三郎的诸多小说作品里幻化和流变。

四 "穴居人"母题和日本时代精神的反思

　　"穴居人"的母题的讨论，需要讲一下关于"cavus"的阐释，比如威廉·布莱克对"山洞"的解读，以及大江健三郎的阐释。

　　长睡人的故事发生在5世纪，这个故事的原型可以追溯至公元3世纪中叶。于249年即位的德基乌斯皇帝为了打击基督教徒，残酷处置了重要的主教，当时民众却认为，这位皇帝以"恢复罗马的纯朴风气"而大刀阔斧进行的新政策，反而带来了恐怖和混乱。

　　为躲避德基乌斯皇帝对基督徒的"残酷压迫"，7个贵族出身的青年只能藏入以弗所的山洞（cavus）里。及至沉睡187年醒来后，悄悄下山购买食物时，詹布里库斯才发现以弗所城门上竟然悬挂着一个巨大的十字架，他用来购买面包的银币则被认为是私挖来的宝贝而被扭送法院，由此惊动了以弗所的主教、教士、官员、民众以致狄奥多西皇帝本人，在他们探访山洞（cavus）时，"这7个人在虔诚地祈祷和叙述本末以后，很快在安详中过世"……

　　后世的英国诗人威廉·布莱克曾在自己的诗歌和画作中对基督教传统中的山洞、洞窟或坟墓作了大量阐释，大江健三郎在构思《水死》期间发表的一篇随笔中曾如此解读布莱克的类似画作：

威廉·布莱克（William Blake）被列为英国文学史上的六位伟大诗人之一（其他五人为乔叟、斯宾塞、莎士比亚、弥尔顿、华兹华斯）

画家在画面的右侧描绘了森林以及贯穿这森林的洞窟。穿过这里，便是天上的世界（在画作的上部，几乎占据了整个画面），也就是说，人间的现世借助洞窟而与上天联结。人们好像将其称为"柏拉图的洞窟"。

现世的人们死亡之际，通过这么一种洞窟，便化为摆脱肉体羁绊的灵魂上升到天国。细看画作上部的上天世界，像是天使的那些女性（话虽如此，听说天使是中性的，因此在这种

威廉·布莱克画作中对基督教传统中的山洞、洞窟或坟墓做了大量阐释

场合，将其称为宁芙似乎更为合适）头顶壶罐，形成队列。人们的灵魂，就进入这个壶罐之中。经过一段时间后，又会通过洞窟降生到现世。在灵魂装入壶罐的那个阶段，可以看到宁芙们在勤快地劳作，驱动织布机那样的机械编制着人的新肉体。一旦制作完成，就将灵魂送回那里，接受了灵魂的肉体便再次降生于世。这种永不止息的循环，就是布莱克那些画作的主题。

如果大江健三郎对布莱克这幅蛋彩画的解读能够成立的话，那么这7个长睡人"在虔诚地祈祷和叙述本末以后"，他们显然"通过这么一种洞窟，便化为摆脱肉体羁绊的灵魂上升到天国"去了，这当然也是所有基督教徒的憧憬之所在，恐怕这也是长睡人故事得以问世和广为传播的一个重要原因。

以弗所长睡人这段奇迹很快就传扬开来，"早在6世纪末叶，便在图尔的格雷戈里的安排下，由拉丁文译成了叙利亚文"，使得这个传说超出了基督教世界。

接下来，我们讲讲孟德斯鸠对"穴居人"母题的借用。

从《波斯人信札》第11、12、13、14和附录部分的相关内容中可以看出，

阿拉伯民族的这种开化、崛起和强盛在让世人为之赞叹的同时，也不可避免地引起了孟德斯鸠的注意和思索。早在孟德斯鸠出生前后，法国接连爆发农民暴动，"再加历史上罕见的严冬奇寒和遍及全国的饥荒，使全国农民和城市贫民更加无法生活，整个社会也因之动荡不宁。封建统治一方面横征暴敛，使广大劳动人民不能生活；另一方面压制了要求蓬勃发展的新的生产力，形成了当时法国社会的不可调和的矛盾。"

连续多年的战争、内乱和宫廷的极度奢侈，使得国家财政枯竭，反过来越发加重了人民的税负，路易十四对新教徒的迫害又使得新教徒中的诸多熟练工人、技师、企业主被迫逃往邻近国家，使得当时正在兴起的工商业一度陷入瘫痪，致使法国的经济危机雪上加霜。即使在深为孟德斯鸠和绝大多数法国人所憎恨的路易十四死去之后的摄政时期，也因为采取了滥发钞票的"劳氏制度"而造成通货膨胀并引发空前的财政紊乱，全国的经济为此陷入破产状态。

面对这种极端状态，孟德斯鸠假托波斯人之口表述自己的忧思也就不足为奇了。在《波斯人信札》这林林总总、洋洋洒洒的161封信函及其附录部分的内容里，有关"穴居人"的5封信（正文4封和附录部分1封）无疑是作者有意安置在文本里的"隐秘链条"中最值得关注的一个节点。

相较于蒙昧无知状态下的阿拉伯穴居人，在摄政时期那种极端状态下仍然醉生梦死、纸醉金迷、自私冷漠却又虚伪无比的法兰西人何尝不是置身于另一种蒙昧无知的状态之下？何尝不是走向另一种意义上的毁灭？换言之，他们又何尝不需要像汲取了教训的穴居人后代那样进行教化和重建道德？

当然，孟德斯鸠在《波斯人信札》等作品中表现出来的忧患意识以及对教育的关注，也给包括大江健三郎在内的诸多作家带来巨大影响。

最后，我们来看一看大江健三郎对"穴居人"母题的再解读。

大江健三郎其实已经非常清晰地告诉我们，《水死》是一部在绝望之中寻找希望的小说。引文中所说的"在东京受难的孩子"，无疑是指遭受亲伯父长达3年之久的猥亵后终于在17岁那年被强奸并怀孕，在遭到威胁不得暴露这个"国家的丑闻"后被强制送到医院堕胎并被独自赶回大阪老家的鬈发子。

在《水死》这个文本中，伯父小河"是文部省土生土长的官吏，也不知道是被丈夫所感化，还是反过来被伯母所影响，这对夫妇都是右派"，而且，小河曾"在这个国家的教育行政领域留下了成就。在他担任文部省某局局长这个要职期间，经常出现在国会的电视转播节目中"，"是个在自传里写着'自己在这个国家的教育领域里构建了目前的支柱'的人物，他的夫人则说是为了维护国家的教育而强迫姑娘堕胎"。

18年后，当成为演员的髫发子为了"无论如何也必须进行抵抗，要围绕这个国家的人们根本性的特性进行批判"而登台饰演森林里的暴动女英雄时，试图将女英雄在森林里的受难与自己在东京的受难联系起来，从而揭露出140年以来，日本的女人们一直在遭受着男人的强奸和国家的强奸这个惨痛事实，想要借140年前参加暴动的女人们吟唱的曲调，勇敢地唱出："男人强奸咱们，国家强奸咱们/咱们女人，出来参加暴动呀/不要被骗呀、不要被骗呀！"结果，她被闻讯赶来的伯父小河动员当地右翼势力绑架到深山密林中的右翼分子基地。由于髫发子不愿屈从于伯父的淫威，改变揭露其丑行的台词，小河再次彻夜强奸髫发子，以摧毁她的身体和意志，以便翌日继续将其监禁在右翼基地使其无法登台演出……

如果说，18年前对亲侄女的强奸只是兽欲，那么18年后的强奸就是兽欲加政治迫害了，这一切确确无误地印证了髫发子所要唱出的"男人强奸咱们，国家强奸咱们"。这令人发指的双重强奸，即使孟德斯鸠笔下那些野蛮的阿拉伯穴居人也干不出来。

更加令人惊悚的是，"曾是这个国家的教育界拥有实权的人物、获得过很多勋章"的这位文部省前官员在自传里自诩"在这个国家的教育领域里构建了目前的支柱'"。换句话说，这个代表自己和国家多次强奸亲侄女的实权人物，通过构建日本这个国家教育领域的支柱，确切无疑地在教育领域里强奸了并将继续强奸日本的一代代大中小学的学生！

显而易见，前面说到的那杆"支柱"倘若继续耸立在日本这个国家的话，无疑会以越来越快的速度侵蚀战后民主主义的教育体制及其成果，届时，孟德斯鸠笔下那个野蛮的阿拉伯穴居人社会恐怕很难说绝不会再现。

然而，如此追求民主主义时代精神且不惜为之殉死的长江古义人，在他来到故乡的森林中，观看鬈发子等"穴居人"演员们的彩排时，却意识到绝对天皇制的幽灵仍然存活于包括自己在内的诸多日本人的精神底层。

换句话说，诸多日本人的精神底层都不同程度地存留着以"天皇陛下万岁"为象征的时代精神，这是连接着战争、死亡和毁灭的时代精神。令人担忧的是，一旦外部环境出现所谓的消极变化，包括文本内外的长江古义人和大江健三郎在内的诸多日本人"还能否抵抗'天皇陛下万岁'的'时代精神'的再次来袭"？

为了抵御"'天皇陛下万岁'之'时代精神'的再次来袭"，为了避免"我们的下一代，以及下一代的下一代，都将不会再有希望"的、野蛮的穴居人社会的恐怖景象成为现实，大江健三郎首先抓住了"在那危险的时刻闪现在心头的某种记忆"——祖辈代代相传，却被强势者遮蔽以及改写（或正在改写）抑或抹杀的传说，并对这些故事进行叙述或重述，以唤醒在更多人心底里沉睡不醒的相关传统和记忆，从而重构"故乡"的边缘性特征，在黑暗中发出些微的光亮。

图为贵族朝拜天皇。日本天皇制是世界历史上最长的君主制度，近代明治维新后宣称"万世一系"并写入宪法，即日本从古代起便没有改朝换代，始终都是皇室一系

之所以选择叙述或重述，是因为"与叙述恰当的故事比较起来，没有什么哲学、没有什么分析、没有什么格言在寓言的强度和丰厚上能够如此地意味深长"。于是，穴井将夫带领着"穴居人"剧团的青年演员们把根据地从文化和权力的中心东京都转移到四国拥有暴动历史的深山老林这块边缘之地，鬈发子的经历则使得自己的两次受难与140年前的暴动女英雄在森林里的受难连接起来，从而编织出一条浸染着女人们和儿子们鲜血的连线，

并引出另一条极为隐秘的、与此平行的连线——用绝对天皇制、靖国神社、皇国史观，甚或各种右翼组织混糅而成的平行线。

我们不知道，这些想象是否是大江健三郎借助《水死》在绝望中寻找希望时的写作预期，不过可以肯定的是，在这1500余年间，"穴居人"母题在不同的时间和空间里曾被不断地解读和改写，而最新的解读显然就是大江健三郎借助《水死》发出的"含着大希望的恐怖的悲声"了。

还可以肯定的是，在《水死》之后，"穴居人"母题仍将不断产生新的解读并被不断改写。这大概就是我们人类文明进程的一块块里程碑了。因为有幸抑或不幸，我们正站立在《水死》这块属于我们时代的里程碑之上！

第八章

电影：家庭题材和反家庭题材

文 支菲娜

了解一个国家，最好是从文化入手。而了解一个国家文化的捷径，我想应该就是电影。简单来讲，就是你只要花两个小时的时间，就能看到一个国家或者一种文化的侧面；而不像要去读一本书，或者亲自去旅游，或者去结交一个外国朋友。

电影是最不受"文化折扣"影响的文化艺术门类——电影语言和人们天然亲近，可以跨越种族和文化的障碍，人们不需要专门学习就能看懂电影。电影从诞生的那一天起就是商业化的，现在越来越国际化的电影市场，使电影跨越了时间和地域的障碍，让我们可以看到很多国家的电影。

本章通过小津安二郎、大岛渚、是枝裕和等这些在世界电影史上熠熠生辉的名字，和大家一起来检视日本百余年电影发展的变迁，探寻中日两国之间的电影交流与交锋，以及日本电影背后折射的日本社会发展进程。

一　小津安二郎的三个"谜团"

"最有日本味儿"的导演

我们谈日本电影，言必称小津，言必称黑泽。那么小津这位被西方奉为"最有日本味儿"的日本导演，他为什么会通过家庭题材电影来展现日本？

从东京的东京车站坐上横须贺线列车，大约一个小时的车程可以到达位于神奈川县镰仓市的北镰仓车站。车站旁边就是日本临济宗圆觉寺。圆觉寺不仅在日本宗教界有着崇高的地位，在日本电影人的心中也有着与众不同的存在感，因为这座寺庙中长眠着两位日本电影巨匠，第一位正是小津安二郎。

日本是亚洲最早输入电影的国家，也是最早向亚洲其他各地输出电影生产模式和电影美学的国家。从1896年11月电影进入日本算起，有7代电影人共同谱写了这近130年的日本电影历史。1898年东京的照相器材商小西本店的照相技师浅野四郎（1877—1955）拍摄了短片《日本桥的铁道马车》，据说这拉开了日本人最早摄制电影的序幕。1899年，一位叫作柴田长吉的摄影师，将日本传统舞台艺术歌舞伎的著名剧目《赏红叶》，进行了6分钟的

小津安二郎

记录，这成为现存最早的日本电影。

这种依托舞台剧进行的早期电影探索，也成为中国和朝鲜半岛的电影启蒙。被称为中国电影开山之作的《定军山》，是京剧艺术家谭鑫培的舞台记录，它反映了中国电影与早期日本电影一样，都分别从自己的传统文艺中寻找到故事素材。有意思的是，《定军山》的导演任庆泰曾经远赴日本学习摄影技术。而第一部由朝鲜籍导演完成的电影《正义的复仇》，则是因为导演金陶山于1918年观看了"连环剧"这种日本电影剧，受到强烈影响而创作出来的。

"连环剧"的美学风格一直延宕到战后的朝鲜半岛电影界。20世纪20年代后，上海也出现了大量"连环剧"电影。不得不说，这和旅居上海的多位日本电影人颇有关联。

小津安二郎的三个"谜团"

在早期日本电影的探索中，小津安二郎导演和他的同辈人，比如成濑巳喜男、内田吐梦等，从无声电影时期到有声电影时期，定格了日本电影美学的形态，也对亚洲电影产生了深远的影响。其中，小津从"二战"以来，一贯只拍摄家庭伦理题材电影，即使在世界范围内来看也是罕见的。这使他被世人称为"日本家庭伦理片之父"。

小津安二郎导演的作品如此广为人知，但是，小津本人是一个浑身充满了谜团的电影导演。

第一个谜团，是关于小津的创作题材和他的个人生活之间的矛盾。

小津电影给人的印象都是以家庭日常为主的小品。单说"结婚"这个主题，他就有多次描写。比如1949年的《晚春》，评论家认为这部影片奠定了小津的风格。影片中，他用了108分钟来讲一个叫作纪子的姑娘接受相亲结婚的故事。

1951年的《麦秋》，讲了原节子饰演的年轻女子要与带着拖油瓶女儿的男性结婚。他的遗作，1962年的《秋刀鱼之味》讲的是岩下志麻饰演的大女儿，顺从地接受了父亲推荐的相亲对象。

但是小津导演本人从未组建过家庭，他一生没有结婚，晚年和自己的母亲相依为命。一个家庭伦理片导演自身却没有组建家庭，这究竟意味着什么？

第二个谜团，是小津的作品总是充满了重复性。大多数熟悉小津安二郎作品的观众都知道，小津的战后电影，常常是由同样的主题、同样的技法、同样的素材重复创作而成。

同样的主题是指他总在表现日本家庭的婚丧嫁娶和悲欢离合；同样的技法是指他常常使用低机位的固定镜头、场面调度和镜头运动方式，来展现主人公一家在狭窄范围内的生活情况；同样的素材是指他的多部作品甚至连剧中人物的名字和他们的扮演者都没有换过：男主角一般叫作周吉，由笠智众（1904—1993）扮演，女主角纪子则由原节子（1920—2015）扮演。

这不但对年轻的观众造成了困扰，而且和他同处一个时代的那些著名评论家也常常把小津的作品搞混，甚至出演小津作品的演员自己都会记错曾经出演的场景是在哪一部影片当中。那么，这种自我重复，真的是如小津自己所说的："我是个开豆腐店的，只会做豆腐"吗？

第三个谜团，就是小津安二郎总是被他的后辈导演们否定。几乎没有哪一位导演，在被指称"像小津安二郎"的时候，会痛快地承认这一点。

广为中国观众所熟知的就是是枝裕和（1962— ）导演，他一直否认自己受小津影响，他坚称从成濑巳喜男（1905—1969）的作品中学到更多。其实，成濑也是最早否定小津的人。在20世纪30年代，和小津同属于松竹电影公司的成濑巳喜男导演，他的作品被老板评价为"一个公司不需要两个小津"。

成濑导演怎么能忍受这样的评价？于是果断放弃了松竹这家老牌电影公司的平台，转而投身刚刚成立不久的

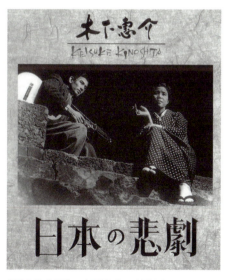

《日本的悲剧》，木下惠介，1953年

东宝电影公司，在那里创立了自己独特的女性题材电影风格，并且带出了黑泽明（1910—1998）这样的弟子。黑泽明在创作风格上是非常尊重成濑巳喜男导演的。

1953年，小津在松竹公司的后辈、后来与黑泽明导演并称"战后日本电影双雄"木下惠介（1912—1998）导演，完成了他的新作《日本的悲剧》。制片公司组织的看片会上，在来自同行们的掌声中，只有一个男人沉默地拂袖而去。他就是小津安二郎。后来，木下惠介证实说："我的作品试片的那天，小津说'既然你好像不喜欢我的电影，那我也不看你的试片'。从那以后，我们就互相没看过对方的电影了。"

1955年后，小津安二郎亲手带出来的弟子们，纷纷祭出了反叛小津的大旗。他们写影评文章，甚至写书来批判小津安二郎，比如吉田喜重（1933—　）的《小津安二郎的反电影》，讲的就是小津的电影不讲电影语法。这本书已经有中译本了。

这些弟子后来拍出自己的作品，风格与小津截然不同，显示自己与小津划清界限。这其中，以今村昌平、大岛渚、筱田正浩、古田喜重等日本新浪潮导演们为核心，他们后来在戛纳、柏林、威尼斯三大电影节上频频亮相。

就连由于风格太像小津而一直被新浪潮导演们瞧不起的山田洋次（1931—　）导演，也不太肯承认小津对自己的影响。

山田洋次在2010年将小津的电影《麦秋》搬上了舞台。2013年，为纪念小津逝世50周年和自己从影50周年，山田洋次翻拍了小津的存世名作《东京物语》，名字叫《东京家族》。但他随后就在日本最权威的电影杂志《电影旬报》上撰文称："自年轻时起就不喜欢小津。"

是小津为人很差吗，还是小津的作品不被日本导演接受？他又是怎么样看待弟子们的离经叛道的？

我们围绕小津的这些谜团，来寻找一下小津作品的特征，由此来理解为什么小津电影在西方会成为最具"日本范儿"的标志。

解谜小津

首先，我们熟悉的小津家庭题材，都是充满形式美的日本家庭赞歌。比如和女儿相依为命的老父亲，为了让女儿快一点出嫁，而编造了自己也要再婚的谎言。比如老父亲催着女儿去相亲。小津的影片营造出了肃穆和谐的日本家庭神话，这种神话，似乎放在哪个时代都是很典型的。它们在日常的琐碎片段中，透露出隐忍、含蓄，甚至崇高。这使得小津在西方的语境中，成了"最有代表性的日本导演"。

在各式各样的电影巨匠排行榜中，小津总是名列前茅。2002年，小津被英国评为"电影史上最伟大的十位导演"之一。维姆·文德斯（Wim Wenders，1945—　，德国导演）曾经拍摄过一部纪录电影《寻找小津》。

自20世纪30年代起，小津就被誉为"小市民电影"第一人，但在小津1945年以前的家庭电影中，随处可见家庭暴力。而1945年以后，这种家庭的"一地鸡毛"就没有了。我们几乎看不到激烈的冲突，看不到时代的标签，甚至看不到日本社会在战后的剧烈变化。沉淀下来的，只有父女之间、父子之间、夫妻之间隐忍而含蓄的爱。可以说，《晚春》和《东京物语》正是小津作品的集大成者。

《寻找小津》，维姆·文德斯，1985年

其次，我们来看看小津为什么总在重复自己。这大概是出于一种商业上的考量，而不仅仅是小津自己的选择。小津自己解释说："做豆腐的人去做咖喱饭或者炸猪排，不可能好吃。我自己就是做豆腐的。"当然，有评论家指责，小津电影就是日本电影还没有现代化的表现。但实际上，小津比大多数导演更

早而且更系统地接受了好莱坞电影的熏陶，他并不太喜欢传统的日本电影。最终，小津选取了家庭题材电影，展现日本最日常的生活。

　　和大多数总是在尝试改变风格的导演不同，小津说，他就是希望在电影中减少戏剧性，在内容表现中不着痕迹地沉淀一些余韵，这样就能形成一种"物哀之情"，让观众在看完电影后感到余味无穷。要是这次拍得好，下次就会接着再拍。要是这次拍得不好，下次就重新学习，看看怎么才能拍得更好。——他的这种选择，我想是因为他比较明白，自己的电影是谁在看，自己的片子是谁在卖。

　　战后，日本电影很快从满目疮痍之中恢复过来，产业达到巅峰。1956年之后，由于其他娱乐方式的稀缺，电影院几乎每天爆满，年度的观众达到11亿人次——也就是说，平均每人每年看10次电影。大映电影公司的总裁永田雅一甚至宣称："我们的影院即使只挂上一块白银布都会有观众来。不过那样实在有点太过分了，所以就放点电影给他们看吧！"

　　当时，日本电影观众以家庭妇女为主。小津所在的松竹公司大船电影制片厂，有一套独特的电影美学，被称为"松竹大船格调"，或者叫"感伤道德主义"，也就是一种略带忧伤的苦情戏路线，主要观众正是家庭妇女。所以，在20

世纪60年代以前，松竹的营业利润在战后所有企业的排名中位居第四。可以想见，小津作为松竹公司的顶梁柱，随心所欲创作的余地并不是那么大。

再次，小津不认为自己的家庭题材电影和不结婚这件事之间有什么关系。小津不是同性恋者，他也明白大家都在质疑他能不能拍家庭题材。小津在1937年就调侃说："有人说，他连婚都没结过，竟然也能拍出婚姻的倦怠感。但如果没经历过就不能写的话，那么是不是偷窃、杀人或者通奸，我本人不实践一下也不能拍？"

小津是一个特别孝顺母亲的人，一直侍奉母亲直至她老去。他一辈子没有结婚，许多评论家认为，小津和女演员原节子之间存在着一种"纯爱"的关系。

2015年以95岁高龄逝去的日本女演员原节子，一直都顶着"圣女"的光环。小津曾评价，"原节子是日本最好的电影女星"。她以完美的形象和默契的配合，成为战后小津安二郎的救星：小津每拍摄一部不符合巨匠身份的失败之作，通过原节子出演作品就能挽回巨匠的荣誉——《风中的牝鸡》之后的《晚春》，《宗方姐妹》之后的《麦秋》，《茶泡饭之味》之后的《东京物语》，这"纪子三部曲"构成了小津职业生涯的巅峰。

1963年12月12日，小津安二郎离世之后，原节子就从公众视线中消失了。她的银幕年龄，也定格为42岁。用小津弟子、著名编剧高桥治的话说："原节子息影是为小津殉爱。"我想，小津本人的含蓄和隐忍，正是他的作品那么富有东方传统美学的原因。

小津在战后公映的17部家庭伦理片，都多多少少以某种形式表现出了家庭与战争的联系。导演小津安二郎在侵华战争初期，曾经作为士兵的小津安二郎出现在中国的土地上，这件事情近年来广为人知。可能，没结过婚的小津，故意编出了神话般的家庭形象，来"哄骗"我们，转移了我们的注意力，而对自己本应该大书特书的战争，却绝口不提。

那么，小津真的被同辈、后辈和弟子们厌恶吗？小津和成濑巳喜男之间，在作品风格上有着明显的惺惺相惜的关系。甚至在用人上，都存在对应关系：

《浮云》，成濑巳喜男，1955年

小津用原节子多一些，而成濑巳喜男主要用高峰秀子。

我们前面提到过，成濑巳喜男跳槽到东宝公司，小津得知后在日记里写下了"这样也好"的句子。1955年，由成濑巳喜男导演的《浮云》公映，小津评价说"看完后心情大好"，还说，"这样的电影，我没能力拍出来"。为此，他随后在日记中写下了"读《浮云》"——虽然我们并不知道他读的是原著还是剧本。

此外他还观看了成濑巳喜男导演的另一部作品《饭》，阅读了原著。小津在《东京暮色》中设置了一个中餐馆"珍珍轩"。这个店名，据说与成濑巳喜男爱去的一家家常菜馆颇有渊源。除此之外，小津的战后作品中，也常常出现中餐厅的元素，有学者认为，这是小津对成濑的一种回应。

那么，对于成濑巳喜男导演来讲，小津又意味着什么？根据著名影星高峰秀子的回忆，成濑巳喜男很少喜形于色。但每次在喝了点酒之后，眼睛里总会有一点笑意，回忆起已经去世的小津导演给他写信盛赞《浮云》："阿小夸了我呢。"可以说，比起其他的任何评价，小津的话才是深入成濑内心的。"阿小说，让做豆腐的去做煎鸡蛋，这哪儿成啊，做豆腐的该想的问题就是怎么做出好豆腐。"成濑导演对于小津一辈子只拍家庭题材这件事，无疑是心存敬意而且心存共鸣的。

晚辈木下惠介和小津之间又有什么纠葛？小津否定木下惠介的杰作《日本的悲剧》的理由，我想，一方面，是出于感受到来自这位年轻天才的威胁，这一点已经在小津制片人山内静夫的访谈中证实；另一方面，是小津不能容忍这部影片描写日本历史阴暗面的态度。小津说，有一种作品是通过描写淤泥和莲藕，来反衬莲花的美，有一种作品则是通过描写莲花的美来表现淤泥和莲藕。

木下惠介曾在1952年，对三岛由纪夫表达了要用作品反映日本现实社会的看法。但到了晚年，他对这种想法表示后悔。

木下惠介，正是我们在这一节开头讲到的，同样安息在圆觉寺的另外一位巨匠。他的墓碑和小津的墓碑正对着，距离大约5米。每次到圆觉寺我都会想，最终认同了小津的木下惠介，会不会常常约着小津导演在天上喝酒呢？

"直到老了，才懂得小津的好。"

小津门下弟子众多、晚辈众多，新浪潮导演们不但批判小津的作品，而且筱田正浩（1931—　）"拐走"了小津《秋刀鱼之味》的女一号岩下志麻（1941—　），吉田喜重"拐走"了小津《秋日和》的女一号冈田茉莉子（1933—　）。

我曾经在2006年时问过筱田正浩导演，我问："你们是密谋好了要反小津吗？"老先生回答我说："并没有这样一个组织，让大家一起想好了来反对小津。"他说："1953年进入松竹公司的时候，松竹有位卓越的绅士，就是小津安二郎。小津总是穿着纯白的衬衫，戴着纯白的帽子，坐在黄色的面包车里，周围一尘不染，摄影棚也收拾得十分干净整洁。那种严肃的工作作风令人感动。"

筱田正浩当时觉得："在小津的画面中所反映的那种美，根本就没有反映日本的当下。事实上，小津安二郎的电影题材在世界上一直无人发挥。但是小津表现的是人们存在的美好本身，从哲学上来讲这是非常具有世界性的。存在这件事的忧伤、美好和可笑，是非常优质的人类描写。然而我发现这一点，是花了很长时间的。"筱田正浩说到这些的时候，已经75岁了。

今村昌平（1926—2006）导演在去世之前，曾经接受自己的儿子天愿大介

木下惠介编导电影《二十四只眼睛》海报
1954年

（1959—　　）导演的采访，当天愿大介问道"你怎么看待小津"的时候，今村昌平说："直到老了，才懂得小津的好。"

也许正如小津的粉丝、德国导演文德斯所说："正是小津这份家庭生活、国家身份意识逐步瓦解的共同经验，使《东京物语》这样的作品，产生跨越国界的广泛共鸣。"

二　大岛渚与"日本电影新浪潮"

上一节，我们聊了聊小津安二郎家庭题材电影的特征，来理解为什么小津电影会成为最具日本范儿的标志。在我已知的范围内，我不知道全世界还有哪位导演，他的作品会被自己的弟子们这样批评，在上了年纪之后又获得弟子们的重新认识和敬佩。

接下来，我们继续来看看，以世界著名导演大岛渚为代表的这一代电影人，是如何用反小津、反家庭题材的电影作品，在国际上掀起了新的日本电影高潮的；他们的这些作品，又是如何反映了日本社会文化变迁的。

"深海鱼群"

从小津墓地所在的圆觉寺往东南出发，徒步1400米，就可以到达一座叫"建长寺"的寺庙。和圆觉寺一样，它也属于日本临济宗。我们可以顺着路标，找到位于建长寺回春院的大岛家墓地。

首先映入眼帘的，是一块巨大的、不规则的石头，基座上面刻着大岛渚最喜欢的诗句："人就如同深海鱼一样，如果自己不发光，周围就是死黑一片。"旁边的墓碑上刻着"大喝无量居士"，正是大岛渚的安息之所。

眼前墓碑上的"大喝"这两个字，特别传神地体现了大岛渚一生的风格。因为大岛渚的作品总是在批判日本社会的现实和历史。他在电视节目中展现的形象，也是非常"毒舌"的。而"无量"，令人们不从佛教的意义，而是从他本人的价值来看，他带给日本影视界、法学界、学术界、翻译界的影响，是不可限量的。

在各式各样的日本导演排行榜中，小津安二郎和黑泽明基本排在第一或者第二的位置，大岛渚则似乎总是排在第五名到第十名之间，有时候地位甚至不如他带着出道的北野武。他的电影作品也不是那么"好看"。比如，我们可以用家庭伦理片给小津贴上标签；用"东西方文化的完美融合"或者"武士题材电影"等给黑泽明贴上标签；用"日本传统美学的影像展现"给沟口健二贴上标签；用"流浪者的归乡情结"给山田洋次贴标签……但我们似乎很难用一个什么标签简单地形容大岛渚的毕生创作。

就像一直被舆论拿来和大岛渚比较高下的山田洋次所评价的那样："大岛渚的作品形态没有一部是重复的。他那样的导演是不世出的。我连想都不敢想。"

不仅仅如此，几乎没有哪一位日本电影人公开质疑过大岛渚的作品。日本权威电影评论家佐藤忠男评价他："总是因为对时代尖端的主题和方法进行先驱性的探求而广受关注。他是现代文化状况的领跑者，他的作品代表日本电影进入了世界前卫电影范畴。"

《大逃杀》的导演深作欣二生前认为："我们这个时代干电影的，没有一个人不意识到大岛渚的存在。"

大岛渚，这位站在现代日本电影创作巅峰的人物，在日本国内，不但培养了北野武、坂本龙一、崔洋一、中岛哲也、园子温等好几代日本电影人，而且还在国际上影响过安哲罗普洛斯、贝尔托鲁奇、马丁·斯科塞斯等著名导演。法国新浪潮大师戈达尔认为，全世界真正意义上的新浪潮作品，不是别的，正是大岛渚1960年完成的《青春残酷物语》。改革开放以后，中国电影界也很快就注意到了他的存在。

"不服管"的大岛渚

1954年，22岁的大岛渚从京都大学法学部毕业后，进入松竹电影公司当副导演。那一年，松竹电影公司的报名者超过3000人，录取的不过区区4人。面对激烈竞争，大岛渚不以为然地说："我不是想拍电影才来报考的。"电影是当时最为时髦的行当，当时日本电影正处于再难复制的黄金时代。黑泽明、木下惠介、今井正、吉村公三郎等导演频频在国际上获奖，为战后日本在国际上恢复名誉和地位起到了难以比拟的重要作用。

大岛渚的深海鱼群墓碑

和其他人不同，大岛渚的确是因为没哪个普通公司敢要他，才来报考不需要简历的电影公司的。因为1951年11月12日，昭和天皇巡幸京都大学，学生们公开质疑天皇用公帑巡幸、日本参与朝鲜战争等问题，和警察们起了不小的冲突，被认为对天皇不敬。这场被历史上称为"京大天皇事件"的活动，大岛渚参与其中。由于领导了京都的学生运动，他的简历自然与众不同。

进入松竹公司，大岛渚并没有跟在小津身边学习。不过，他是因为喜欢黑泽明导演的《无悔我青春》这部影片中的女神原节子，才报考京都大学法学部的。所以，原节子挑大梁的小津片场，他也是常客，没多久就和小津的副导演筱田正浩、高桥治这些同龄人混得很熟。从辈分来讲，他相当于小津的弟子。

大岛渚的"不服管"，没能在电影公司得到收束。日本电影界的传统，是年轻副导演要跟在老导演身边，从打杂儿的干起；再到可以在现场做一些指导演员的工作，再到慢慢可以写剧本给师父看，磨炼个十来年甚至二十来年，才有机会出道。小津那一代人如此，黑泽明那一代人如此，从无改变。

年轻副导演的工作，主要是趴在地上给导演打板儿喊"准备，开拍！"各种脏活儿累活儿，所以大家都邋里邋遢。筱田正浩告诉我说，身高1.8米的大岛渚，每天都西装革履地出现在片场，好像是公务员一样。看到大岛渚的照片，我总有一个疑问，就是日本电影导演界似乎也是"外貌协会"。我近距离接触过三大国际电影节的常客筱田正浩、拍出了奥斯卡最佳外语片《入殓师》的泷田洋二郎、和广为亚洲观众熟知的岩井俊二等多位日本导演，他们的风流倜傥总是令我折服。

踏进电影行当没多久，大岛渚开始反思并批驳以小津安二郎、木下惠介为代表的"松竹大船格调"，或称"感伤道德主义（Sentimentalism）"，即城市家庭题材伦理剧。他首先撰写了大量专业性的影评文章，来批判老导演们一成不变的艺术手段。如他发表了《今井正臭狗屎说》等文章，矛头对今井正、小津安二郎等一批日本电影巨匠，表达了"想把自己看不上眼的老东西统统赶走"的心声。

当然，他不是一个人在战斗。他发挥自己曾在京都大学领导学生运动的才干，和志同道合的年轻副导演们一起研究日本电影为什么走进了死胡同。他和他的盟友们认为，占据日本电影年度十佳的作品常常出自这些老导演之手。这些片子不外乎两类：一类是完全承认日本社会现状，充分描写虚幻的庶民情调的电影，也就是以小津安二郎为代表的作品，它们虚假、伪善；另一类是唯心地描写日本社会压根儿就没有的所谓现实主义电影，比如成濑巳喜男和木下惠介的作品，这些号称民主主义或现实主义的影片调子压抑、哀怨、妥协、逃避，以感伤情绪的说教腔调来暗示社会的不公平或阴暗面。

这些影片里，看不到日本人的奔放自由，或者真正的痛苦所在，甚至看不到人本身，人顶多不过是适于环境的某种摆设。这样的作品，怎么能引起在战后度过青春期的青年们的注意和共鸣呢？

大岛渚对日本电影创作的不满，不仅仅停留在理论层面。1956年，他创办剧作内刊《7人》和《剧作集》，用来刊登副导演们的剧本习作。他最早刊登的剧本就是《深海鱼群》。扉页上，他抄下了罹患麻风病的诗人明石海人的《深海鱼群》诗句："人就如同深海鱼一样，如果自己不发光，周围就是死黑一片。"

一群希望表达自我主张的副导演，如同深海鱼群一般，迅速团结到这两本剧作内刊周围。

剧本习作已经能够看出未来大师们的雏形。比如，曾经两次拿过戛纳国际电影节金棕榈奖的今村昌平导演，他的父亲是个开小诊所的，附近的妓女和流氓是他家的常客，每天的生活都像黑泽明的《酩酊天使》描写的那样。所以他总喜欢写身边的这些底层人是怎么顽强生活的。他写了个剧本叫作《猪与军舰》，想要给寄生在美军基地的地痞流氓树碑立传，喜滋滋地拿给师父小津安二郎和野田高梧看。

两位老师问他："你怎么老喜欢表现这些蛆虫的生活？"公司领导也批评说："这就是流氓礼赞嘛！"根本就不给立项。今村昌平于是"下定决心一辈子到死都要表现这些蛆虫"，干脆就从松竹公司离开了。

《青春残酷物语》，大岛渚，1960 年

开启自由创作电影的时代

1959 年，27 岁的大岛渚拍完了处女作《爱与希望之街》。如果按照老导演们的路线，影片中富有同情心的资产阶级小姐和贫穷善良的少年之间似乎应该产生某种温馨的情感，并给人以充满希望的光明未来。但影片的结局却是惨烈的：富家小姐和贫穷少年之间的阶级隔阂无法用爱来调和，日本社会是"没有爱与希望之街"。

1960 年，大岛渚又马不停蹄地接连完成了《青春残酷物语》《太阳的墓场》《日本的夜与雾》这三部作品。在这些影片中，本应该是社会精英的青年们无视社会伦理，用堕胎、诈骗、殉情等行为，表达了对战后日本社会现实的无奈与颓唐。

不仅仅是大岛渚，他的盟友们也拍摄了以青年人为对象的影片，直面日本战后社会出现的种种政治、经济、文化问题，反映青年人落寞迷离的青春——哪怕这些青年人反抗社会的方法是暴力，或者性。他们绝不像老导演们那样，重复自己，"当一个做豆腐的"，或者描绘虚幻。

这些作品深入破坏日本电影那些既定的语法，压根儿不讲究什么"日本范儿"或者"日本形式美"，通过试验各种表现手段来创新和探索。他们大量起用新演员甚至是非职业演员，显得真实、抽离，不让观众沉浸其中。他们用实景拍摄、自然光效、纪录片式摄影手法、跳切等无技巧剪辑，营造了影像的粗糙感。有时候，甚至不管是不是有瑕疵，有些戏份儿拍一次就过关了，用电影界的行话俗称"一条过"。这与老前辈们那种精致构图、舒缓运镜、一个场景拍摄十几次甚至 70 多次的精益求精简直有天壤之别。

他们二十七八岁或三十一二岁就出道了，精力旺盛地表达着自己。青年导演们也不能容忍自己的命运被任何人操控。大岛渚、吉田喜重、筱田正浩这批导演，被记者们借用了"法国新浪潮"的称号，称为"松竹新浪潮"或者"日本新浪潮"，认为他们掀起了日本电影革新的浪潮。他们年轻而有活力，他们和法国新浪潮形成了呼应关系。

但是，当看到电影公司包装了一批山寨新浪潮的作品，试图以次充好的时候，大岛渚于1960年岁暮发表《扑灭"新浪潮"！》的激进文章，称

《日本的夜与雾》大岛渚，1960年

"新浪潮是狗屁"，坚决不接受"新浪潮旗手"的名头。

随后不久，大岛渚、吉田喜重、筱田正浩这三位被我称为"松竹新浪潮三剑客"的导演，还有来自日活公司的今村昌平、中平康导演，陆续炒了大电影公司的鱿鱼，成立了自己的独立制片公司，开启了他们创作生涯最重要而且最艰难的初期阶段。他们的行为，不但终结了小津家庭题材代表的日本传统电影美学，而且终结了日本从好莱坞那里学来的大制片厂制度，开启了自由创作电影的时代。

他们不依附任何大机构、不求助于任何大企业，而是以自己的方式克服困难，独立制作自己希望的电影。举几个例子来看看当时他们有多"惨"吧。

大岛渚的太太小山明子是当时松竹公司的一线女明星，收入也是大岛渚的几十倍。她跟随大岛渚离开了松竹公司，很快就遭到报复，没法出演五大电影公司的片子。她为了支持丈夫的创作，不但免费出演了《少年》《感官世界》等大岛渚的作品，要担当剧务，而且没有戏份儿的时候还得跑到电视台拍点广告，

挣来的钱立马投入剧组运转。

今村昌平家已经穷到吃不起肉，只好带着孩子们上山采蘑菇当菜吃。可以说，很多新浪潮导演都经历了"没有办法拍电影的电影导演"这样一个阶段。然而，他们并没有闲着，很快就主动接受了来自电视的挑战。多数导演到电视台拍摄纪录片，或者做一些严肃访谈类节目，留下了大量揭露日本社会发展阴暗处的尖锐作品，试图从战败角度着力反思日本侵略史。

比如，在1963年8月播出的《被遗忘的神军》中，大岛渚将镜头对准在日韩国籍的"二战"伤残士兵，与他们一同控诉来自日本政府和日本社会的歧视。而今村昌平的《南洋姐》，则关注了去南洋从事皮肉生意来帮助日本完成近代化进程的"南洋姐"的凄惨命运。今天日本电视纪录片的不少传统，正是来自他们的功劳。

新浪潮结束之后，由于不再受大制片公司的管束，导演们开始不断突破电影的表现范围。他们宣称，"不改变电影的拍摄方法，电影就不会改变。不孕育新的拍摄方法，就不会诞生新的电影"。大岛渚曾经说："电影导演最喜欢拍两种事儿，一是人的死亡，二是人的情爱。"

在人的本能欲望方面，他们做了惊世骇俗的尝试。比如1976年2月，大岛渚利用法国资金完成骇世名片《感官世界》。影片以1936年日本少壮派军官的"二二六兵变"为背景，用男女的疯狂情事和最终的死亡来消解甚嚣尘上的军国主义，毫不留情地嘲笑了军国日本的国家主权。大岛渚想要使"《感官世界》不单成为电影史上的事件，而且也要在日本的或者世界的人性史上留下一页"。由此，大岛渚成为全世界第一个将硬性色情与政治、艺术成功结合的电影人，引爆国际长久的关注。

在戛纳，这部影片被评价为"发掘日本典型庶民文化中的传统，对长久以来因宗教而受到压抑的欧洲社会进行了挑战性的叩击"。大岛渚太太小山明子跟我说："《感官世界》之前，还从来没有那么多导演跑来关心大岛渚的片子。"《感官世界》在戛纳国际电影节引起轰动后，家里的电话就响个不停，"都屈尊来问，大岛导演，您那片子怎么拍的呀？哪儿能看到？"因为《感官世界》同名书籍的出版，他还曾因"猥亵罪"对簿公堂6年，并利用自己科班学法律出身的专业知识辩护，为自己迎来了无罪判决。

他的多部作品主题非常尖锐，预言了战后民主主义的解体和崩溃。比如《饲育》表现一个黑人士兵被深山村民们软禁直至被虐杀的故事，对受军国主义和村落共同体双重压迫的村民集体杀人事件提出了尖锐的责任拷问。《忍者武艺帐》是用摄影机拍摄漫画原作后，再通过蒙太奇重新组织画作的顺序和角度，并配上对白、音乐和声音效果，形成一部动静结合的怪异作品。《感官世

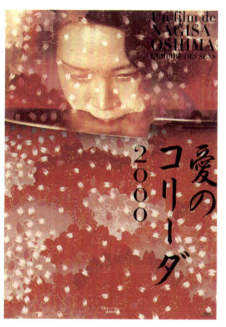

《感官世界》，大岛渚，1976年

界》的色彩对比很强烈，而到了两年后的《爱的亡灵》又试图在画风和影调上回归一点东方的古典和神秘。

大岛渚不曾忘记将目光投向中国，他"将日本作为相对化的视点，经常把中国置于脑中，饱含军事侵略和殖民地的体验，提出对日本人的亚洲经历进行再检讨"。他拍摄制作了《亚洲的曙光》（1964），对20世纪初东京的晚清留学生的民族主义苦恼进行了描绘。他担任第一届上海国际电影节主席，对中国电影给予支持与关注。

战后日本电影史上的黄金时代

2006年，今村昌平去世。同一年，拍出了广为中国人熟悉并且受到巴金先生盛赞的《望乡》的导演熊井启去世。2013年，大岛渚去世。还健在的新浪潮导演们，已经是90岁上下的年纪，他们基本在2005年前后，陆续停下了创作。

今天来看，可以说这些小津弟子的活跃期是战后日本电影史上不可再现的

黄金时代。今村昌平，两度戛纳电影节金棕榈奖。大岛渚，戛纳电影节最佳导演奖。筱田正浩，1969年，仅仅用了7天时间拍摄的《情死天网岛》就入围威尼斯国际电影节，并留下多部三大电影节获奖作品。铃木清顺，柏林电影节评委会特别奖和威尼斯电影节评委会特别奖……我一直认为，在这个"大师死去"和"大师去死"的时代，这些导演之后，日本实拍电影界再无巨匠。

三 是枝裕和"下流"的伪家庭电影

喜欢日本文化的朋友应该都知道是枝裕和，他是最近几年在中国最炙手可热的日本电影人。那么，你最喜欢的是枝裕和电影是哪一部？可能很多人会说《步履不停》，或者《小偷家族》，也会有人回答《海街日记》。

《海街日记》并不是我个人最喜欢的是枝电影，但是我和是枝导演这些年的交往过程中，比较有缘分的一部影片。那么，就从它开始。

继续镰仓之旅

在《海街日记》这部影片中，是枝裕和描绘了在镰仓小镇上的一座老宅的

《海街日记》中的姐妹

故事。父亲离婚后15年来杳无音信，母亲自己跑到北海道生活，大姐带着两个妹妹长大。夏天时她们突然接到通知，去东北的山形县参加父亲的葬礼，也看到了同父异母的未成年妹妹。大姐决定将举目无亲的小女孩儿接到身边。在镰仓这个靠着海的小镇上，四姐妹共同经历着人生的悲欢离合。《海街日记》是是枝裕和导演的第十部故事电影。

我2014年6月在东京约见是枝导演的时候，他说最近一直在日本各地找那种带着烟囱的老式殡仪馆，而日本的绝大多数殡仪馆都很现代化，是不冒烟的。

2015年8月，我再度回到东京，再次和是枝导演见面之前，就在他的导演工作室不远的影院观摩了《海街日记》。影片开头第十分钟的段落中，绫濑遥、长泽雅美和夏帆饰演的三姐妹，走出灵堂之后，一抬头看到了殡仪馆高耸的烟囱中冒出的青烟。影片中的父亲，仅仅以火葬后一缕青烟的形式存在着，看似没有什么存在感，却始终成为四姐妹成长过程中隐隐的阻力。那一刻，我一下子就理解了他对老式殡仪馆的执着。

近年来，是枝裕和比较受到关注的多部作品，都像《海街日记》这样，描写家庭中的日常生活。比如《步履不停》，描写一个不得志的画家良多娶了一个带着"拖油瓶"的二婚太太，在哥哥忌日这天，良多一家和姐姐一家回到老宅，和父母度过了看似平静的一天。

比如《比海更深》，讲述少年得志后逐渐平庸的作家良多，沉迷于赌博，耗尽耐心的妻子最终离他而去。在每月一次探视儿子的这天，拮据的他试图给儿子准备一点礼物，也试图挽回前妻的心。由于遭遇台风，三个人在良多的老母亲家度过了尴尬的一夜。

比如电视剧《回我的家》，讲述电视广告制片人良多，对待工作是个老好人，总是喜欢和稀泥。

此外还有《如父如子》，讲述精英建筑家良多在独生子6岁时得知，孩子并非自己亲生，是当年在医院被护士蓄意调包，被抱错的亲生儿子一直在群马县的一个小电器修理店的老板家长大。

是枝裕和的男主角似乎总是叫良多，他们的形象总是大同小异。除了上述

《比海更深》中的良多一家

几部作品，是枝导演还通过各种角度来描写现代日本家庭的情感，看起来有兄妹关系的，有父女关系的，有夫妻关系的。所以总有一种论调，认为是枝裕和特别像小津，是枝裕和描写了一种典型的现代东方家庭生活。

那么，是枝裕和真的像小津吗？

我们曾在第一节中提到过，是枝裕和本人并不承认这一点。翻遍是枝导演的著作和访谈，以及我几次和他的短暂交流，可以看到他一直强调自己从许多前辈的作品那里获得了特别多的给养，唯独没有小津。

他说，法国新浪潮导演侯麦教给他，"恰恰在所谓的主题之外，方才存在着电影的丰富性"。他观摩过肯·洛奇的所有电影；桃色电影相米慎二导演在他心中是无可比拟的重量级人物——这一点倒是和大岛渚很相像，大岛渚是因为崇拜色情片导演神代辰巳，才拍出了《感官世界》的。中国人比较熟悉的台湾导演侯孝贤，是枝导演说"光是和他喝茶，就已经感觉到特别幸福了"。

比起小津，他说自己更喜欢的，是和小津导演同一时代的另一位巨匠——

成濑巳喜男。如果看过是枝导演的《空气人偶》这部影片，你会发现它藏满了是枝在故事电影的师承的所有秘密。

影片讲述一个突然有了心、有了生命的充气娃娃，趁主人不在的白天，来到街头，好奇观察人世间的一切，并逐渐拥有了空虚、爱这些人类情感的故事。她那些不谙人间世事的懵懂，被玷污的无奈，试探爱情的少女心，还有作为发达都市中的孤独个体的空虚感，总是让人感到成濑巳喜男的影子。

在一家DVD租赁店里，她看到了心仪的店员小哥，就留下来打工。DVD租赁店的门口，摆放着侯孝贤在法国拍摄的影片《红气球的旅行》的海报。店长大力推荐的影片，是深作欣二导演的类型电影《无仁义的战争》。

充气娃娃对店员小哥一见钟情的画面里，《西元2万年》的电影海报占据了画面很大位置。专门有客人来寻找希腊导演安哲罗普洛斯的影片。而两人真正相爱的那一场戏里，是充气娃娃一边整理货架，一边回答店员小哥的业务测试。当小哥问："松田优作的遗作，雷德利·斯科特导演的作品是哪一部？"充气娃娃准备回答的时候，却被钉子扎了一下，顿时漏气瘫软在地上。小哥俯下身来为她吹气，也逐渐填满了她内心的空虚。

当然，是枝裕和导演这样的迷影故事还有很多。

是枝裕和的纪录片

是枝裕和是一位从纪录片界转行到故事电影创作界的导演。他的纪录片创作，也从那些"反小津"的新浪潮导演那里接受了许多观念。

我第一次见到是枝裕和导演是2009年7月，他应东京国立近代美术馆日本电影中心，也就是我们俗称的"日本电影资料馆"的邀请，在东京银座附近的京桥，举办一场关于大岛渚的讲座。他听说门口有一位来自北京的年轻学者没有票进不了场，就亲自出来迎接——对的，那个人就是我。

那天的讲座，是枝裕和谈了大岛渚的电视纪录片在日本影像艺术发展史的重要意义，以及给自己在早期创作带来了多么大的影响。是枝裕和说："在拍摄者的拍摄诉求和拍摄对象的自我表现欲之间的冲突中，真正的纪录片才得以产生。"

大岛渚的纪录片理念，触动是枝导演也通过纪录片来讲述社会事件中关于公共领域的部分，来剖析这些人物是在什么样的社会结构中诞生并行动的。他在学习纪录片拍摄的时候，关于如何关注社会的视角，还受到了与大岛渚同时代的日本两大纪录电影巨匠小川绅介和土本典昭的影响。

小川绅介以拍摄东京成田机场所在地的三里塚地区农民反抗拆迁的《三里塚》系列，表明了他用摄影机与强权战斗的态度；土本典昭的成名作则是拍摄位于熊本地区的水俣一带，氮肥公司违规将污染物排入海水，导致周边食物链遭到公害，居民患上水俣病痛苦死去的《水俣》系列。

可以看到，是枝裕和的早期纪录片，无论从题材还是从拍摄角度，都明显带着这些身有反骨的前辈们的影子。比如1992年的《公害去往了何处》，让人想起土本导演的《水俣》系列纪录片；《受歧视部落实录》则让人想起大岛渚的纪录片《被遗忘的神军》。

可是，即使是我，一开始也是坚信是枝像小津的。

十几年前，我看过无数遍他的处女作《幻之光》。影片描写女主角弓子因为丈夫突然莫名其妙地自杀，独自来到能登半岛疗愈心伤的过程。

第一，影片的镜头总数仅有252个。一部好莱坞的标准商业片，镜头基本都在1500个以上。200多个镜头，可想而知，看起来得有多么安静、多么"催眠"。

第二，影片只有9个运动镜头，固定镜头占大多数，基本不动的摄影机，主要靠在场面调度中完成人物关系和人物形象的刻画，所以人物的动态需要观众花很大精力去捕捉。

第三，全片影调偏蓝，夜景也比较

《幻之光》，是枝裕和，1995年

多，如果是电影院观影还好，小屏幕观影的话，很容易就睡着了。

这几点，都让人想起小津。西方影评人可能更容易给它贴上"禅意"的标签。总之，这是一部特别容易让人认定为"代表日本美学"的作品。更不用提他的"良多"系列和其他多部电影，看起来不仅仅是典型的东方家庭题材，而且基本的人物设定都很公式化。比如父亲形象总是很糟心，或者干脆就不存在。如果是以表现男性为主的题材，那么相比女主角的人生，男主角总是显得更为不得志一些，比如电视剧《回我的家》和《比海更深》里的良多。

这些影视剧，看起来总是在某个地方似曾相识，并且最终形成了"互文"的效果。我一直觉得，《无人知晓》里的兄妹们为了能活下来，也会走上《小偷家族》里的小孩儿祥太和小玲的道路。而如果他们都能健康长大，一定会像《海街日记》里的四姐妹那样，有着温情的手足情谊。《步履不停》里怀才不遇的良多，终于在《比海更深》中走到了绝境。

恐怕，日本电影史上特别喜欢重复自己的，除了小津安二郎，和拍出了最长电影系列片《寅次郎的故事》的山田洋次，好像就只有是枝裕和了。

是枝导演一直坚持用胶片拍摄电影，他说除了《第三度嫌疑人》，其他影片都是胶片拍摄。小津那个时代的人自不必说，在21世纪以前，电影基本都是用胶片拍出来的。小津导演的继任者山田洋次导演，已经鲐背之龄，仍然坚持几乎每年一部影片的创作速度，这些影片也都是胶片拍摄。

数字电影拍摄和放映的普及是最近20来年的结果。筱田正浩导演拍摄2003年《间谍佐尔格》的时候，在他的母校早稻田大学的影像实验基地采用了当时非常尖端的绿幕、动作捕捉、全硬盘存储等技术，引起了整个亚洲电影界的轰动。我有幸参观过现场。

如果说山田导演年纪大了不肯接受新事物倒也情有可原，可是，这个早稻田大学影像实验基地的现任教授是枝裕和，却对这些先进设备弃之不用，一直坚持胶片拍摄，看起来似乎又给他增添了一条"继承传统日本电影美学"的证据。

但是，当我有了多次近距离接触的经历之后，我越来越笃信，是枝是一个"伪家庭题材"电影导演，他和小津之间，绝对不是否定之否定的螺旋上升关系。

"伪家庭题材"

首先，正如我们第一节里说的，小津电影的日本家庭形象，是完美的、虚构的家庭神话。亲子两代的关系融洽而且互相体谅。笠智众饰演的鳏夫父亲，为了让女儿放心出嫁，宁愿撒谎说自己要再婚。女儿为了照顾父亲而宁愿单身，或者是为了父母最终接受了相亲结婚的结局；老夫妇为了照顾事业有成的儿女们的情绪，宁愿多受委屈。而明明已经没有亲缘联系的守寡的儿媳妇，却尽到了一个完美晚辈应有的孝道。一切看起来那么精致，构成了战后凄风苦雨中毫不动摇的、坚定的家庭形式美。超越了时代，超越眼前的俗世的传统价值。

但是，是枝裕和作品中的家庭，全是支离破碎的底层，有时候甚至常常是极端的纠葛。连家庭都是支离破碎的、虚假的，还谈什么家庭题材呢？

从他的处女作开始，到《第三度嫌疑人》为止，你在哪部影片中看到了一个完整家庭？《幻之光》是死了丈夫的女人，《距离》是邪教活动的加害者遗属，《下一站，天国》是刚刚离世的人们，《无人知晓》是一群被母亲遗弃的同母异父的兄妹，《花之舞者》是要替父亲复仇的贫穷武士，《步履不停》是大哥溺水身亡、自己则娶了带着"拖油瓶"的二婚女人、眼看家业无人继承的落魄画家，《奇迹》是父母离异的兄弟俩，《空气人偶》是比萨店的穷困小店员和不值钱的充气娃娃，《如父如子》是两个被互相抱错了孩子的家庭，《海街日记》是三婚的父亲留下的同父异母的四姐妹，《比海更深》是父亲早已离世、自己也离了婚的江郎才尽的作家，《第三度嫌疑人》是离婚后女儿从事皮肉生意的嫌疑人和被生父强奸的女儿……到了《小偷家族》，是枝裕和把这种支离破碎的底层凝聚到了极致，整个"小偷家族"没有一点点血缘关系，全部是靠某种奇怪的缘分联系在一起。

其次，是枝裕和用消解父亲形象的方式，来宣告传统东方家庭题材的崩溃。小津作品中的典型父亲形象，是权威的精英。比如《晚春》里的父亲是东京大学教授，而《秋刀鱼之味》里的父亲是海军军官。你在是枝裕和的作品中见过哪个典型的东方传统父权形象吗？

如果像前面说的，父亲全是些废柴倒也罢了。我们就举一个极端的例子，在《第三度嫌疑人》中，日本天神级偶像福山雅治向来苦心经营的精英中年形象"飘落凡间"，翻开了掩盖在光鲜外表之下那困顿而不知所措的一面。甚至他将自己想象为凶手，代入一起恶性杀人事件。

不仅如此，影片中我们看到了三种父女关系。第一种，是福山雅治饰演的律师重盛离异后，和跟着妈妈生活的女儿之间，存在着疏远叛逆的关系。第二种，是广濑铃饰演的女儿和她的人渣父亲之间，存在着性侵关系。第三种，是役所广司饰演的三隅这个嫌疑犯父亲和沦落风尘的女儿之间，存在着陌生的拖累关系。

为什么是枝裕和作品中的父亲形象会是这个样子？小津的年代，日本社会是典型的"父权家长制"，父亲在家族中拥有绝对权威。1945年8月日本战败，天皇制崩溃，随后"父权家长制"在新民法中被废除。父亲的"尊崇感迅速消失殆尽，其原因之一，大概是战败使旧的道德观受到了沉重打击，以往作为国民精神支柱的忠孝道德被全面否定了。与此同时，人们推崇的西方国家也陷入空前混乱，世界思想潮流日趋向着否定父权的方向发展"。

日本年轻人在父权的崩溃中丧失了生活的依据与支撑，这应该是大岛渚为代表的新浪潮一代，反叛作为"师父"的小津这一代人的创作出发点。

出生于1962年的是枝裕和明显不具备新浪潮导演那样"弑父"的诉求。他的作品体现的首先是父亲的缺失。他跟我说："可能是我自己在成长的过程中没有感觉到太多父亲的存在吧……我反而觉得没有父权更好。"他没办法把父亲描写得很真实，所以干脆就不要这个人物了。

他不断寻找一种代替父亲的存在，所以他才会在心理依靠上，奉侯孝贤为父；在艺术探索上，奉安哲罗普洛斯为父；不一而足。他对我说："即使当了父亲，在家庭中我也没有父权的意识。而且作为导演，在拍摄现场，我也在努力不做出具有父权的行为。"

即使那部半即兴方式完成的《距离》，主题也是关于"父性与父权的缺失"的。终于，他认定"父亲需要建立与孩子的关系才能成为父亲"，就像《如父如子》的日文片名"然后成为父亲"那样。

再次，是枝导演的作品记录了日本社会"下流"进程中家族的崩溃。还记得我说过小津关于"莲花和淤泥"的创作观念吗？小津的作品精雕细琢，宛若圣洁的莲花，小津绝不容忍去拍摄"淤泥"——也就是社会的现状——来反衬"莲花"，所以他才对木下惠介拂袖而去。可是，如果你认真看每一部是枝作品，你会发现，是枝作品中充满了他对社会底层问题的思考。

很多外国观众对是枝裕和作品本体的读解，多见于日本传统文化与美学的再现、生死观、家庭观、亲子关系甚至美食。但我想，是枝裕和电影的力度，恰在主题之外——那些他的电影存在丰富性的地方。

是枝裕和高度保持关注社会的视角，但并不冷眼旁观。

他拒绝冷眼旁观。他强调"当事者意识"，这恐怕是来自小川绅介的影响。他的电视纪录片已经承载了对政治问题的关注，比如关于反战与和平的"宪法九条"，但政治并不是他这个年龄段的日本人喜欢的——1962年至1969年出生的人，被日本社会称为"新人类"。所以和他同时代的岩井俊二的作品，也纯净得不沾染一点点政治。

是枝裕和转而关切社会问题，以各种角度来思考日本的当下。战后很长一段时间，日本国民大多迷信自己身处于"一亿总中流"的社会，也就是一亿日本人都是中产阶级。但是自20世纪80年代开始，收入分配逐渐不平等，尤其进入21世纪后，日本贫富差距越来越大。日本早就已经不是"一亿总中流"的社会了，逐渐开始"下流"，也就是从中产阶层向底层流动。收入在生活保障基准线以下的人数在不断增加。地方经济衰落、邪教问题、性侵甚至近亲强奸对女性的伤害、遗弃儿童、离婚率上升、儿童犯罪、老人孤独死、老后破产等，这些伴随着日本社会"下流化"过程中日益凸显的问题，一直作为他所有故事的背景存在着。

最后，我们回到《幻之光》像小津作品的话题。为什么他的镜头那么安静？直到我2015年见到他，提起《海街日记》当中有挺多移动镜头，就在逼仄的房子里拍人物的关系。他说，因为和中国台湾摄影师李屏宾在《空气人偶》合作，李屏宾教会了他和团队怎么让摄影机在室内移动。我一瞬明白，《幻之光》之所以安静，是因为他的不得已——他不懂怎么让摄影机运动起来。

技术的限制导致了成片的美学形态，这并非他能随心所欲控制的。所以他成熟期的作品避免摄影机对故事情节的入侵。在多部影片中，摄影机保持在场者的身份，游刃有余地穿梭于室内。在《第三度嫌疑人》的结尾，福山雅治到看守所探望役所广司，镜头通过会见室的玻璃隔窗将两个人的脸孔叠在一起。他的影像作品观照的多是灰色地带，既不给问题也不给答案。他偏爱这种不给出明朗结局的收尾方式，以让观众具有"当事者意识"，从人物身上看到自身、照见自身、反观自身。

是枝裕和的作品展现了家庭题材神话破灭后，看似平淡又满含诗意的日常，电影中可见真实的人，可见真实的人对真实社会的感知。我想，这就是作为一个影像作者的尊严和底线吧！

镰仓与京都

镰仓是关东地区非常重要的文化高地，更是电影文化的高地。"永远的女神"原节子，在小津辞世后就久居镰仓。

从大岛渚墓地所在的建长寺出发，往《海街日记》外景地走的途中，大概徒步12分钟，就能到达一个名叫"川喜多电影纪念馆"的地方，馆内展陈了日本电影重镇川喜多一家的毕生贡献。

父亲川喜多长政精通中文，母亲川喜多可诗子被称为"日本电影之母"，她发起了"日本艺术电影院运动"，组建了日本艺术影院联盟，亲手将维斯康蒂等欧洲电影巨匠的大量作品带到日本来，又将黑泽明的《罗生门》等日本电影扛鼎之作送上世界艺术电影舞台中央，还支援了大岛渚、筱田正浩、今村昌平、寺山修司、三岛由纪夫等人的大量电影创作。女儿川喜多和子则是将大岛渚、小栗康平等杰出日本电影人介绍到国际影坛的重要人物。

京都，则既是历史与文化之都，也是日本电影的发祥地、日本电影之都。

明治四十三年也就是1910年，横田商会在京都设立了日本最早的制片厂二条城摄影所，奠定了大正时代到昭和时代初期日本电影发达的基础。在这里，

"日本电影之父"牧野省三拍出了一系列古装武士题材电影，形成了日本最早的类型片。多家老牌电影制片厂基地就建在京都。

如果大家有兴趣去观摩小津安二郎的电影，就会发现这位巨匠不但住在镰仓，而且总是把镰仓作为故事发生地，京都则总作为一个相对立的符号，打破故事中镰仓的平静生活。比如《风中的牝鸡》，比如1951年的《麦秋》等。所以我想，镰仓和京都，在日本电影发展进程中是不可分割的一体两面吧。

【推荐书目】

1.［日］佐藤忠男：《日本电影史》，应雄译，复旦大学出版社，2016年。

2.［美］约翰·W.道尔：《拥抱战败》，胡博译，生活·读书·新知三联书店，2015年。

3.［日］是枝裕和：《是枝裕和：再次从这里开始》，匡匡译，东方出版中心，2019年。

4.［日］四方田犬彦：《亚洲背景下的日本电影》，杨捷译，江苏教育出版社，2007年。

5.［日］三浦展：《第四消费时代》，马奈译，东方出版社，2014年。

透　　　视　　　日　　　本

第三篇

虚拟世界

第九章

二次元：虚拟世界创造新型偶像

文 林品

　　在晚期资本主义高度成熟的文化工业逻辑当中，那些赢得一定范围用户喜爱的二次元角色，他们的人设要素都会被解析、归纳进一个可供文化工业展开复制再生产的"萌元素数据库"当中。二次元产品的生产者和用户生成内容的创造者都可以从这个"萌元素数据库"当中各取所需，通过"萌元素"的解析、重组与再循环，制作出各式各样的"萌系角色"。

一　在浮世绘与迪斯尼之间：二次元文化的缘起与张力

　　"二次元"（にじげん；nijigen）在日文中的原意是"二维空间""二维世界"，它本来是一个几何学领域的术语，而从20世纪90年代开始，越来越多的日本动漫游戏爱好者开始借用这个词，来指称他们喜爱的动漫游戏所创造出来的二维虚拟世界。随着日本动漫游戏文化的跨国传播，这种用法的"二次元"也传入了中国，于是就有了今天我们在互联网上看到的"二次元"概念。

　　有一部名为《闪光少女》的优质国产电影，表现了中国二次元爱好者的文化生活。在那部电影中，演员彭昱畅扮演的男主角油渣，给"二次元"下了这样一个简洁而又清晰的定义："二次元就是ACG，Animation，Comic，Game，动画、漫画、电子游戏。"所以可以说，二次元文化也就是动漫游戏文化。那么，为什么ACG会以首字母合称缩写的形式出现呢？这是因为在日本，动画、漫画、游戏之间存在着特别密切的文化互渗与产业互动，我们会在下一节中重点讨论这个问题。

　　需要特别注意的是，对于ACG这个合称缩写的使用，其实仅仅流行于中国。在日本本土，常用的合称缩写并不是ACG，而是MAG。从宽泛的意义上说，二次元文化泛指动漫游戏文化；但从狭义上说，源自日本的二次元文化应该是特指MAG文化。

　　这里的M是Manga的首字母缩写，Manga也就是日语中"漫画"（日语假名写作マンガ）一词的罗马拼音读法，我们可以把Comic理解为是对漫画这种媒介载体和艺术门类的宽泛统称，而Manga则是一个专门特指日本漫画的专有名词。大家在市面上看到的那些欧美叙事性漫画，比如大家熟悉的DC漫画、漫威漫画,《蝙蝠侠》《美国队长》等,它们都是全彩漫画,而且是从左向右、从上向下分格叙事;而日本的叙事性漫画则是以黑白色调为主,从右向左、从上向下分格叙事。不仅如此,在画风方面,日本 Manga 也形成了有别于欧美 Comic 的风格体系。

之所以日本 Manga 和欧美 Comic 会存在明显的差异,一个重要的原因在于,Manga 其实是脱胎自日本独具特色的本土美术。事实上,Manga 这个概念最早就是由日本江户时代的浮世绘画家葛饰北斋明确提出的。提到葛饰北斋,相信熟悉日本艺术的朋友都会想到他那些著名的浮世绘作品,比如《神奈川冲浪里》《凯风快晴》《骏州江尻》等。在《神奈川冲浪里》这幅浮世绘作品中,北斋用圆弧的旋转塑造出巨浪吞噬富士山的排山倒海之势。

再看《骏州江尻》,静中有动,动中有静,画家在巍然屹立的富士山与被风卷走的怀纸、帽子、树叶之间建立了巧妙的对比,而且将那几位在疾风中行路的旅行者描绘得活灵活现。

从这些作品中我们可以看出,北斋非常善于在平面空间中使用简洁流畅的线条来表现强烈的动态感,而他也将这种绘画技巧和艺术追求带到了他的漫画创作中。

北斋是在 1814 年刊行的《北斋漫画》第一卷中提出"漫画"这个概念的。他这样解释"漫画"的意义:"绘气之所向,画意自在其中。"可以看出,这个定义包含有无拘无束、形式自由的"漫笔"之意;但更为重要的是北斋所说的"气之所向",这意味着北斋在描绘他置身其间的风土人情、市井百态,描绘他所观察到的鸟兽虫鱼、风云波浪,描绘他幻想出来的神灵佛僧、妖魔鬼怪的时候,会特别注重去运用简洁而流畅的线条,来捕捉世间万物的灵动的瞬间,展现人物或者拟人化对象的动作和神态,为自己笔下的芸芸众生赋予生气和动感,从而让它们仿佛要从北斋的画纸上呼之欲出。正是在这种用静态画面表现动态之美的意义上,《北斋漫画》虽然还没有明确的故事线,但它却对后世的日本漫画创作者产生了深远的影响,堪称现代 Manga 的先驱。

葛饰北斋的漫画不仅影响了后世的 Manga,而且他那捕捉转瞬即逝的灵动瞬

《北斋漫画》中收录的漫画

间的奇妙艺术，也在他的《北斋漫画》和浮世绘版画传入欧洲之后，对19世纪后半叶的印象派画家产生了深远的影响，德加、马奈、凡·高、高更等印象派绘画大师都曾经临摹过他的作品。

除此之外，葛饰北斋在《北斋漫画》中还曾经用简笔画组图来表现同一人物的连续运动瞬间，这种对于动态视觉语言的探索也在19世纪后半叶影响了欧洲和美国的一些摄影师。比如，英国的摄影师埃德沃德·迈布里奇，就曾在葛饰北斋的启发下，使用多台相机来拍摄运动中的事物的连续运动瞬间，继而创造了最早的运动影像，为电影的诞生奠定了基础。

有趣的是，电影艺术又反过来启发了日本Manga的创造。真正现代意义上的日本Manga，是由手冢治虫在第二次世界大战结束之后开创的。手冢治虫采用从右向左、从上向下的分格叙述，大胆地突破了四格漫画与传统连环画的绘画方式，并且从迪斯尼动画中吸收了"分镜头"的概念，从好莱坞电影中借鉴了

"运动影像"的镜头语言，从而创造了现代Manga的分格叙事技巧。他会在一格接一格的画面中模仿摄影机的移动，变换虚拟摄影机的视角、景别，他还发明了气泡式的对话框，发明了表现速度感的速度线，发明了为无声画面增添音响效果的拟声词，发明了一系列的叙事手法。通过这些叙事手法的运用，手冢治虫为他的Manga赋予了运动影像一般的动感，而且极大地拓展了Manga的叙事能力，让Manga可以被用来讲述超长篇幅的故事。正是在这个意义上，手冢治虫被日本漫画界尊敬地称作"漫画之神"。

可以看到，日本的Manga是在浮世绘这样的本土艺术与海外传入的迪斯尼动画的共同影响下形成的，它的发展始终处在内源性力量与外源性力量所构成的张力状态之中。对于动画电影分镜技巧的运用，让Manga获得了通行全球的可读性，而源自浮世绘的积淀，则让日本Manga始终保持着一种有别于欧美Comic的民族特色。如果我们对比主流日漫和主流美漫就会发现，美漫更多受到素描技法的影响，线条往往更为复杂而硬朗，而且会在彩漫条件下，采用一些试图还原真实光感和色调变化的着色技法；而日漫的线条相对来说更为简约流畅，同时，日漫并不会刻意去追求塑造人物的立体感和环境的真实光感，即使是漫画读物的封面彩图，日漫在色彩上也是会倾向于使用色块平涂的技法。之所以如此，正是因为浮世绘艺术本就不受西方绘画透视理念的约束，而是凭借简洁线条和平面色块来创造出独具风格的装饰效果。这也让受其影响的Manga，相对于欧美Comic来说，更具扁平感，更具二维感，也因此更能创造出"二次元"的感觉。

MAG当中的A指的是Anime，这是英文单词"Animation"的日语片假名的缩略形式"アニメ"的罗马拼音读法，通常被用来特指日本动画。虽然动画这一艺术形式是产生于欧洲、兴盛于美国的，而且美国的迪斯尼动画长期以来都风靡全球，同时也在技术层面深深地影响了手冢治虫所引领的战后日本动画制作，但是，整个日本动画的美学风格却几乎完全自成一派，与欧美大相径庭。其中最重要的差异或许就在于，迪斯尼的Animation越来越倾向于使用阴影、光感、景深等技巧，进而开发3D动画技术，试图在二维画面中营造三维立体幻觉；而日本的Anime相对来说则更多保留了平面艺术的"二次元"风格，即使是在3D动画技术已然相对成熟的当下，日本动画也依然普遍地延续了二维时代所建立起来的美学风格。

时至今日，一些有想法的日本动画创作者依然会尝试从浮世绘当中获取灵感。例如，东映公司2007年出品的动画片《怪化猫》，就大胆地运用了浮世绘、版画、国画的形式和元素，整部动画都没有迪斯尼动画式的三维幻觉和灵活运动，而是将静态二维画面的极致表现与反常规的镜头切换结合在一起，让传统美术元素以一种令人耳目一新的新型组合样式呈现在当代观众面前。

MAG当中的G依然是Game，但日本的电子游戏同样深深地植根于日本动画、日本漫画的美学风格之中，因此在全球游戏产业中可谓独树一帜。而还有一种将文字叙事与二维绘画结合在一起的游戏形式——Galgame，更几乎是日本游戏的一种独有类型。在某些狭窄的语境中，MAG的G甚至会被专门用来特指Galgame。

所以我们可以看到，日本的动漫游戏有其特殊性，这种特殊性造就了"二次元"这个词语的特殊意义。

二 民族风格与跨媒介转换：日本动画的 成功经验

此节以日本动画为核心，谈一谈日本二次元文化的一些成功经验。

之所以要以日本动画为核心，是因为日本动画是二次元文化的三大艺术门类中最具国际影响力的一类。在上一节中，我曾经提到ACG与MAG的区别，这两个词语其实还向我们提示出，在不同的地区，动画、漫画、游戏这三种文化艺术门类之间的地位也是有所不同的。在日本本土，漫画的历史最为悠久，体系最为庞杂，在跨媒体产业链中具有根基性的地位。但在跨国传播的过程中，日本动画依托于更加大众化的电视媒体，更早进入中国的二次元爱好者的视野，不同的接受顺序影响了合称缩写的字母排序，而Manga和Comic、Anime和Animation这几个名词在具体使用中的差异，也反映了日本和中国对于漫画、动画的不同认知。

刚才讲了我为什么要以日本动画为核心，那么，我为什么要把日本动画的经验称为"成功经验"呢？这主要是基于三点：第一，在商业上，在票房成绩上，日本动画成功地在其本土占据着主流位置，成功地在其本土的电影市场抗衡好莱坞电影。第二，在艺术上，或者说，在可以标志的权威奖项上，日本动画不仅曾经多次打破美国动画对于奥斯卡最佳动画长片的垄断，打破美国动画对于国际动画协会颁发的安妮奖的垄断，而且还曾经多次入围戛纳电影节、柏林电影节、威尼斯电影节等国际A级电影节的主竞赛单元。第三，在文化传播的意义上，日本动画已经借助电子媒介传播到世界各地，在东亚地区乃至全球范围培育了大量的二次元爱好者。从20世纪八九十年代开始，日本动画也先是以电视台播放与录像带光盘的形式，后来以网络在线播放与网络下载为主要媒介，在中国的青少年人群中广为流传，不仅在很大程度上形塑了中国新一代动画消费者的接受习惯和审美趣味，在"80后""90后""00后"的群体当中培育了大量的日本"动漫迷"，而且还为中国的动画产业提供了多重意义上的范本。在这三个层面上，我们都可以称日本动画的经验为"成功经验"。

在我看来，日本动画之所以能够取得成功，首先是因为它不但在全球化浪潮中建立健全了本土的动画产业，而且在跨文化交流的过程中既接受了迪斯尼的影响，又成功地保持了自己的民族风格。

谈到"民族风格"这个词，我们最容易联想到的，当然是对于古老的民间故事、民族传说、民俗文化的改编与再创造。比如，入围2014年奥斯卡最佳动画长片提名的《辉夜姬物语》，就是一部由日本最古老的民间故事之一——《竹取物语》改编的动画。在改编这个千百年来广为流传的日本民间传说的时候，著名的吉卜力工作室有意识地采用了素描线条加上水彩上色的方式，形成了一种古朴淡雅的画风；而在配乐上，吉卜力工作室也有意识地使用了像古筝这样的古典乐器，营造出一种极具东方韵味的审美氛围。

再比如《千与千寻》，它同样是由吉卜力工作室制作的，曾经荣膺2002年柏林国际电影节金熊奖和2003年奥斯卡最佳动画长片奖。这部电影完整的日文标题，如果直译过来应该是《千与千寻的神隐》，而在中文的通用译名中只有这个标题的前半部分、这个短语的定语，却省略了后半部分，也就是这个短语事实上的中心语，而这个被省略的部分"神隐し"（kamikakushi），正是一个涉及日本民俗文化、携带着日本民族特色的概念。这个词的字面意思是"被神怪隐藏起来"，在日本文化传统中常被用来形容孩子或少女无故失踪的情形；而作为一种独特的民俗想象，它指的是"孩子某一天突然从日常生活中消失不见，受到神、天狗或者怪物的引诱，来到异世界体验一番之后，再返回人类世界的现象，是一种特别的体验"。仅仅从这部电影的标题，我们就可以看出它与日本传统文化之间的紧密关联，虽然标题的这层意涵在包括中文通用译名在内的各语种的译名当中都消隐了，但看过电影的观众仍然可以从其充满日本民族文化元素的美术风格，以及诡谲而富有寓意的情节中，感受到日本传统的妖怪文化和神道

吉卜力工作室展览《千与千寻》中的场景。（图片来源：视觉中国）

教文化的独特魅力。

　　但在介绍完刚才这两个著名的例子之后，我在这里想要着重提出的是，日本动画最具启示性意义的成功经验在于，它成功地展示了民族风格实践的多种道路。民族风格的实践，不仅仅意味着对古典文本的改编和再创造，而且还可以体现在现代史题材的文本当中，甚至可以体现在对所谓"科幻"题材的处理当中。

　　在这里，我想再举两个例子，其一是今敏导演的《千年女优》，其二是押井守导演的《攻壳机动队》。

　　《千年女优》是2001年上映的一部动画电影，与《千与千寻》并列荣膺当年日本文化厅媒体艺术祭动画部门大赏，也就是日本官方评选的年度最佳动画，它同时还获得了国际动画协会颁发的动画领域最高荣誉安妮奖的最佳动画导演奖。这部动画电影的故事情节是一位女演员千代子对她人生的回忆，它在艺术上的一个重要特色在于，通过今敏导演标志性的匹配剪辑，将千代子心理体验中的时空变幻交织在一起，从而形成一种复杂而又富有美感的时空交错结构。基于这种时空交错的剧作结构，这部动画创造了一种极为惊艳的电影表达：在电影当中，既是在追寻梦中爱人，更是在追寻心中梦想的女主人公千代子，不懈地奔跑在时空不断变换的背景之上，这个场景不仅因为出神入化的匹配剪辑而具有极强的运动流畅感和韵律感，而且充分地发挥了通过图层叠加合并来制作的二维动画的艺术魅力。作为一位女演员，女主人公现在时的人生回忆与过去时的寻梦之旅，令她跨越了日本20世纪40年代到70年代的电影史，而她所扮演的角色，在跑过日本电影史上各种类型片的典型场景的同时，也跨越了日本从战国时代、幕府时代、明治时代、大正时代一直到昭和时代的数百年的历史，这既是对日本电影史的一次致敬，也是对日本电影史所携带的日本文化传统与民族记忆的一次致敬，同时又包含着对日本现代历史，尤其是战争暴行的反思，寄寓着极具感染力的抒情言志。

我们再来看由押井守导演的动画电影《攻壳机动队》与《攻壳机动队2：无罪》，这两部电影分别上映于1995年和2004年，前者作为赛博朋克类型的具有里程碑意义的一部经典作品，对欧美电影界产生了深远的影响，比如沃卓斯基姐妹执导的《黑客帝国》就深受《攻壳机动队》的启发；后者则成为第一部入围戛纳电影节主竞赛单元的日本动画电影。这两部电影是一组故事背景设定在近未来的科幻电影，其主人公是赛博格，也就是机械化有机体，一种人机合成的生命形态，这样的世界观设定和角色设定，受到欧美关于后人类主义的哲学思考与文艺表达的影响。但与此同时，日本的动画师又为其注入了许多富有东方情调和日本特色的美学元素；电影中关于人与科技、人与机械的复杂关系的思考，还和日本传统的傀儡文化、能剧艺术之间形成了意蕴丰厚的互文关联；关于幽暗的反乌托邦未来的描绘，也包含着对于日本的政治状况的影射和批判。这些精妙的融合、互文、映射，为《攻壳机动队》赋予了一种别样的迷人魅力。

因而，我在这里想着重强调这一点，日本动画能够带来的一个启示性意义就在于，它成功地展示了民族风格实践的多种可能、多样道路。民族风格实践，不仅仅意味着对于古典文化文本的改编和再创造，而且还可以意味着对民族、国家、现代、历史的触摸，甚至可以体现在对人类未来命运的思考当中。

由《攻壳机动队》的案例，我还想提出日本动画的另外一条非常重要的经验，那就是跨媒介转换的经验。《攻壳机动队》这部动画电影，是由漫画家士郎正宗发表于1989—1991年的漫画《攻壳机动队》改编而来的，而在这部动画电影获得成功之后，又相继推出了《攻壳机动队》系列的TV版动画，和多套OVA，也就是一种通过光碟发售的Original Video Animation。

我们在看日本动画的片头字幕时，通常会看到的第一个信息就是关于"原作"或"原案"的信息，"原作"指的是动画原本构思的版权资讯，也就是原作版权的持有人或持有机构以及原作作品的名称，"原案"指的是动画制作构想的提案者，换句话说，如果某部动画的世界观设定、角色设定、剧情内容是原创的，就会在片头字幕起始处打出"原案"信息，而如果某部动画的基本设定和剧情是改编而来的，便会标明"原作"信息。

日本动画不仅有很多动画行业内部的人才在从事着优质的原创企划，而且还有多种渠道的改编在为其提供着源源不断的优质内容。首先是漫画，比如《攻壳机动队》这个案例，还有《七龙珠》《火影忍者》《名侦探柯南》《鬼灭之刃》等很多朋友都耳熟能详的作品，都是由漫画改编而来的。因此才有我们大家都很熟悉的那个合称——"动漫"。"动漫"这个合称在日本是没有的，却在中国流行开来，这是因为，当中国的二次元爱好者接触日本动画的时候会发现，它有很多作品是从漫画改编而来的，动画和漫画之间有着非常紧密的互动，因此才催生了"动漫"这样一个合称。

日本有着根基深厚的叙事性漫画传统、规模庞大的漫画产业和高度细分的漫画市场，这种高度成熟的漫画市场会对产量极高的漫画产业形成筛选机制，其中成功经受市场检验的漫画作品将会获得动画企业、游戏企业的投资，从而被改编为动画片和电子游戏产品，实现跨媒介的衍生，MAG的合称缩写正是在这样的产业背景下形成的。

日本的电子游戏产业也非常发达，尤其是文字冒险类游戏（Text Adventure Game）颇为兴盛，这种游戏从某种意义上可被视作"多媒体交互式的小说"

（Multimedia Interactive Fiction），它兼具很强的娱乐性和叙事性，为动画产业提供了丰富的脚本来源。

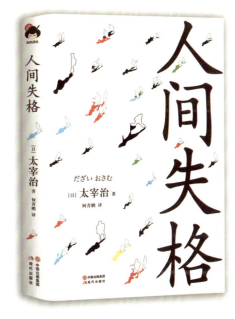

《人间失格》书影

除了改编自漫画与游戏，还有很多日本动画是改编自文学作品。这些被称为"原作"的文学作品，既包括科幻、推理、恐怖、言情等各式各样在图书市场的商业运作与受众分化中形成的类型文学，又包括不少为正统学院建制所认可和推崇的经典文学。例如，2009年出品的《青之文学》系列，就是日本著名出版商集英社以文学家太宰治一百周年诞辰为契机，推出的将文学名家的短篇名作改编为漫画与动画的一套企划，它所改编的文学名作有太宰治的《人间失格》《跑吧，美乐斯》，夏目漱石的《心》，芥川龙之介的《地狱变》《蜘蛛之丝》，以及坂口安吾的《盛开的樱花林下》等。除此之外，日本还有一种名为"轻小说"（Light Novel）的文学体裁，大多内容通俗、文风晓畅，叙事风格深受漫画、动画的影响，同时书页中也包含大量漫画风格的插图，"轻小说"的图书生产系统与动画产业之间保持着高度密切的媒体协作关系，它同样为日本的动画生产提供了丰富的脚本来源。

此外，还有一些动画改编自真人电影，比如，在深受《攻壳机动队》影响的《黑客帝国》取得成功之后，沃卓斯基姐妹就委托日本的Studio 4℃公司和Madhouse公司，制作了《黑客帝国》的动画版的大部分内容。内容来源渠道的多样化，这也是我认为日本动画之所以能够取得成功的一点相当重要的经验。

但我在这里要特别提醒的是，产业链的打通与内容来源渠道的开辟绝非一劳永逸之事，日本的媒介融合经验并不意味着当代文创产业所推崇的所谓"MediaMix"模式或"IP"模式就必然能够带来文艺精品。需要特别指出的是，跨媒介的转换至少要面临双重的困难，需要克服这双重的困难，才有可能形成我们刚才提到的日本动画的文艺精品的涌现。

第一，改编不可避免地会涉及媒介的转化，优秀的故事脚本要转化为优质的动画产品，需要主创团队拥有丰沛的视觉想象力与表现技巧。我在这里想以已故导演今敏的遗作《红辣椒》为例，这部动画是由日本作家筒井康隆创作的同名科幻小说改编而来的。这本来被称作是一部"不可能影像化"的文学作品，因为它涉及大量的对于超现实梦境的描写，而这种与精神分析相关的超现实梦境被认为是难以影像化的。但今敏运用他出神入化的剪辑技巧和精妙绝伦的色彩配置完成了这项影像化的挑战。比如说，他在展现梦境的时候，制造了一种犹如"色彩的洪水"一般的极端丰富而饱满的色彩效果；而在展现现实的时候，他则非常有意识地做了反差对比，采用以灰色为主的很单调的色调，以此来区别梦境和现实。与此同时，今敏还运用了极具想象力的心理蒙太奇手法来制造超现实的梦境效果和意识流动。为了做到这一点，今敏为动画制作亲自绘制了极为详尽的分镜表，他将动画的那些关键的镜头全部都先绘制出来，然后在旁边标明了每个镜头的时间、帧数、摄影机运动的方式、特效等。而他的这种精湛的动画分镜技巧，很大程度上来自于他曾经作为漫画师的修炼。

日本动画行业拥有许多具备出色分镜技巧的动画导演或者说"动画监督"，这是因为日本动画行业与高度注重分镜技巧的漫画行业长期保持着产业互动与人才流通，并且对于电影艺术的各种摄影、剪辑技巧也始终保持着虚怀若谷、兼收并蓄的姿态。此外，日本动画行业还与音乐、广播行业有着密切的互动，不仅高度重视OP（Opening Song，片头曲）、ED（Ending Song，片尾曲）、BGM（Background Music，背景音乐）等音乐元素与动画产品之间的媒体协作，而且还高度重视CV（Character Voice，角色声音）的表现力与"声优"（配音演员）的技艺。这样的媒体协作是跨媒体转化的重要条件。

第二，内容来源渠道的拓宽不可避免地会面临某些既有成见和既存建制的阻碍。日本的动画行业拥有一套与多样化内容相匹配的多样化的发行放映机制，其电视动画会分为黄金档和深夜档，后者更多的是面向成年受众，尺度因而也会相对更大一些；同时，日本不仅有通过电视台放送的"TV动画"，不仅有在电影院放映的"剧场动画"，还有很多只以光盘形式发行的OVA（Original Video Animation），后者主要面向小众群体，亚文化的风格特质也会更为突出。日本动画的一个非常重要的成功经验就是，它打破了"动画受众为儿童"这样一种传统观念，形成了细分受众的内容生产和丰富多样的类型脉络，并且以兼具思想深度和艺术追求的"全年龄向"的动画作品，成功地征服了全世界的电影爱好者。

在本节中，我介绍了日本动画的成功经验，特别提到了押井守和今敏这两位极具特色的日本动画大师以及他们的代表作。在下一节中，我会结合战后日本的发展史，为朋友们介绍日本动画的三代艺术大师。

三 从阿童木到世界系：日本动画与社会现实的互动

按照历史时段，我们可以将日本的动画大师划分为三代人。第一代动画大师出生于"二战"爆发之前，代表人物是手冢治虫，第二代动画大师出生于20世纪四五十年代，代表人物是宫崎骏，第三代动画大师出生于20世纪六七十年代，代表人物包括庵野秀明、新房昭之、新海诚等人。

手冢治虫活跃于20世纪五六十年代，他这代动画人携带着第二次世界大战的创伤性记忆，面临着如何在日本战败后的重建过程中寻找日本位置的问题。比如手冢治虫的代表作，很多朋友都耳熟能详的《铁臂阿童木》，这是日本的第一部长篇电视动画连续剧，也是中国改革开放之后引进的第一部外国动画。《铁臂阿童木》讨论的是什么问题呢？朋友们只要看一看"阿童木"这个名字就可以发现，"阿童木"的英文名就是"Atom"，也就是原子能，这部动画还有另外一个中译名是《原子小金刚》，顾名思义，我们可以发现，这部动画的主题其实是关于和平利用原子能的。

这是一个经典的科幻命题：科学技术的力量是毁灭性的、破坏性的，还是维护和平的、建设新世界的？同时，这个主题也和日本当时所处的国际环境有关。日本一方面要修复战争创伤，另一方面又要开展战后重建，而无论是在哪个方面，日本与美国之间的关系，以及原子能的运用，都是非常核心的问题。因为日本的战后重建是在美国的援助之下进行的，但是，日本作为迄今为止唯——个曾经遭受过核武器军事打击的国家，其最为深重的战争创伤正是那两起惨绝人寰的"原爆"灾难，而那两起"原爆"灾难的直接施害者都是美国，甚至在战争结束之后，日本的周边海域依然要面临美国在西北太平洋的军事基地开展的核武器试验的污染，所以，核问题在美日关系当中是一个十分敏感而又无法回避的关键问题。

日本特摄片的鼻祖《哥斯拉》讲述的恰恰就是"受到核污染的怪兽入侵日本"这样一个故事。而美国支援日本重建的一个非常重要的举措就是，以"和平利用原子能"为口号，向日本推广了核能技术，支持日本建设了数十个核反应堆，既起到了修复历史创伤、弥合双边关系裂痕的外交效果，又配合了将日本打造为冷战前沿重要盟友的全球霸权战略。以《铁臂阿童木》为代表的动画创作，一方面，受到迪斯尼的动画制作技术的直接影响；另一方面，又尝试在科幻世界观设定中处理原子能利用的问题，这样一种创作取向正是在我们刚才提到的那种国际背景下形成的。

宫崎骏活跃的时间段从20世纪70年代一直延伸到21世纪初，而他的世界观和价值观其实是来自"全球20世纪60年代"，特别是来自60年代日本民众反对《日美安保条约》的社会运动。与美国援助日本构成一体两面的历史事实是——日本不得不接受美军在其国土上设立基地并长期驻扎，这种状况通常会被委婉地表述成"美国为日本提供'安全保障'"，但是它却让日本民众面临美军基地的核武器的威胁，面临有可能会突然被卷入美苏战争的危险。为了表达拒绝战争、追求和平的民意呼声，新一代的日本青年通过学生联合会或工会掀起了"反安保斗争"，进而演变为战后日本最大规模的社会运动。

宫崎骏、高畑勋、安彦良和、富野由悠季、大友克洋等后来成为动画大师的人物，都直接或间接地参与到20世纪60年代的社会运动当中。而在60年代的社会运动偃旗息鼓之后，这些青年又在他们投身的动画行业里创造了日本动画史的"黄金时代"。因此，我们会看到，无论是宫崎骏的超现实题材动画《天空之城》，还是高畑勋的历史题材动画《萤火虫之墓》，无论是安彦良和、富野由悠季合作的太空歌剧动画《机动战士高达》，还是大友克洋的赛博朋克动画《阿基拉》，这一代动画人的代表作中，都或多或少地带有日本视角下的反战色彩。

除此之外，宫崎骏对于现代社会的军事—工业联合体的反思，还让他的电影携带着鲜明的环保主题。比如，我们会看到《风之谷》就描绘了工业膨胀之后遭受变异生物反噬的人类世界；《幽灵公主》的主人公不仅守护山林、守护山兽神，而且会尝试去寻找人与自然的共存之道；《千与千寻》则是讲述了主人公与琥珀川河神相互拯救的故事，千寻之所以会陷入险境，是因为父母的贪婪、人类的贪婪，而琥珀川河神之所以迷失，则是因为他栖身的河川遭到人类的掩埋，因而无家可归。这些电影的故事背景充满了科幻、奇幻、玄幻、神道教的元素，但它们的故事内核都寄寓着宫崎骏在现代工业社会的背景下对于人与自然之间的关系的思考。

而这样的环保主题，也使得宫崎骏的电影蕴含着某种浓郁的"乡愁"。在宫崎骏的艺术创作中，始终存在着这样一种张力，一边是在"全球60年代"的大语境下形成的国际政治光谱当中的左翼倾向，另一边则是在历史观中指向已然逝去、不可复得的美好过往的微妙"乡愁"。在这样的张力状态中，宫崎骏成功地将蒸汽朋克这样的来自西方现代文明的美学元素与许多来自日本神道教文化以及泛灵论信仰的美学元素融汇在一起，形成了非常独特的美学风格。

第三代动画人活跃的年代，则是日本经济泡沫破灭之后的平成时代。20世纪80年代，日本曾经一度成为世界最大的债权国，然而，在日、美、德、英、法等国签订"广场协议"，联合干预外汇市场，美元大幅贬值而日元大幅升值之后，日本国内和国外的投机资本的疯狂炒作，日本政府所做出的过于宽松的货币政策以及一系列的不当措施，却在房地产、股市等领域酿就了巨大的经济泡沫。最终，未能及时调整经济结构的日本，在20世纪90年代迎来了经济泡沫的破裂，从此陷入了长达20多年的经济停滞。第三代动画人正是活跃于这段"失去的二十年"当中。

就日本动画行业而言，1995年是一个界碑式的年份。这一年，日本不仅"平成大萧条"的经济衰退状况已经显露无遗，而且还发生了奥姆真理教的恐怖袭击和阪神大地震等事件，社会氛围转向虚无主义和犬儒主义，日本的动画作品中也弥漫着一种颓废感与"世纪末情绪"。在这个时代出现的最引人瞩目的动画潮流是所谓的"世界系"动画，它的特点是以主要人物的情感纠结与情感羁绊为核心，直接地将人物命运与世界末日、世界终结等世界观设定联系在一起，同时抽空二者之间原本应当存在的政治、经济、社会、文化等方面的中间因素。

"世界系"的第一部代表作就是庵野秀明在1995年推出的《新世纪福音战士》。它的情节除了主人公驾驶机甲与莫名入侵的使徒展开作战之外，主要就是一些校园生活，或者是封闭要塞里的日常。作为主角的少年碇真嗣迷惘而颓废，缺乏行动力和战斗意志，然而他却需要直接去面对末日降临、世界毁灭等终极问题，然而，政治博弈、经济运转、社会结构，这些都不复存在，只剩下个体命运与世界末日之间的直接勾连。这是一部机甲动画，但是我们却看不到20世纪七八十年代的"太空歌剧"动画里常见的那种巨型机甲之间波澜壮阔、气势磅礴的超能战斗，感受不到那种战斗所携带的英雄主义情怀，也无法体会《机动战士高达》里那种对于军事、政治乃至人类文明的反思。它与其说是一部机甲动画，不如说是借助"机甲"题材的外壳，来表现那种受困于所谓"绝对领域"的孤独而疏离的个人，以及这样的个体如何在世界末日或者后末日的极端情境之下维系那份虽然脆弱却必须守护的因缘纽带和情感"羁绊"。

在这里，"绝对领域"和"羁绊"才是核心的关键词。"绝对领域"是《新世纪福音战士》创造的一个科幻概念，在《新世纪福音战士》的语境中，"绝对领域"一方面意指"任何人都无法侵犯的神圣领域，心中的光芒"，另一方面又指"任何人心里都有的心之壁"，这种"心之壁"导致人与人之间无法相互沟通、相互理解，因而只得陷入宿命般的孤独状态当中。

"羁绊"一词，则是志愿从事日本动画中文字幕配置的"字幕组"，参照中文词汇的双音节惯例，对"绊"（きずな；kizuna）这个和制汉语名词所做的一种翻译。"绊"在日文中多用于表示人与人之间难以断绝的情感联结，而在日本MAG所创造的"二次元"当中，这种情感联结往往同时还承载着某种为"世界之意志"所"选召"的"使命感"，叠加有某种被"因缘的纽带"所牵引的"命运感"。如果说，"心之壁"让"二次元"角色陷入宿命般的孤独，那么，在"世界系"的设定中，"羁绊"恰恰蕴含着破除这种宿命的潜能。

如果说，手冢治虫的《铁臂阿童木》是在战后日本社会的特定语境下处理经典的科幻命题：科学技术对于社会来说是破坏性力量还是建设性力量；在日本经济腾飞期登场的宫崎骏，以及《宇宙战舰大和号》《机动战士高达》《银河英雄传说》《超时空要塞》等"太空歌剧"动画的创作者，他们处理的不再只是日本社会的问题，而是怀着强烈的宏大叙事冲动，运用科幻想象搭建起以星球为尺度的宏大叙事，处理一些事关人类文明的主题；那么，在"世界系"的作品中，即使是《新世纪福音战士》那样的可以被放在科幻类型中的作品，也不再处理经典的科幻命题，科幻已经成为第二代动画人所遗留下来的"设定素材库"或者说"设定数据库"当中的设定元素，科幻、神话、宗教奇幻、妖怪、都市奇谭以及现实元素都是数据库当中的设定元素。

所有这些设定以一种后现代式的"大杂烩"形态存在，它们的存在只是为了让"世界系"的世界观得以成立，其最终效果是凸显"羁绊"的唯一性、奇异性和不可替代性，从而让身处极端情境的"二次元角色"对于"羁绊"的守护，具有一种能够深深打动"御宅族"的情感力量。

四　物语消费与数据库消费：后现代语境下的"御宅族"文化

"二次元"这个词语，其实是在20世纪90年代中期才逐渐获得它如今广为人知的这种语意和用法的。在我的视野中，我们可以将源头定位到1996年首播的一部名为《机动战舰抚子号》的动画片。

那是一部将故事发生时间设定在22世纪末的科幻动画片，其中有一条带有媒介自反性质的情节脉络：一伙被地球政府放逐到木星的人类移民的后裔，将他们的祖先在逃往木星时随身携带的一部名为《激钢人3》的动画片奉为圣典。他们不但将那部动画片宣扬的所谓"激钢人精神"当作自己的人生信条，而且还将那部动画片的女主角菜菜子当作自己的梦中女神。

然而，这些渴望与菜菜子发生接触的木星人，却绝无可能实现自己的愿望。因为，就像屏幕外的我们与屏幕里的木星人其实是分处于两个截然区隔的世界一样，剧集里作为动画观众的木星人，也与剧中剧里作为动画角色的菜菜子分处于两个截然区隔的世界。面对这种不可逾越的物理与生理限制，深陷无望境地的木星人只得互相劝解："菜菜子虽好，但她毕竟是二次元的女子呀！"

当《机动战舰抚子号》在日本播出时，木星人的这句台词激起了很多MAG爱好者的深切共鸣。我们都曾经深深地喜爱过一些漫画角色、动画角色、游戏角色，然而，我们却永远无法与这些角色发生物理和生理意义上的"真实"接触，因为，这些我们深爱的角色就像木星人所深爱的菜菜子一样，毕竟只存在于由二维线条、平面图像、运动影像所构成的"虚拟"世界里。

由于《机动战舰抚子号》当中的这句台词是如此直戳人心，尤其是"二次元"这个概念，它是如此简明而精准地凸显了那个将"我们"与"他们"区隔开来的媒介差异，同时也是凸显了那个让"他们"显得如此特别的媒介特质。因而，在20世纪90年代中期之后，越来越多的动漫游戏爱好者开始借用"二次元"这个词语，来指称动画、漫画、游戏等媒介所创造出来的二维虚拟世界。

然而，需要特别强调的是，乍看起来，木星人的那句台词，表达的是"二次元"的虚拟性质、幻象性质，但那句台词的潜在语境却是，木星人对于二次元世界与二次元角色抱有狂热而真挚的喜爱之情。正是这种喜爱之情，让木星人如此热诚地渴望与菜菜子发生接触；也正是这种喜爱之情，让木星人如此虔诚地信奉"激钢人精神"。

同样，当动漫游戏爱好者使用"二次元"这个概念的时候，他们似乎往往会将"二次元"与所谓的"三次元"区隔开来，也就是将那个二维虚拟世界与我们这些真人置身其间的这个三维现实世界区隔开来。乍看起来，这似乎构成了"虚假"与"真实"的某种对立；但按照我的观察与体验，在心理真实而非物理真实的意义上，许多动漫游戏爱好者往往会从二次元的世界中获得相当真挚的情感体验，甚至相对于那个需要戴着某种假面去阳奉阴违地应对的三次元社会来说，他们对于二次元世界的情感投入可能是更为真挚而强烈的。

在这里，"真"与"假"、"实"与"虚"的关系，恐怕并不能用二元对立的思维框架来简单地分辨或评判。更值得追问的问题恰恰是：为什么会有这么多自称、互称为"御宅族"的动漫游戏爱好者，会对那些往往被称作"虚拟世界"与"虚拟角色"的消费对象，产生如此真挚而强烈的情感投入？

日本的一位"御宅族"文化研究专家东浩纪曾经指出，日本的"御宅族"文化是在"后现代的状态"下出现的。我们必须将这个社会文化趋势放置在"后现代"的语境当中，才可以对其进行相对透彻的解读与阐述。

按照东浩纪以及他所援引的法国后现代主义哲学家利奥塔的说法，"后现代的状态"意味着"宏大叙事的衰落"。所谓"宏大叙事"指的是，现代的政治共同体赖以凝聚其成员的一系列观念体系，它们为社会的运作规则提供权威性的解释，它们给人类的实践行动赋予超越性的价值与意义，它们对历史的发展进程作出连贯一致的叙述。

然而，在第二次世界大战的巨大创伤之后，在20世纪60年代激情澎湃的社会运动之后，对于很多日本人来说，无论是日本官方试图建构的宏大叙事，那些试图将日本民众凝聚成强有力的统一体的宏大叙事，还是革命青年赖以开展组织动员的宏大叙事，那些尝试追寻某种可以替代现存秩序的社会解决方案的宏大叙事，它们都逐渐丧失了其动员力与感召力。

在20世纪70年代之后成长起来的新生代，面对的是宏大叙事崩坏瓦解之后留下来的某种文化废墟。就像《机动战舰抚子号》当中的那些木星人，在遭到放逐的过程中几乎断绝了自身与地球文明的精神联结一样，这些身处后现代情境当中的新生代，也很难顺畅自如、心悦诚服地让自己的精神世界连接上现代文明曾经试图建构的那些宏大叙事。正是在这样的时代语境当中，"二次元文化"对"御宅族"产生了巨大的吸引力，发挥了格外重要的精神作用。

就像《激钢人3》填补了木星人的文化价值真空，"二次元文化"的许多MAG作品，也大都会在讲述一个引人入胜的精彩故事的同时，给出一套堪称宏大的世界观设定体系，它们正是以各具特色的方式，为那些置身于宏大叙事废墟当中的新生代，提供了各式各样的替代性的"拟宏大叙事"。所以有学者提出，对于20世纪80年代的"御宅族"来说，驱动他们消费MAG产品及其周边衍生商品的，与其说是表层的小故事，不如说是深层的世界观设定体系，是那些替代性的"拟宏大叙事"，这样的消费会被称作"物语消费"。

但需要指出的是，这些替代性的"拟宏大叙事"与现代性的宏大叙事之间，至少存在着两点关键的不同。第一，现代性的宏大叙事会借助某些知识——权力机构的权威认证，自我标榜为某种具备科学真理性质的话语体系；而后现代的"拟宏大叙事"则是生成于流行文化的场域，它们无法也无须向社会公众遮掩它们的人造性质。第二，现代性的宏大叙事会试图对特定政治共同体的多数成员发挥凝聚力与召唤力，而后现代的"拟宏大叙事"则只能在特定的以共同兴趣爱好为因缘纽带的"趣缘圈子"里发挥它的精神效果。

除了上面提到的"物语消费"，在后现代语境下的"御宅族"文化当中还出现了更为极端的"数据库消费"。我们在上一节中曾经提到，日本社会在20世纪90年代之后进入了"平成大萧条"的时期。在大萧条时代成长起来的年轻人，面对阶层固化的社会现实，面对自我的奋斗与历史的行程无法形成良性互动的命运，难免会产生浓重的虚无感，陷入深重的无力感。与此同时，这些像《新世纪福音战士》的男主角碇真嗣一样迷惘而颓废的年轻人，又随时可以接触到由高度发达的文化创意产业批量化而又分众化地生产出来的丰富多样的文化消费品，从这些文化消费品中获得快感与抚慰。在这样的时代背景下，一大批自嘲为"平成废宅"的"御宅族"出现了。按照东浩纪的说法，这是一个在更为彻底的"后现代状态"当中出现的"不需要宏大叙事的时代"。

那么问题来了，如果这些"御宅族"连"二次元的宏大叙事"都不需要，那么，驱动他们进行二次元文化消费的驱动力又是什么呢？东浩纪指出，真正为他们的文化消费提供驱动力的，既不是表层的故事，也不是深层的世界观设定，而是呈现在故事当中而又能被抽离出故事情境的二次元角色，以及让这些角色得以持续不断地复制再生产的"萌元素数据库"。

在具体说明这个问题之前，我们有必要先来谈一谈二次元文化产业的一种重要的运作模式。二次元文化产业往往会在一部以特定媒介载体推出的作品成功地积累了人气、凝聚了粉丝社群之后，迅速地对其进行跨平台、跨媒体的转化，开发出多种媒介载体的产品群。这也就是我在第二节中已经提到的，我们在业界讨论中常常会听到的"IP运营"，在日本则常常被称作"MediaMix企划"。

需要特别注意的是，不但二次元文化产业会生产出各种媒介载体的产品，二次元爱好者同样会将既有的产品当作"为我所用"的素材库，生产出多种媒介载体的"用户生成内容（user—generated content）"，包括同人文、同人画、同人广播剧、同人视频、同人游戏、同人周边、Cosplay等。

熟悉二次元文化的朋友都知道，在"IP运营"的过程中，在"同人创作"的过程中，故事情节其实是不断发生变异的，甚至世界观设定也并不稳固，而是会衍生或者杂交出不同的"平行宇宙"。那么，是什么牵引着二次元用户游走于由IP产品链条与粉丝同人文化共同构成的内容之海呢？

按照东浩纪等学者的说法，在平成大萧条时期的日本"御宅族"当中，概率最高的答案并不是世界观设定所提供的"拟宏大叙事",而是那些像菜菜子吸引木星人一样吸引着二次元爱好者的二次元角色。我在这里要强调的是,这些二次元角色是可以脱离故事情境,脱离世界观设定而独立存在的。因而,我们会看到,像初音未来、《LoveLive》这样的流行产品,似乎只需要一个或一组虚拟偶像的角色设定,就足以支撑起一条跨越多种媒介载体的MediaMix产品链了。

那么,是什么让这些角色在穿梭于不同媒介载体的产品时,在穿梭于不同世界观设定的平行宇宙时,对于那些喜爱他们的二次元用户来说,依然维系着最低限度的相对一致性呢?是一系列标签化的非叙事性的人设要素在角色身上的特定组合方式,或者用东浩纪的话说,是一系列"萌元素"在角色身上的特定组合方式。这里的"萌元素",指的是让二次元角色得以唤起二次元用户的喜爱之情的人设要素。

在晚期资本主义高度成熟的文化工业逻辑当中,那些赢得一定范围用户喜爱的二次元角色,他们的人设要素都会被解析、归纳进一个可供文化工业展开复制再生产的"萌元素数据库"当中。基于二次元产业市场细分的创意生产与源流纷杂的类型嬗变,同时也是基于二次元用户取向多样的同人创作,在二次元文化的领域,已经形成了规模庞大的"萌元素数据库"。二次元产品的生产者和用户生成内容的创造者都可以从这个"萌元素数据库"当中各取所需,通过"萌元素"的解析、重组与再循环,制作出各式各样的"萌系角色"。

这样说可能会有些抽象,让我们来举个例子。《新世纪福音战士》的女主角之一明日香,可以说是"傲娇双马尾大小姐"这一人设的标杆性角色,而在"傲娇双马尾大小姐"被市场反应证明为一种颇受欢迎的萌元素组合方式之后,它也很快就在二次元企划中获得了广泛的采纳。但采纳并不意味着完全的重复,而是在重组的过程中实现再生产。比如,在明日香的人设当中,"傲娇双马尾大小姐"是与"金发""紧身战斗服""机甲少女"等萌元素组合在一起的;而在此后出现的《Fate》的女主角之一远坂凛身上,"傲娇双马尾大小姐"则是与"黑发""黑丝""颜艺""魔法少女"等萌元素组合在一起;在《命运石之门》中的秋叶留未穗身上,"傲娇双马尾大小姐"又与"粉毛""猫耳""口癖""女仆装"发生新的组合，形成新的萌系角色。

我们还可以在我国流行的手机游戏《王者荣耀》里看到类似的现象。比如孙尚香这个游戏角色，作为一个取材自三国时期吴国公主的角色形象，也被赋予了"双马尾大小姐"的人设；与此同时，游戏设计者又参考民间传说与流行文化为其添加的擅长使用弓箭这一特征，在打破历史演义与科幻奇幻界限的二次元设定中，将"双马尾大小姐"与手持远程火炮的"兵器姬"属性组合在一起。

虽然在我看来，我们其实并不能将二次元角色简单地量化为几个"萌元素"的拼贴组合，因为角色的魅力还与不同故事情节对角色命运的展开、不同世界观设定赋予角色的意义价值相关联；但对于很多二次元用户来说，在大多数情况下，这些"萌元素"确实可以成为指认角色特征、定位角色类型的有效标签。

虽然每一位一往情深的"二次元宅"都会强调："我所钟爱的二次元角色是独一无二的！"但在文化工业的逻辑中，那个不论是在动画、漫画、游戏，还是在手办、周边、Cosplay中，都被指认为同一角色的形象符号，无外乎是取自数据库的某些"萌元素"的特定组合方式，进而才是这一组合方式在每一个具体的世界观设定、故事情境、媒介载体当中的落实和呈现。

在后现代的境况之下，由文化工业批量化而又分众化地生产出来的五花八门却又有着标签可循的二次元角色，为数字化生存的"二次元宅"提供了一条又一条无须经由他者的中介即可获得情欲满足的便捷路径。那些既诱导性地培植需求，又极具针对性地满足需求的"萌元素"，更是在"欠缺"和"满足"之间，为二次元用户建立起一套又一套封闭而快捷的环路。

正因如此，这些萌元素，这些萌元素之间的特定组合，以及萌元素组合与萌元素组合之间的CP搭配，能够有效地充当易被搜索的关键词，牵引着二次元用户通过不同款式的搜索引擎，从海量的大数据当中调取自己所需要的内容资源；也正是它们，有效地充当着明晰可辨的欲求目标，驱动着二次元用户按照自身的特定趣味，从不断变异的故事情节与不断切换的世界观设定当中获得相对稳定的快感来源。

这样的流行现象，既为我们提示了值得关注的社会文化趋势，又为我们提出了值得进一步探讨的问题："物语消费"与"数据库消费"是日本社会所独有的后现代文化现象呢，还是早已蔓延到日本之外的国际社会了？当二次元世界的迷人幻象为越来越多后现代主体的意义诉求与情感需求提供了替代性的满足，对于人类社群的运行来说，宏大叙事是否仍然必需？当那些由人设要素与数码影像构成的迷人角色充满了后工业消费社会的新媒体界面，对于亲密关系的建立来说，人类是否不再必需？

更进一步说，随着越来越多的"IP运营项目"或者"MediaMix企划"尝试建立起打通动漫游戏与电影电视的所谓"全产业链"，随着越来越多的流行文化产品将实景拍摄的影像素材与电脑制作的数字动画相合成，随着虚拟现实技术、增强现实技术的大规模商用化，虚拟与现实的界限正在变得越来越模糊不清，那么，建立在对立差异之上的"二次元"与"三次元"是否也将成为过时的概念呢？

关于这些有趣的问题，我都暂时无法给出明确的答案。所以我尝试在此抛砖引玉，希望能激发更多读者的思考与探讨。